HERMINE KÖNIG

Das große Jahresbuch
für Kinder

HERMINE KÖNIG

Das große Jahres-
buch für Kinder

Feste feiern und Bräuche
neu entdecken

Illustriert von Eva Amode

Kösel

2. Auflage 1996, 21. - 40. Tausend

© 1994 by Kösel-Verlag GmbH & Co., München
Printed in Germany. Alle Rechte vorbehalten
Reproduktion: LANAREPRO, I-Lana
Druck und Bindung: Grafo S.A., Bilbao
Beratung: Karl Heinz König, Mainz
Gestaltung: Ilse Weidenbacher, München
Umschlag: Kaselow Design, München, unter Verwendung einer Illustration
von Eva Amode, München
ISBN 3-466-36410-8

2 3 4 5 · 99 98 97 96

Liebe Kinder!

Am Anfang war da ein Plan. Ich wollte ein Buch für Kinder schreiben, so dick, daß alle schönen und aufregenden Dinge, die während eines Jahres geschehen, hineinpassen; so dick, daß man es ein *Jahresbuch* nennen könnte. Es sollte ein buntes Buch werden mit vielen Bildern, das sofort Spaß macht. Es sollte Fragen stellen und Antworten geben, aber nicht nach Schule riechen. Viele Geschichten und Gedichte, Lieder und Tips zum Basteln und Ausprobieren, zum Spielen und Feiern sollten darin zu finden sein. Tja, und dann fing ich an zu überlegen, was denn in einem Jahr so alles los ist.

Aber ich hatte mir zusätzlich noch etwas Besonderes vorgenommen. Es gibt ja nicht nur das Jahr von Neujahr bis Silvester, das uns durch alle Monate und Jahreszeiten führt, sondern noch ein anderes, das am ersten Adventssonntag beginnt, das christliche Jahr. Es heißt so, weil es den Lebensweg von Jesus Christus nachgeht: Jesus will mit uns unterwegs sein durch das Jahr. Und glaubt mir, das ist gar nicht komisch fromm, das ist einfach spannend! So jedenfalls habe ich es erfahren, als ich an der Arbeit saß und zunächst einmal nachforschte, wie die einzelnen Feste und Festzeiten entstanden sind.

Ich habe eine ganze Schatztruhe voll schöner und aufregender Dinge gefunden. Vieles habe ich dann für euch und die Erwachsenen, die mit in das Buch hineinschauen, aufgeschrieben: Geschichten, Informationen zu den einzelnen Festen und Festtagen, Gedichte, Vorschläge, um Feste vorzubereiten und zu feiern, Lieder, Spiele und auch einige Gebete …

Eva Amode hat die Bilder dazu gemalt, die euch bestimmt so gut gefallen wie mir.

Ein Jahresbuch ist kein Buch, das man von vorne bis hinten durchliest und dann weglegt. Es lädt ein, immer wieder nachzuschlagen, was im Jahr gerade dran ist. Das Buch will gebraucht werden und durch viele Hände gehen. Am liebsten ist es ihm, wenn es zum ständigen Begleiter von euch Kindern, von Eltern oder anderen Erwachsenen wird, die Freude daran haben, das Jahr nicht einfach vorbeiziehen zu lassen, sondern es lebendig mitzuerleben und seine Feste zu gestalten.

Ich habe das Buch in neun Kapitel aufgeteilt. Und jedes Kapitel hat eine andere Farbe, die zu der jeweiligen Zeit paßt. So könnt ihr euch auch schneller zurechtfinden. Das erste Kapitel ist ein wenig anders. Es erzählt euch, wie es überhaupt zur Einteilung der Zeit in einen Jahreskreis und zum Kalender gekommen ist. Da werdet ihr nur so staunen!

Und nun wandert das Buch von mir zu euch mit den allerbesten Wünschen.

Eure Hermine König

Was du in diesem Buch findest

Der Jahreskreis 11
So viele Tage hat das Jahr

Wie das Jahr, die Monate, die Wochen und die Tage entdeckt wurden – Von den Namen der Monate und Tage – Der christliche Jahreskreis – Festzeiten und Brauchtum: Was ist das?

Advent 25
Vom goldenen Licht auf grünen Zweigen

Nun feiern wir Advent – Von der Zeit, die gut ausging – Adventskranz, Adventskette und Adventskalender – Vom Wichteln – Barbaratag: Legende und wie wir den Tag feiern – Mistelzweige und Adventswurzeln – Nikolausfest: Legenden, Erzählungen, Gedichte – Ideen für den Nikolausabend – Backen zum Nikolausfest: Bilder aus Teig – Luciatag: Aus ihrem Leben – Den Luciatag feiern – Die längste Winternacht – Die zwölf Rumpelnächte – Adventliche Erzählungen und Gedichte

Weihnachten 65
Zur Krippe her kommet

Es weihnachtet sehr – Vom Schenken – Weihnachtskarten – Weihnachtsschmuck – Der bunte Teller – Adam- und Evatag – Der allererste Weihnachtsbaum – Die Geschichte von der Geburt Christi und die lange Geschichte des Weihnachtsfestes – Die Weihnachtskrippe – Den Heiligen Abend feiern – Die Heilige Nacht – Erzählungen, Gedichte, Lieder zur Weihnacht – Tag der unschuldigen Kinder – Silvester: das alte Jahr beenden – Silvesterspiele – Neujahr: das neue Jahr beginnen – Neujahrswünsche – Bildbrote zu Neujahr – Fest der Heiligen drei Könige: Die spannende Geschichte von den Weisen, die nach Bethlehem kamen – Die Sternsinger – Königskuchen und Bohnenkönig – Winterfreuden – Fest Maria Lichtmeß – Blasiustag

Fastenzeit 115

Von allem, das sich wandelt

Valentinstag – Die Narrenzeit – Kinderfastnacht feiern – Aschermittwoch – Fastenzeit und was fasten alles meint – Mittfasten – Winteraustreiben – Frühlingsbeginn – Karwoche, eine große Woche – Palmsonntag und seine Palmbuschen – Gründonnerstag – Jesu Abschiedsessen mit den Freunden – Karfreitag – Kreuzgeschichten – Geheimnisse des Karsamstags – Ostern vorbereiten

Ostern 173

Die ganze Welt jetzt fröhlich ist

Die große Osterfreude – Jesus lebt – Geschichte des Osterfestes – Die fröhliche und feierliche Osternacht – Ostern feiern – Der Osterhase und die bunten Ostereier – Osterbrot – Ostergeschichten – Ostergedichte – Ostersprüche – Osterspiele – Osterblumen – Der fröhliche Mai – Maria Maienkönigin – Mariengeschichten – Muttertag – Muttertagsideen – Christi Himmelfahrt

Pfingsten 213

Von der großen Begeisterung

Woher unser Pfingstfest kommt – Von der großen Begeisterung – Pfingsten feiern: Pfingstbräuche – Pfingstliche Wettspiele – Pfingstgeschichten – Pfingstgedichte – Pfingstpflanzen – Das Fest Fronleichnam und woher es kommt

Der Jahreskreis

So viele Tage hat das Jahr

Der Jahreskreis

Kinder, wie die Zeit vergeht!

Kinder, wie die Zeit vergeht,
das ist nicht zu fassen.
Jänner, Feber, März, April
flitzen wie die Hasen.

Mai, Jun-, Juli- und August,
Septem- und Oktober
und Dezember, schon ist Schluß,
and the year is over.
(Und das Jahr ist vorbei)

Jahr fängt an!
Jahr ist aus!
Neues Jahr beginnt!
Kinder, wie die Zeit vergeht
rasendschnellgeschwind.

Alfons Schweiggert

Hast du auch manchmal das Gefühl, daß die Zeit *rasendschnellgeschwind* vergeht? Oder kommt sie dir manchmal so unendlich lang vor, wenn du auf jemand wartest zum Beispiel? Du merkst es auch, wenn du eine gute Zeit oder eine schlechte Zeit hast. Ja die Zeit, sie ist so selbstverständlich und ist uns doch ein Rätsel. Sie ist wie ein Fluß. Sie ist da, aber du kannst sie nicht anfassen. Du kannst sie nicht festhalten. Wir leben in ihr wie ein Fisch im Wasser. Sie trägt uns vorwärts, solange wir leben. Du spürst es, freust dich und denkst: Ich habe ja noch soviel Zeit. Ein älterer Mensch jedoch überlegt vielleicht: Wieviel Zeit habe ich noch? Mein Leben kommt mir vor wie ein einziger Tag!
Wir Menschen haben gelernt, unsere Zeit einzuteilen, damit wir uns in ihr besser zurechtfinden. Wir machen Stundenpläne und können weit vorausplanen. Das tun wir ganz selbstverständlich. Der *Kalender* hilft uns dabei. Aber das war nicht immer möglich. Das haben die Menschen erst lernen müssen. Es gab nicht immer einen Kalender. Überhaupt, das ist eine spannende Geschichte, die Geschichte von der Berechnung und Einteilung der Zeit.

Wie das Jahr, die Monate, die Woche und die Tage entdeckt wurden

Schon vor vielen tausend Jahren wollten die Menschen sich nicht nur einfach von der Zeit forttragen lassen. Sie wollten die Zeit gerne messen und einteilen. Sie dachten: So können wir uns besser zurechtfinden, unser Leben ordnen, können planen und Verabredungen treffen.

Wir wissen heute von den alten Völkern der Babylonier und Ägypter vor ungefähr 5000 Jahren, wie sie anfingen, die Natur zu beobachten. Sie merkten sich genau, wann die Sonne aufging, es hell wurde, wie die Sonne dann über den Himmel wanderte, bis sie am Abend wieder am Horizont verschwand, und es dunkel wurde. Sie nannten die helle Zeit *Tag* und die dunkle Zeit *Nacht*. Weiterhin beobachteten sie den Mond, wie die Mondsichel zunahm, und der Mond rund und voll wurde, aber danach wieder abnahm, bis er für eine kurze Zeit nicht mehr zu sehen war. Sie beobachteten den Sternenhimmel und auch, wie die Natur sich veränderte. Alle ihre Beobachtungen versuchten sie, in eine Ordnung zu bringen. Die Herrscher der Völker beriefen hierzu die weisesten Männer.

Die Mondrechner beobachteten den zunehmenden und abnehmenden Mond und nannten diese Zeit einen *Monat*. Zwölf Mondumläufe ergaben 354 Tage. Die Sonnenrechner richteten sich nach dem Lauf der Sonne. Sie fanden heraus, daß zweimal Tag und Nacht gleich lang waren und genau nach 365 Tagen dasselbe wieder eintrat. Diesen Kreis von 365 Tagen nannten sie den *Jahreskreis*. Sie teilten nun das Jahr in 12 Sonnen-Monate ein.

Das war aber nun ein schönes Durcheinander, einmal 354 und einmal 365 Tage! Zunächst wußte niemand Rat für dieses Durcheinander. Und überhaupt, ein Monat war auch noch eine lange Zeit. Die Menschen teilten den Monat in vier *Wochen* ein und die Woche dann noch einmal in sieben Tage. Die Babylonier glaubten, daß ihre Götter in der Natur wohnten. Wenn sie arbeiteten, ihre Felder bestellten, Bäume abholzten, Tiere erlegten, wußten sie, daß sie in die Natur eingriffen und sie veränderten. Sie glaubten, daß das ihren Göttern bestimmt nicht gefalle. Deshalb arbeiteten sie sechs Tage und feierten jeden siebten Tag des Mondmonats als Ruhetag. An diesem Tag brachten sie Opfer für ihre Götter dar, um sich bei ihnen zu entschuldigen und sie milde zu stimmen. Die Zahl *sieben* war eine heilige Zahl. So hatte die Woche sieben Tage, und der siebte Tag war ein heiliger und ernster Tag.

Ähnlich und doch anders war es bei dem alten israelitischen Volk, das du vielleicht aus der Bibel kennst. Der Bericht über die Schöpfung erzählte ihnen, daß Gott ihnen die Erde anvertraut hatte. Am siebten Tag ruhte Gott, freute sich an seinem Werk und machte den siebten Tag für alle Menschen zum besonderen Ruhetag. Den nannten die Juden Sabbath. Niemand sollte an diesem Tag arbeiten.

14

Momo löst das Rätsel von der Zeit

Hör' gut zu:
Drei Brüder wohnen in einem Haus,
die sehen wahrhaftig verschieden aus,
doch willst du sie unterscheiden,
gleicht jeder den anderen beiden.
Der erste ist *nicht* da, er kommt erst nach Haus.
Der zweite ist *nicht* da, er ging schon hinaus.
Nur der dritte ist da, der Kleinste der drei,
denn ohne ihn gäb's nicht die anderen zwei.
Und doch gibt's den dritten, um den es sich handelt,
nur weil sich der erst' in den zweiten verwandelt.
Denn willst du ihn anschaun, so siehst du nur wieder
immer einen der anderen Brüder!
Nun sage mir: Sind die drei vielleicht einer?
Oder sind es nur zwei? Oder ist es gar – keiner?
Und kannst du, mein Kind, ihre Namen mir nennen,
so wirst du drei mächtige Herrscher erkennen.
Sie regieren gemeinsam ein großes Reich –
und sind es auch selbst! Darin sind sie gleich.«

Meister Hora schaute Momo an und nickte aufmunternd. Sie hatte gespannt zugehört. Da sie ein ausgezeichnetes Gedächtnis hatte, wiederholte sie nun das Rätsel langsam und Wort für Wort.

»Hui!« seufzte sie dann, »das ist aber wirklich schwer. Ich hab' keine Ahnung, was es sein könnte. Ich weiß überhaupt nicht, wo ich anfangen soll.«

»Versuch's nur«, sagte Meister Hora.

Momo murmelte noch einmal das ganze Rätsel vor sich hin. Dann schüttelte sie den Kopf.

»Ich kann's nicht«, gab sie zu.

Inzwischen war die Schildkröte nachgekommen. Sie saß neben Meister Hora und guckte Momo aufmerksam an.

»Nun, Kassiopeia«, sagte Meister Hora, »du weißt doch alles eine halbe Stunde voraus. Wird Momo das Rätsel lösen?«

»*Sie wird!*« erschien auf Kassiopeias Rückenpanzer.

»Siehst du!« meinte Meister Hora, zu Momo gewandt, »du wirst es lösen. Kassiopeia irrt sich nie.«

Momo zog ihre Stirn kraus und begann wieder angestrengt nachzudenken. Was für drei Brüder gab es überhaupt, die zusammen in einem Haus wohnten? Daß es sich dabei nicht um Menschen handelte, war klar. In Rätseln waren Brüder immer Apfelkerne oder Zähne oder so was, jedenfalls Sachen von der gleichen Art.

Aber hier waren es drei Brüder, die sich irgendwie ineinander verwandelten. Was gab es denn, was sich ineinander verwandelt? Momo schaute sich um. Da standen zum Beispiel die Kerzen mit den reglosen Flammen. Da verwandelte sich das Wachs durch die Flamme in Licht. Ja, das waren drei Brüder. Aber es ging doch nicht, denn sie waren ja alle drei da. Und zwei davon sollten ja *nicht* da sein. Also war es vielleicht so etwas wie Blüte, Frucht und Samenkorn. Ja, tatsächlich, da stimmte schon vieles. Das Samenkorn war das kleinste von den dreien. Und wenn es da war, waren die beiden anderen *nicht* da. Und ohne es gäb's nicht die anderen zwei. Aber es ging doch nicht! Denn ein Samenkorn konnte man doch sehr gut anschauen. Und es hieß doch, daß man immer einen der anderen Brüder sieht, wenn man den kleinsten der drei anschauen will.

Momos Gedanken irrten umher. Sie konnte und konnte einfach keine Spur finden, die sie weitergeführt hätte. Aber Kassiopeia hatte ja gesagt, sie würde die Lösung finden. Sie begann also noch einmal von vorn und murmelte die Worte des Rätsels langsam vor sich hin.

Als sie zu der Stelle kam: »Der erste ist *nicht* da, er kommt erst nach Haus ...«, sah sie, daß die Schildkröte ihr zuzwinkerte. Auf ihrem Rücken erschienen die Worte: »*Das, was ich weiß!*« und erloschen gleich wieder.

»Still, Kassiopeia!« sagte Meister Hora schmunzelnd, ohne daß er hingeguckt hatte, »nicht einsagen! Momo kann es ganz allein.«

Momo hatte die Worte auf dem Panzer der Schildkröte natürlich gesehen und begann nun nachzudenken, was gemeint sein könnte. Was war es denn, was Kassiopeia wußte? Sie wußte, daß Momo das Rätsel lösen würde. Aber das ergab keinen Sinn.

Was wußte sie also noch? Sie wußte immer alles, was geschehen würde. Sie wußte ...

»Die Zukunft!« rief Momo laut. »Der erste ist nicht da, er kommt erst nach Haus – das ist die Zukunft!«

Meister Hora nickte.

»Und der zweite«, fuhr Momo fort, »ist *nicht* da, er ging schon hinaus – das ist dann die Vergangenheit!«

Wieder nickte Meister Hora und lächelte erfreut.

»Aber jetzt«, meinte Momo nachdenklich, »jetzt wird es schwierig. Was ist denn der dritte? Er ist der kleinste der drei, aber ohne ihn gäb's nicht die anderen zwei, heißt es. Und er ist der einzige, der da ist.«

Sie überlegte und rief plötzlich: »Das ist jetzt! Dieser Augenblick! Die Vergangenheit sind ja die gewesenen Augenblicke und die Zukunft sind die, die kommen! Also gäb's beide nicht, wenn es die Gegenwart nicht gäbe. Das ist ja richtig!« Momos Backen begannen vor Eifer zu glühen. Sie fuhr fort: »Aber was bedeutet das, was jetzt kommt?

Und doch gibt's den dritten, um den es sich handelt,
nur weil sich der erst' in den zweiten verwandelt ...

Das heißt also, daß es die Gegenwart nur gibt, weil sich die Zukunft in Vergangenheit verwandelt!«

Sie schaute Meister Hora überrascht an. »Das stimmt ja! Daran hab' ich noch nie gedacht. Aber dann gibt's ja den Augenblick eigentlich gar nicht, sondern bloß Vergangenheit und Zukunft?

16

Denn jetzt zum Beispiel, dieser Augenblick – wenn ich darüber rede, ist er ja schon wieder Vergangenheit! Ach, jetzt versteh' ich, was das heißt: ›Denn willst du ihn anschaun, so siehst du nur wieder immer einen der anderen Brüder!‹ Und jetzt versteh' ich auch das übrige, weil man meinen kann, daß es überhaupt nur einen von den drei Brüdern gibt: nämlich die Gegenwart, oder nur Vergangenheit und Zukunft. Oder eben gar keinen, weil es ja jeden bloß gibt, wenn es die anderen auch gibt! Da dreht sich einem ja alles im Kopf!«

»Aber das Rätsel ist noch nicht zu Ende«, sagte Meister Hora. »Was ist denn das große Reich, das die drei gemeinsam regieren und das sie zugleich selber sind?«

Momo schaute ihn ratlos an. Was konnte das wohl sein? Was war denn Vergangenheit, Gegenwart und Zukunft, alles zusammen?

Sie schaute in dem riesigen Saal umher. Ihr Blick wanderte über die tausend und abertausend Uhren, und plötzlich blitzte es in ihren Augen.

»Die Zeit!« rief sie und klatschte in die Hände, »ja, das ist die Zeit! Die Zeit ist es!« Und sie hüpfte vor Vergnügen ein paar Mal.

»Und nun sag mir auch noch, was das Haus ist, in dem die drei Brüder wohnen!« forderte Meister Hora sie auf.

»Das ist die Welt«, antwortete Momo.

»Bravo!« rief nun Meister Hora und klatschte ebenfalls in die Hände. »Meinen Respekt, Momo! Du verstehst dich aufs Rätsellösen! Das hat mir wirklich Freude gemacht!«

Michael Ende

Wie der Kalender entstanden ist

Ungefähr 50 Jahre bevor Jesus geboren wurde, herrschte in dem großen römischen Reich Julius Cäsar. Er ließ eine Reihe kluger und gelehrter Männer an seinen Hof kommen. Sie sollten Sonne, Mond und Sterne noch einmal ganz genau beobachten und den Jahreskreis neu errechnen. Sie stellten fest, daß das Jahr 365 und 1/4 Tage hat. Der Kaiser ordnete nun an, daß ein Jahreskreis 365 Tage dauern sollte. Das eine Viertel sollte aufgehoben werden, bis ein Tag voll war, also

alle vier Jahre. Dann sollte dieses Jahr 366 Tage haben. Sieben Monate erhielten 31 Tage, vier Monate 30 und ein Monat 28 Tage, alle vier Jahre 29 Tage. Das war das *Schaltjahr*. Alle glaubten, das alte Zeitdurcheinander sei endlich vorbei.

Nun waren die Römer große Geschäftsleute, die darauf achteten, daß alle Bürger in ihrem Reich pünktlich ihre Steuern bezahlten. Und das ging so: Die Tempelpriester mußten den Mond genauestens beobachten, wann das erste kleine

Stückchen des zunehmenden Mondes zu sehen war. Dann wurde auf dem Marktplatz laut und vernehmlich der erste Tag des neuen Monats ausgerufen. Und alle Menschen wußten: Das ist der Tag des Rufens, auf Lateinisch der *dies calendae*, Zeit zum Steuerzahlen. Diese Ruftage, die dies calendae, wurden später schon im voraus errechnet und festgelegt. Die Römer bekamen so ihr *calendarium*. Daraus ist unser *Kalender* entstanden.

Durch genaue Beobachtungen der Sonne wurde das Jahr in vier große *Jahreszeiten* eingeteilt:

Frühling: Er beginnt am 21. März, weil dann Tag und Nacht gleich lang sind.

Sommer: Er beginnt am 21. Juni, weil die Sonne am höchsten steht und der längste Tag und die kürzeste Nacht ist.

Herbst: Er beginnt am 23. September, weil Tag und Nacht wieder gleich lang sind.

Winter: Er beginnt am 21. Dezember, weil jetzt der kürzeste Tag und die längste Nacht ist.

Viele Jahre vergingen, und es stellte sich allmählich heraus, daß der Frühlingsanfang nicht mehr stimmte. Am 21. März waren Tag und Nacht nicht mehr gleich lang. Also immer noch ein Zeitdurcheinander! Es war ein Papst, nämlich Gregor XIII., der neue Berechnungen ausführen ließ. Als Ergebnis kam heraus: Das Jahr hat 11 Minuten und 14 Sekunden weniger als 365 1/4 Tage. So konnte im Jahr 1582 ein genauer Kalender eingeführt werden, und der richtige Frühlingsanfang war gerettet. Allerdings hat es noch einmal ungefähr 200 Jahre gedauert, bis alle mit diesem Kalender einverstanden waren. ja, nun atmest du sicherlich auf, daß es endlich geklappt hatte, und alles Durcheinander vorbei war.

Daß unser Jahr mit dem ersten Januar beginnt, war auch nicht immer so. Die Römer zum Beispiel feierten ihren Jahresanfang am ersten März.

Wir teilen heute die Zeit in die Zeit vor der Geburt und in die Zeit nach der Geburt Jesu Christi ein. Das war auch nicht immer so. Das verdanken wir einem Mönch, der 500 Jahre nach Jesus gelebt hat. Aber auch das ist ungenau. Wir nehmen heute an, daß Jesus vier oder fünf Jahre vor dieser Zeitwende geboren wurde.

Oh je, du siehst, die Menschen hatten ihre liebe Mühe mit der Zeitrechnung!

Woher die Monate ihren Namen bekamen

Das alte römische Volk verehrte viele Götter und Göttinnen. Da wundert es dich bestimmt nicht, daß sie einige Monate ihres calendariums unter den Schutz der Götter stellten.

Januar: Er erhielt seinen Namen nach dem Gott *Janus*, den sich die Menschen als den Hüter ihrer Türen und großen Tore mit zwei Gesichtern vorstellten. Eines schaute nach drinnen und eines nach draußen.

Februar: In diesem Monat wurde Hausputz gehalten, um sich auf den Frühling vorzubereiten. Die Menschen dachten auch mehr über sich selbst nach, wo sie in ihrem Innern *Hausputz* halten und ein paar ungute Geister herausfegen konnten. *Reinigen* hieß in der lateinischen Sprache der Römer *februare*. Da wurde der Monat halt so genannt.

März: War der Monat, der dem Kriegs- und Feldergott *Mars* geweiht war. In der Zeit, in der sich alles vom Winter zum Frühling wandelte, vertrauten sich die Menschen seinem Schutz an.

April: Er hat seinen Namen von dem lateinischen Wort *aperire*, das bedeutet: *öffnen.* Damit wollten sie sagen: Alles ist nun für den Frühling offen.

Mai: Nun grünt und blüht alles. Deshalb wurde dieser Monat der Göttin des Wachsens und Blühens geweiht, der Göttin *Maia,* wie auch dem Gott *Maius,* dem Gott des Wetters.

Juni: Der Monat der wunderschönen Sommerblumen, wurde der Göttin *Juno* anvertraut. Sie war die Göttin der Sterne und der Frauen.

Juli: Er war der Monat, der seinen Namen nach dem großen Kriegsherrn und Kaiser *Julius Cäsar* bekam.

August: Auch dieser Monat wurde zu Ehren eines großen römischen Kaisers, nämlich des Kaisers *Augustus* so genannt. Augustus war Kaiser, als Jesus geboren wurde. Du findest seinen Namen in der Weihnachtsgeschichte.

Die letzten vier Monate erhielten ihre Namen ganz anders. Das römische Jahr begann ja nicht wie bei uns am ersten Januar, sondern am ersten März. Von hier an gerechnet bekam dann der siebte Monat den Namen

September, weil *sieben* in der lateinischen Sprache *septem* heißt.

Oktober ist der *achte* Monat, und *acht* heißt *octo.*

November ist der *neunte* Monat, und *neun* heißt *novem.*

Dezember ist der *zehnte* Monat, und *zehn* heißt *decem.*

Und die römischen Monatsnamen haben sich bis auf den heutigen Tag erhalten.

Aber die Leute haben auch immer wieder den Monaten andere Beinamen gegeben. Wie gefallen dir zum Beispiel:

Januar, der Schneemonat oder Hartung (weil er die härteste Kälte mitbringt);

Februar, der Taumonat, Narrenmonat oder Hornung (weil sich das Wild im Wald die Hörner abstößt);

März, er ist der Frühlingsmonat, der Lenzing;

April heißt Launing oder Ostermonat;

Mai ist der Marienmonat oder Weidemonat (weil das Vieh erstmalig aus den Ställen auf die Weiden oder Almen getrieben wird);

Juni ist der Rosenmonat;

Juli, der Heumonat;

August, der Ährenmonat;

September, der Herbstmonat oder der Scheiding (weil der Sommer scheidet);

Oktober, der Weinmonat;

November, der Wind- und Nebelmonat;

Dezember, der Christmonat oder Heilmonat.

Die Wochentage und ihre Namen

In alter Zeit waren die gelehrten Sterndeuter der Meinung, daß die Sterne einen großen Einfluß auf die Menschen haben und benannten die Tage der Woche nach den großen Planeten. Die Germanen haben jedoch später diese Namen nicht übernommen. Vielmehr wollten sie eigene Namen und ihre eigenen Götter als Beschützer und Lenker der Wochentage anrufen. So erhielten unsere Wochentage die Namen, die wir noch heute haben und die auch nicht geändert wurden, als die Menschen Christen wurden.

Der Montag verdankt seinen Namen dem Mond;

Der Dienstag wurde dem germanischen Kriegsgott *Diu* geweiht;

Der Mittwoch sagt, daß die Mitte der Woche erreicht ist;

Der Donnerstag erhielt seinen Namen zu Ehren des Donnergottes *Donar;*

Der Freitag gehörte der Göttin *Freya;*

Der Samstag, der manchmal auch Sonnabend genannt wird, macht uns darauf aufmerksam, daß der Sonntag naht, daß der Abend vor dem Sonntag schon da ist;

Der Sonntag wurde der strahlenden *Sonne* gewidmet.
Für die Christen war Jesus die Sonne in ihrem Leben. Besonders durch die Auferweckung am Ostertag hatten sie erfahren, daß Gott nach dem Tod neues Leben schenkt. Das wollten sie an jedem Sonntag immer wieder festlich feiern, um es nie zu vergessen, damals und auch heute noch.

Kalender

Im Januar ist der Schnee noch neu und weiß,
im Februar tropft es schon auf alle Arten,
im März kann man den Frühling kaum erwarten,
so naß ist der April und doch so heiß!

Mit Knabenschritten in den Mai kommt leis
der Frühling dann und schläft im Junigarten.
Im Julifeuer bräunen sich die Zarten;
August ist eine Birne – nimm und beiß.

Allmählich wird es kühler im September,
durch den Oktober fegt der Blättertanz, und endlich gar,
wie traurig, ist's November.

Doch sind die Tage nicht so dunkel ganz;
durch irgendeinen Türspalt kommt der Glanz
vom Weihnachtsbaum herein in den Dezember.

Sigismund von Radecki

März 1995	Sonntag	Montag	Dienstag	Mittwoch	Donnerstag	Freitag	Samstag
				1	2	3	4
	5	6	7	8	9	10	11
	12	13	14	15	16	17	18
	19	20	21	22	23	24	25
	26	27	28	29	30	31	

Blätter an meinem Kalender

Das Gedicht lädt dich ein, wunderschöne Kalenderblätter zu machen, gerade so, wie es dir gefällt. Du brauchst zwölf farbige Kartons, wie sie zu den einzelnen Monaten passen. Auf den unteren Teil zeichnest du sorgfältig das Kalendarium. Das kannst du von jedem Kalender übernehmen. Und du weißt jetzt auch, woher es kommt. Auf dem oberen Teil kannst du die einzelnen Monate darstellen: entweder mit Wachsmalstiften oder Wasserfarben, aber auch mit bunten, gerissenen Papierstückchen, die du dann aufklebst. Der Januar bekommt kalte Farben, weiß und blau, der Februar ist vielleicht bunt vor lauter Fastnacht, der März hat die Schneeglöckchen, Krokusse und die ersten grünen Spitzen an den Bäumen und Sträuchern, und der April feiert Ostern. So reiht sich Monat an Monat, und ich ahne schon, wie jeder Kalender bei jedem Kind anders ausschaut, aber alle einfach wunderschön sind. Eure Kalenderblätter werden nun oben gelocht, so daß ihr eine Kordel durchziehen könnt. Fertig ist er, der Kalender. Gebt ihm einen schönen Platz, damit er euch das ganze Jahr über begleiten und euch Tag, Woche und Monat mitteilen kann.

Ein anderes Jahr nimmt seinen Lauf

In den Jahreskreis der zwölf Monate mit seinen vier Jahreszeiten schmiegt sich ein anderer Kreis. Hier spielt nicht der Lauf der Sonne oder des Mondes die wichtige Rolle sondern das Leben Jesu. Wir nennen ihn deshalb den *christlichen Jahreskreis* oder das *Kirchenjahr*. Dieser Jahreskreis beginnt mit dem Advent im Dezember, der Wartezeit auf das Geburtsfest Jesu zu Weihnachten, führt uns zu Weihnachten, Ostern und Pfingsten und endet im November des nächsten Jahres für die katholischen Christen am Christkönigsfest, für die evangelischen Christen am Totensonntag. Da reihen sich die Festzeiten und Festtage mit ihren Vorbereitungszeiten aneinander wie die Perlen auf einer Schnur.

Die einzelnen Festzeiten bringen uns die wichtigsten Ereignisse im Leben Jesu nahe. Wenn wir sie feiern, können wir erfahren, was Jesus mitteilten wollte: Gott ist immer da für uns, ob wir fröhlich oder traurig, gesund oder krank, gut oder böse sind. Für die ersten Christen drehte sich alles um die Botschaft von der Auferstehung Jesu: Gott hat ihn nicht im Tod gelassen. Das haben sie als ein großes Fest der Freude gefeiert, Ostern! Dieses Fest war ihnen das wichtigste. Es sagte ihnen: Nun wissen wir, Gott schenkt auch uns neues Leben. Daran anschließend entstanden im Lauf der Zeit die anderen Feste. Über sie erfährst du eine ganze Menge in diesem Buch.

Die Christen wollten sich daran immer wieder erinnern, sonst vergißt sich das so leicht. Das, was ihnen kostbar war, wollten sie im Kreis von Freunden und anderen Leuten feiern – mit Gottesdiensten, Liedern, Geschichten, Gedichten, Geschenken, Tänzen, mit Basteln, Spielen, mit Schmuck, Essen und Trinken.

Die großen Festzeiten sind eng mit den Monaten und Jahreszeiten verknüpft; oder könntest du dir auch Ostern im August vorstellen? Aber sie greifen über die einzelnen Monate hinweg. Schau dir auf dem Bild auf Seite 10 die beiden Jahreskreise einmal an; dann wirst du es schnell entdecken. Und die Natur mit ihren Jahreszeiten und Schätzen war für die Menschen seit alters her immer schon ein Grund, Gott zu danken und zu feiern.

Neben den großen Festen – Weihnachten, Ostern, Pfingsten – gibt es das ganze Jahr hindurch Festtage, an denen wir einzelne Frauen und Männer feiern, die aus ihrer Begeisterung für Jesus Großes für die Menschen getan haben. Sie waren Stars, so würden wir heute sagen, Sterne in oft dunklen Zeiten der Menschen. Wir nennen sie *Heilige*. Sankt Martin oder Sankt Nikolaus, die kennst du schon, andere kannst du in diesem Buch kennenlernen.

Auf die großen Feste und die vielen einzelnen Festtage bereiteten sich die Menschen vor und dachten sich phantasievoll aus, wie sie die Feste gestalten konnten. Daraus sind viele *Bräuche* entstanden. »Was ist das?« wirst du fragen. *Brauch* ist ein altes Wort und hieß früher *brukjahn* und *bruchen*. Das bedeutet soviel wie *Nahrung zu sich nehmen* und *genießen*. Bräuche wollen nicht nur den Magen satt machen, sondern uns auch ganz tief berühren. Denke einmal an Weihnachten, wie schon die Vorbereitungszeit im Advent soviel Freude macht, wie wir das Basteln genießen und die Vorfreude uns erwartungsvoll stimmt. Und Weihnachten erst mit seinem Glanz! Dann verstehst du, was gemeint ist.

Die Bräuche, die im Laufe vieler hundert Jahre entstanden sind, zeigen wie in einem Kochrezept alles auf, was wir für die einzelnen Feste brauchen, um sie richtig zu feiern. So viele Dinge wollen uns etwas sagen: der Kranz, die Lichter, die Eier, die Asche am Aschermittwoch, das Wasser, die Bilder aus Brot, die Masken, der Kräuterbusch. Sie haben ihre eigene Sprache. Wir müssen nur hinsehen, lauschen, riechen, schmecken und fühlen.

Die einzelnen Feste und Bräuche sind ein Geschenk der Menschen, die vor uns gelebt haben. Manches können wir vielleicht nicht mehr richtig verstehen. »Das ist ein alter Hut oder ein alter Zopf«, sagt der eine oder die andere. Aber wenn ein Zopf abgeschnitten wird, entsteht eine neue Frisur. So könnten wir doch auch manchem alten Brauch eine neue Frisur geben, ihn verwandeln in etwas Neues. Manche Bräuche warten geradezu darauf, denn sie sind etwas ganz und gar Lebendiges. Dazu findest du Anregungen im Buch.

Wir können uns auf die Feste und Bräuche verlassen. Sie wiederholen sich jedes Jahr wie die Jahreszeiten. Sie erwarten uns wie alte Freunde. So sind sie uns vertraut und halten doch immer wieder Überraschungen für uns bereit. Denk nur an Sankt Martin: Du kennst die Geschichte mit dem Bettler und den Martinszug. Aber wer Martin wirklich war, das lernst du erst über viele Jahre richtig, jedes Jahr ein wenig mehr. Und dann wirst du sein Fest immer wieder anders feiern. So kommt keine Langeweile auf, sondern viel Spaß und Neugierde schon beim Vorbereiten. So ist das christliche Jahr ein kunterbuntes Jahr, prall voll mit allem, was zu deinem Leben gehört. Es wartet darauf, von dir und allen, die du magst, entdeckt zu werden. Es ist eine Schatztruhe, voll bis an den Rand. Den Schlüssel dazu findest du in diesem Buch. Nimm dein Jahresbuch, schließe die Truhe auf und schau' nach, welche Überraschungen dich erwarten!

Drei Kronen

Drei Kronen trägt jeder Jahreslauf,
er setzt sie den schönsten Festen auf.
Sie sind nicht aus Gold,
nicht aus Edelstein
und dringen doch tief in die Herzen ein.

Die erste Kron' den Winter ziert,
wenn alles dunkel, wenn alles friert.
Dann leuchtet heller Kerzen Schein
in die finstere Welt hinein.

Die zweite Kron' aus Dornen gewunden,
da sie Jesus ans Kreuz gebunden.
Am dritten Tag zerrissen die Banden.
Das Grab war leer, der Herr erstanden.

Die dritte Kron' aus Feuerzungen
hat bald die ganze Welt durchdrungen.
Heiliger Geist nun breitet sich aus
von Land zu Land, von Haus zu Haus.

Karl Heinz König

23

Advent

Vom goldenen Licht auf grünen Zweigen

Nun feiern wir Advent

Je näher die Adventszeit kommt, desto früher wird es draußen dunkel. Auch tagsüber will es an manchen Tagen gar nicht richtig hell werden. Die letzten bunten Blätter sind von den Bäumen gefallen. Die Zweige sind jetzt ganz kahl. Die Wege und Straßen sind oft von Regen und Nebel naß und schmutzig. In manchen Gegenden schneit es schon, und nachts kommt der Frost. Da staunen die Menschen nicht selten am Morgen: silberner Reif hat die ganze Welt verzaubert, bis dann die Sonne ein paar Strahlen auf die Erde schickt und der ganzen Herrlichkeit ein Ende macht, damit alles wieder wie vorher ausschaut. Da mögen die Kinder gar nicht mehr so gerne draußen spielen. Sie bleiben lieber im Haus, wo es warm und gemütlich ist.

Nun kauft die Mutter immergrüne Tannenzweige und schmückt damit die Wohnung. Da spüren wir: Wenn auch draußen alles kahl geworden ist, die grünen Zweige wollen uns zeigen, es wächst neues Leben. Wir dürfen hoffen, daß nach dem kalten Winter der grünende und blühende Frühling wiederkommt. An den langen dunklen Abenden zünden wir Kerzen an. Ihr goldenes Licht will uns sagen: Auch wenn es draußen dunkel ist, ich mache die Dunkelheit hell. Alles Traurige soll fröhlich werden. Ja, du weißt es schon: Es ist Advent. Und in der Adventszeit bereiten wir uns auf ein wunderbares Fest vor, auf Weihnachten. Aber das tun wir nicht einfach so. Das alles hat eine lange, ganz besondere Geschichte:

Von der Zeit, die gut ausging

Advent ist eigentlich gar kein deutsches Wort. Es kommt aus der lateinischen Sprache und heißt *Ankunft*. Advent kannst du deshalb auch *Wartezeit* nennen. Wartezeit auf die Ankunft Jesu. Wie das nun zu verstehen ist, erzählt uns die Bibel. Hier finden wir Geschichten über das alte israelitische Volk, das viele tausend Jahre lang auf einen Retter gewartet hat, der den Menschen von Gott versprochen war. Sie fühlten sich oft schwach und hilflos gegenüber all dem Bösen in sich selbst und in der Welt. Immer wieder erlebten sie Streit, Unfrieden, Krieg und Zerstörung. Menschen mußten ihre Heimat verlassen und wurden von fremden Völkern unterdrückt. Oft verzweifelten sie, klagten und weinten. Sie glaubten dann nicht mehr, daß Gott sie liebhabe. Aber immer wieder baten Menschen Gott auch um Hilfe und versprachen, sich mehr anzustrengen, nach seiner Lebensordnung zu leben, friedlicher, hilfsbereiter und gerechter zu sein. So warteten sie und warteten auf den, der ihnen von Gott versprochen war, der das ganze Dunkel fortnehmen sollte aus ihrem Leben: Einer wird kommen, der so lebt, wie Gott den Menschen gedacht hat. Er wird uns Gottes Liebe zeigen. Sie nannten ihn *Messias*, den *Retter der Welt*. Endlich wurde er geboren: *Jesus*. Du weißt es schon, das war das erste *Weihnachtsfest*. Jedes Jahr im Advent erinnern wir uns an diese lange Wartezeit und bereiten uns dabei auf Weihnachten vor. Für uns ist es eine frohe Zeit; denn wir erinnern uns: Jesus ist gekommen, damals vor ungefähr 2000 Jahren. Wir feiern sein Geburtstagsfest.

Aber bei aller Freude wissen wir: Die Welt ist immer noch nicht heil geworden. Wie schlimm das ist, können wir täglich am Fernsehen verfolgen. So leben wir in einer neuen Wartezeit, einem neuen Advent. Wir hoffen, daß Gott noch etwas vorhat mit uns Menschen. Wir warten darauf, daß Gott endgültig alles Leid wegnimmt. Mit Jesus soll am Ende des neuen Advent die zweite Weihnacht, der große Friede kommen. Wir warten darauf, daß alles einmal so sein wird, wie es Jesaja, ein Prophet, der 700 Jahre vor Jesus lebte, in einem Traum geschaut hat:

Jesajas großer Traum

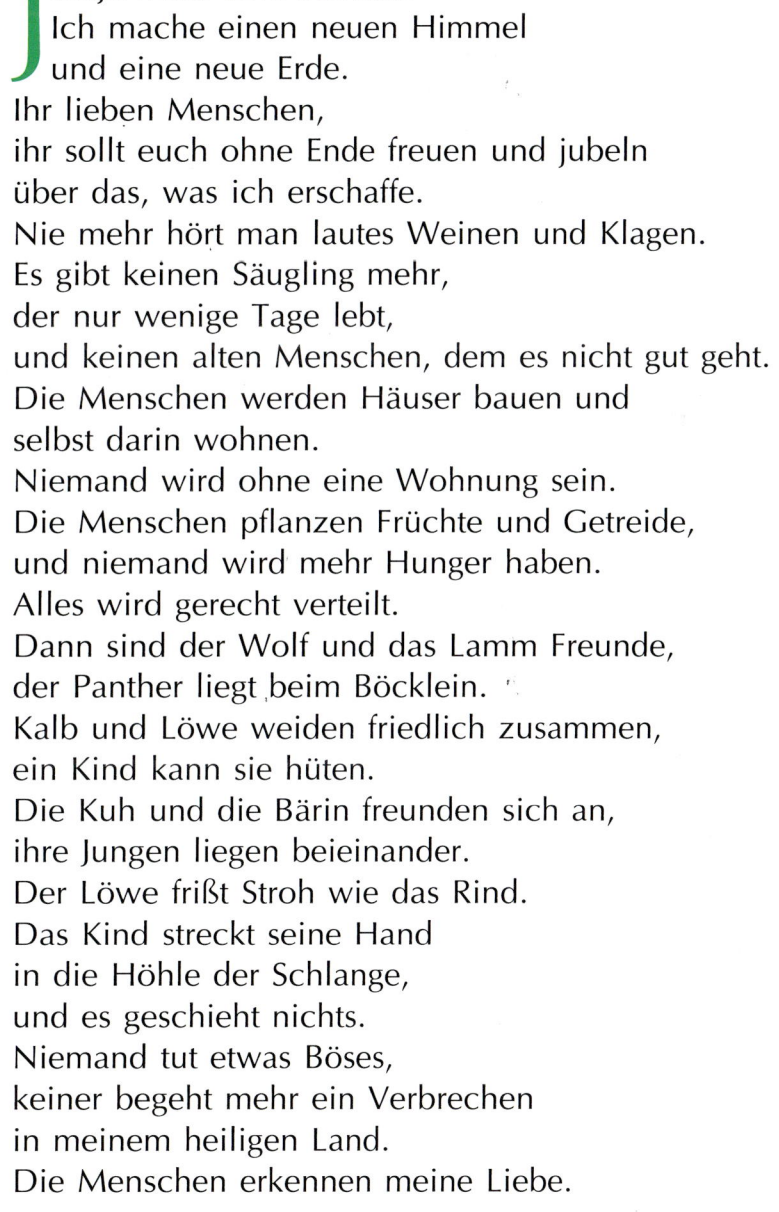

Jesaja hörte eine Stimme:
Ich mache einen neuen Himmel
und eine neue Erde.
Ihr lieben Menschen,
ihr sollt euch ohne Ende freuen und jubeln
über das, was ich erschaffe.
Nie mehr hört man lautes Weinen und Klagen.
Es gibt keinen Säugling mehr,
der nur wenige Tage lebt,
und keinen alten Menschen, dem es nicht gut geht.
Die Menschen werden Häuser bauen und
selbst darin wohnen.
Niemand wird ohne eine Wohnung sein.
Die Menschen pflanzen Früchte und Getreide,
und niemand wird mehr Hunger haben.
Alles wird gerecht verteilt.
Dann sind der Wolf und das Lamm Freunde,
der Panther liegt beim Böcklein.
Kalb und Löwe weiden friedlich zusammen,
ein Kind kann sie hüten.
Die Kuh und die Bärin freunden sich an,
ihre Jungen liegen beieinander.
Der Löwe frißt Stroh wie das Rind.
Das Kind streckt seine Hand
in die Höhle der Schlange,
und es geschieht nichts.
Niemand tut etwas Böses,
keiner begeht mehr ein Verbrechen
in meinem heiligen Land.
Die Menschen erkennen meine Liebe.

Nach Jesaja

Macht hoch die Tür

Text: Georg Weissel / Melodie: aus Halle, 1704

Macht hoch die Tür, die Tor macht weit, es
kommt der Herr der Herr - lich - keit, ein Kö - nig
al - ler Kö - nig - reich, ein Hei - land al - ler
Welt zu - gleich, der Heil und Le - ben mit sich bringt; der -
hal - ben jauchzt, mit Freu - den singt: Ge - lo - bet sei mein
Gott, mein Schöp - fer reich von Rat.

2. Er ist gerecht, ein Helfer wert;
Sanftmütigkeit ist sein Gefährt,
sein Königskron ist Heiligkeit,
sein Zepter ist Barmherzigkeit;
all unser Not zum End er bringt,
derhalben jauchzt, mit Freuden singt:
Gelobet sei mein Gott,
mein Heiland groß von Tat.

3. O wohl dem Land, o wohl der Stadt,
so diesen König bei sich hat.
Wohl allen Herzen insgemein,
da dieser König ziehet ein.
Er ist die rechte Freudensonn,
bringt mit sich lauter Freud und Wonn.
Gelobet sei mein Gott,
mein Tröster früh und spat.

4. Macht hoch die Tür, die Tor macht weit,
euer Herz zum Tempel zubereit'.
Die Zweiglein der Gottseligkeit
steckt auf mit Andacht, Lust und Freud,
so kommt der König auch zu euch,
ja Heil und Leben mit zugleich.
Gelobet sei mein Gott
voll Rat, voll Tat, voll Gnad.

5. »Komm, o mein Heiland Jesu Christ,
meins Herzens Tür Dir offen ist;
ach zeuch mit Deiner Gnaden ein,
Dein Freundlichkeit auch uns erschein.
Dein Heilger Geist uns führ und leit
den Weg zur ewgen Seligkeit.
Dem Namen Dein, o Herr,
sei ewig Preis und Ehr.«

Von der Wartezeit, die Freude macht

Im Ernst, meinst du nicht auch, daß die Adventszeit viel mehr Freude macht, wenn du ihre lange Geschichte kennst? Dann erzählen dir alle die schönen Dinge und spannenden Geschichten in der Wartezeit des Advent von der Geschichte Gottes mit den Menschen.

Wir alle freuen uns, wenn am ersten Adventssonntag die erste Kerze am Adventskranz angezündet wird. Am schönsten ist es, wenn das elektrische Licht ausgeschaltet ist, und das goldene Kerzenlicht durchs dunkle Zimmer schimmert. Dann spüren wir von Kerze zu Kerze, vom ersten bis zum vierten Adventssonntag, daß es immer ein bißchen heller wird und wir den vielen Lichtern an Weihnachten näherkommen. Wir können einen Adventskranz kaufen. Vielleicht macht es aber doch mehr Freude, ihn selber zu gestalten. Grüne Zweige gehören dazu, die uns daran erinnern: Wir warten darauf, daß alles Verdorrte, Gefrorene wieder grün wird wie die Tannenzweige und erneut zu wachsen beginnt. Sie sind auch ein Zeichen, daß mit Jesus neues Leben auf die Erde gekommen ist. Der Kranz, der ohne Anfang und Ende ist, ist ein Zeichen für Gott, der immer war und immer sein wird. Rote Bänder sind schön dazu, die uns an die Liebe Gottes und an die Lebensfreude erinnern wollen. Wir können auch goldene Bänder und honiggelbe Kerzen aussuchen als Zeichen der Herrlichkeit Gottes. Andere wählen die violette Farbe. Sie erinnert daran, daß die Adventszeit früher besonders auch als eine Buß- und Fastenzeit gefeiert wurde. Die Menschen werden auch heute eingeladen, darüber nachzudenken, was bisher gut war in ihrem Leben und was besser werden muß, damit Neues wachsen kann.

Ja, nun kannst du mit deiner Familie überlegen, wie euer Adventskranz ausschauen soll. Wenn ihr ihn selber binden wollt, dann ist es ein wenig leichter, einen Rohling oder Reifen zu nehmen, wie ihn die Blumengeschäfte anbieten. Rundum kann man dann mit feinem Blumendraht kleine grüne Zweige befestigen und vier Kerzenhalter in den Kranz stecken. Soll es ein Tischkranz werden, teilen wir das rote Band in vier gleiche Teile, binden je eine Schleife und stecken sie mit Blumendraht zwischen die Kerzenhalter in den Kranz. Mit roten kleinen Äpfeln, Tannenzapfen oder roten Sternen kann er noch weiter ausgeschmückt werden. Zum Schluß kommen die Kerzen in den Halter, und du kannst es bestimmt kaum erwarten, bis der erste Adventsabend da ist.

Vom allerersten Adventskranz und seinen vielen Lichtern

Nicht immer hat es einen Adventskranz gegeben. Auch er hat eine Geschichte.

Es war vor ungefähr 150 Jahren in der Stadt Hamburg. Dort lebte der evangelische Pastor Johann Heinrich Wichern. Er sah in seiner Stadt die vielen Kinder, die in den Straßen bettelten, weil sie keine Menschen mehr hatten, die für sie sorgen konnten. Das ließ ihm keine Ruhe. Deshalb gründete er ein Waisenhaus. Es wurde das *Rauhe Haus* genannt. Hier fanden diese Kinder ein Zuhause.

Als nun die Adventszeit kam, überlegte er, wie er diese Zeit mit den Kindern am besten feiern konnte. Plötzlich hatte er eine Idee. Nun versammelte er am Abend im Advent die Kinder um sich, um zu erzählen und mit ihnen zu beten. Dabei zündete er zunächst eine Kerze an, dann jeden Abend eine mehr bis 24, und am Weihnachtsabend endlich viele Kerzen leuchteten.

Pastor Wichern hatte einen Freund, dem diese adventlichen Feiern wohl große Freude machten; dieser hatte eine Idee: Im nächsten Advent baute er einen großen Kronleuchter. Rundherum band er grüne Tannenzweige. Auf ihm hatten nun alle 24 Kerzen Platz. Die Kinder freuten sich. Später hat Pastor Wichern davon erzählt:

»Auf dem Kranze brennt das erste Licht, weil heute der erste Adventstag ist. Und kommt ihr morgen, dann brennen schon zwei, und übermorgen drei, und jeden Tag eines mehr. Und je mehr Lichter brennen, desto näher rückt Weihnachten, und desto froher werden Knaben und Mädchen; und brennt der volle Kranz mit allen 24 Lichtern, dann ist er da, der heilige Christ, in all seiner Herrlichkeit.« Auch die Freunde von Pastor Wichern waren so begeistert, daß sie überall von diesem ersten Adventskranz erzählten. So dauerte es nicht lange, da gab es in vielen Familien einen Adventskranz. Allerdings wurde aus dem großen Leuchter ein grüner Kranz aus Tannengrün mit vier Kerzen, für jede Adventswoche eine.

Wir warten

Text: Maria Thudichum / Melodie: Erna Woll

1. Wir war - ten auf den Ei - nen, der uns so ganz ver - steht, der Zeit hat für uns
al - le und im - mer mit uns geht. Der weiß, wa - rum wir la - chen, wa -
rum wir trau - rig sind, der weiß, wie vie - le Fra - gen und Nö - te hat ein Kind.

2. Wir warten auf den Einen, den Gott verheißen hat!
Wir warten in den Dörfern, wir warten in der Stadt
auf ihn, den Freund der Kinder,
der Armen in der Welt,
der alle dunklen Nächte mit seinem Licht erhellt.

3. Erhörst du unser Rufen? Wir sind doch alle dein!
Komm du in unsre Mitte, wir wollen dankbar sein.
Du Heiland aller Menschen,
du kommst ja auch für mich!
Sohn Gottes, Freund, Erlöser,
ich warte sehr auf dich.

Schallplatte FF 1240 Stern, Goldener Stern.
Fidula-Verlag, Boppard/Rhein und Salzburg

Von einem kleinen Jungen, dem das Warten zu lang wurde

Es ist schon eine Weile her, beinahe hundert Jahre, da gab es einen Jungen, der wurde im Advent immer ganz ungeduldig. Jeden Tag fragte er seine Mutter: »Wieviele Tage sind es noch bis Weihnachten?« Das brachte die Mutter auf eine Idee, wie sie ihrem ungeduldigen Jungen die Wartezeit bis Weihnachten verkürzen könnte. Sie nahm einen schönen Karton und malte 24 gleich große Felder darauf. Nun besorgte sie sich genauso viele Schächtelchen, in die sie je eine kleine Überraschung versteckte. Diese Schächtelchen klebte sie auf die 24 Felder. Der kleine Junge durfte jeden Tag ein Schächtelchen abnehmen. Dabei konnte er Tag für Tag sehen, wie die Zeit bis Weihnachten immer kürzer wurde und sich dabei täglich auf eine Überraschung freuen.

Die Freude über diesen ersten Adventskalender hat der Junge nie vergessen. Als er erwachsen war, fing er an, Adventskalender für Kinder herzustellen, die er dann verkaufte. Auf die 24 Felder wurden Sprüche geschrieben, die auf Weihnachten vorbereiteten. Dann wurde ein Bogen mit 24 Bildchen gemalt, die zu den Sprüchen paßten. Jetzt wurde Abend für Abend in der Familie das passende Bild ausgesucht, ausgeschnitten und auf den jeweiligen Spruch geklebt.

So kannst du auch heute deinen Adventskalender kaufen oder dir schenken lassen. Und du wirst lange suchen müssen, bis du unter all den vielen den gefunden hast, der dir am besten gefällt, und der nicht nur von Teddybären, Puppen, Autos, Flugzeugen und ähnlichem erzählt. Am besten gehst du mit jemand in eine Buchhandlung. Da wirst du gut beraten.

Auf dem Weg nach Bethlehem – ein eigener Adventskalender

Warum nicht einmal einen Adventskalender selber herstellen und sich dabei vom Weihnachtsstern langsam zur Krippe von Bethlehem führen lassen? Glaub mir, es macht wirklich Spaß. Du brauchst einen Zeichenkarton in der Größe DIN A3 und einen in der Größe DIN A5. Den großen Zeichenkarton legst du im Hochformat hin und zeichnest unten ein Tor auf. Das schneidest du so ein, daß zwei aufklappbare Torflügel entstehen. Du malst in der Größe des Tores auf den kleinen Karton ein schönes Krippenbild, das du hinter die Toröffnung klebst. Nun wird das Weihnachtstor zunächst verschlossen. Deshalb schneidest du einen kleinen Kartonriegel und klebst ihn auf einen Torflügel. Auf den anderen kommt ein Riegel mit einer Lasche, durch die du den anderen Riegel stecken kannst. Nun nimmst du ein Lineal und mißt oberhalb des Tores in gleichen Abständen 23 Stufen, die du vorsichtig einschneidest. Auf dem restlichen Karton zeichnest du einen schönen Stern und schneidest ihn aus. Jetzt wird das Tor bemalt und darüber ein wunderschöner Nachthimmel in den verschiedensten Blautönen. Der Stern erhält eine strahlend gelbe oder goldene Farbe. Wenn diese getrocknet ist, bekommt der Stern auf der Rückseite einen

kleinen Riegel, den du nur zur Hälfte aufklebst, so daß du ihn ganz oben in die erste Stufe einstecken kannst. So wandert der Stern mit dir Stufe für Stufe durch den Advent, bis er Heiligabend an der Krippe angekommen ist. Nun öffnet sich das Weihnachtstor.

Vom Wichteln

Jedes Familienmitglied bekommt einen geheimnisvollen Begleiter oder Begleiterin durch die Adventszeit. Das geht so: Alle schreiben ihren Namen auf einen Zettel und werfen ihn schön gerollt in einen Korb, der gut geschüttelt wird. Nun darf jeder einen Zettel herausnehmen, aber nicht verraten, welcher Name darauf steht. Diese Person wird die ganze Adventszeit über von seinem Wichtel betreut. Ihr kennt sie ja alle aus den Märchen, die Wichtelmännchen, die meistens hilfsbereit sind. So heimlich und leise soll auch eure Wichtelarbeit geschehen: kleine fantasievolle Überraschungen wie ein Päckchen unter dem Kopfkissen, heimliche Hilfe aller Art. Wer wessen Wichtel war, das offenbart sich erst am Heiligen Abend.

Die goldene Adventskette

Hoffentlich hast du im Herbst viele gesammelt, als der Sturm die Nußbäume ordentlich schüttelte, und die Nüsse nur so auf die Straßen purzelten! Aber sie sind ja auch zu kaufen.
Wer mag schon keine Nüsse! Nur, sie haben eine harte Schale. So leicht kommen wir nicht an die leckeren Kerne heran. Lassen wir den Nußknacker einmal beiseite. Dann mußt du dich schon anstrengen; versuche es ruhig einmal! So können uns auch die Nüsse etwas vom Geheimnis des Advent erzählen, wie das neue Leben noch verborgen ist und es vieler Geduld und Anstrengung bedarf, um den Kern, das schöne Weihnachtsfest, zu finden und zu genießen. Da wundert es nicht, daß so viele Kinder und Erwachsene gerne eine Adventskette aus Walnüssen basteln:

Zunächst müssen 24 Nüsse vorsichtig mit einem Messer geöffnet werden, am besten Schutzhandschuhe überziehen, und das Messer immer von sich weghalten. Überflüssig zu sagen, daß die Kerne geknabbert werden dürfen. Nun werden die Nußhälften außen mit Goldbronze vergoldet. Sie trocknen schnell. Jetzt wird ein ungefähr vier Meter langes und zwei Zentimeter breites rotes oder grünes Band zurechtgelegt. Jede Nuß wird nun mit einem Inhalt gefüllt, und anschließend werden die beiden Hälften so zusammengeklebt, daß das Band zwischen den Nußhälften hindurchläuft. Bestimmt macht es Spaß, die winzigen Dinge für den Inhalt auszusuchen. Schön sieht die Adventskette dann aus, wenn sie aufgehängt ist. Jeden Tag wird sie um eine goldene Nuß kürzer, bis endlich nach der letzten das goldene Weihnachtslicht leuchtet.

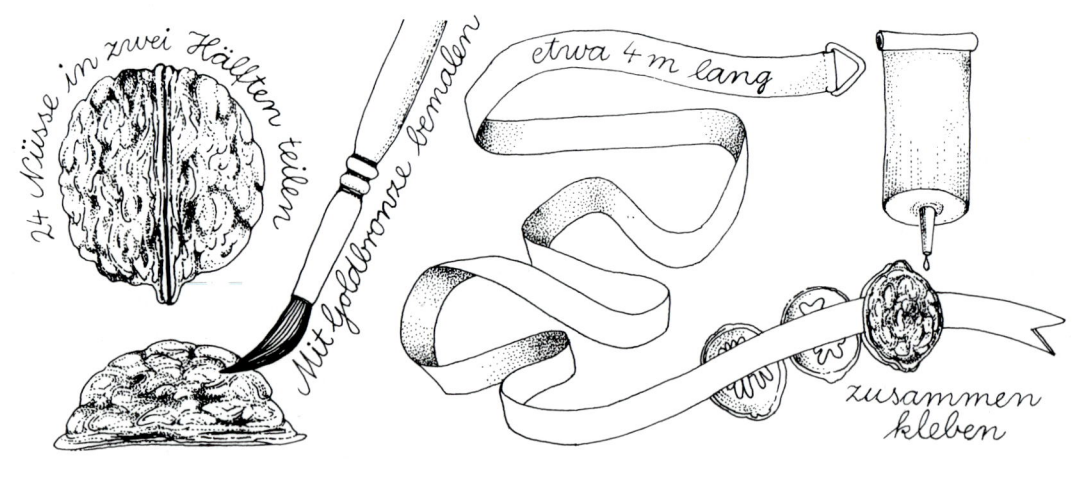

24 Nüsse in zwei Hälften teilen

Mit Goldbronze bemalen

etwa 4 m lang

zusammen kleben

Es blüht ein Zweig im kalten Winter – Barbaratag 4. Dezember

Vor vielen, vielen hundert Jahren lebte in der Türkei, in der Nähe der heutigen Stadt Istanbul, ein reicher Kaufmann. Er hieß Dioskurus und hatte eine wunderschöne Tochter, Barbara. Er liebte sie mehr als alles andere auf der Welt. Er behütete sie liebevoll, war doch die Mutter Barbaras früh gestorben. Auch Barbara liebte ihren Vater zärtlich. Wenn Dioskurus verreisen mußte, brachte er Barbara in einen Turm, damit sie nicht mit Menschen zusammenkam, die ihm nicht gefielen oder die Barbara schaden konnten. Nur eine Dienerin und ein Lehrer betreuten sie. Als Dioskurus nun wieder einmal mit seinen Karawanen viele Wochen unterwegs war, lebte Barbara in ihrem Turm. Doch es war alles anders als sonst. Sie erfuhr zum ersten Mal etwas über Jesus. Tag für Tag lauschte sie den Jesusgeschichten, und Tag für Tag wurde sie fröhlicher. Ja, teilen mit anderen, das wollte sie auch. Sie hatte doch so viel von allem. Freundlich und hilfsbereit sein zu den Menschen, die einsam und traurig waren, das konnte sie auch. Sie hörte, daß Gott Jesus nicht im Tod gelassen hatte. »Das ist ein großer Gott«, dachte Barbara, »er schenkt neues Leben nach dem Tod. Da brauche ich gar keine Angst mehr vor dem Sterben zu haben.« Barbara ließ sich taufen und wurde eine Christin. Sie konnte es kaum erwarten, bis ihr Vater zurückkam, um ihm alles zu erzählen.

Aber der Vater freute sich nicht. Im Gegenteil, sein Gesicht wurde ganz finster. Er wurde zornig. Er war kein Christ. Er hatte auf seiner Reise einen wohlhabenden Mann für Barbara ausgesucht. Den sollte sie heiraten. Aber der war auch kein Christ und wollte auch keine Christin heiraten. Dioskurus wußte außerdem, daß der römische Kaiser die Christen haßte, sie verfolgte und töten ließ. Er flehte Barbara an, nicht als Christin zu leben, sondern den jungen Mann zu heiraten. In seinem Zorn schrie er sie an: »Ich selber werde dich sonst verraten, daß du eine Christin bist.« Aber Barbara ließ sich nicht einschüchtern: »Ich fürchte mich nicht zu sterben. Gott schenkt mir ja ein neues Leben.«

Ganz große Liebe kann zu ganz großem Haß werden. So geschah es auch mit Dioskurus. Er ließ seine Tochter in ein dunkles Gefängnis einsperren. Es war kalter Winter. Auf dem Weg dorthin verfing sich ein Kirschenzweig, der vom Baum abgebrochen war, in Barbaras Kleid. Barbara nahm in mit und stellte ihn in einen Becher. Sie teilte mit ihm das Wasser, das man ihr im Gefängnis zu trinken gab. An dem Tag, an dem Barbara zum Tod verurteilt wurde, geschah etwas Wunderbares. Der Kirschzweig begann zu blühen, mitten im Winter. Als Barbara hinausgeführt wurde, schaute sie den blühenden Zweig an und sagte: »Es schien mir, als ob du tot warst. Aber nun bist du aufgeblüht zu neuem Leben. So wird es auch mit mir geschehen. Wenn ich sterbe, werde ich verwandelt zu neuem blühenden Leben.«

Barbarazweige

Seit dieser Zeit schneiden die Menschen mitten im Winter am 4. Dezember, am Barbaratag, Kirschzweige vom Baum und stellen sie in eine Vase. Und zu Weihnachten – da beginnen sie zu blühen. Sie wollen die Menschen an Barbara erinnern, die ein so großes Vertrauen zu Jesus hatte, auf dessen Geburtsfest wir im Advent warten. Als Jesus erwachsen war, hat er einmal gesagt: »Ihr wißt doch, wenn die Bäume zu blühen beginnen, daß eine schöne Zeit kommt. Genauso ist es, wenn ihr auf mich hört, wißt ihr, daß Gott eine schöne Zukunft für euch hat.« Wenn ihr es in der Familie versuchen wollt, Kirschzweige kann man auch auf dem Wochenmarkt kaufen. Manche Leute nehmen ebenso Forsythien-, Apfel- oder Mandelzweige. Wenn es draußen noch nicht gefroren hat, legt ihr die Zweige am besten zunächst für ein paar Stunden in das Tiefkühlfach. Danach müssen sie langsam in warmem Wasser auftauen. So ist es für die Zweige, als ob zuerst Winter und dann Frühling sei. Nun müßt ihr sie anschneiden und an einen hellen Platz stellen. Für ein Löffelchen Traubenzucker sind sie dankbar. Nun noch alle paar Tage das Wasser wechseln, und sie lohnen die ganze Mühe mit wunderschönen Blüten am Weihnachtsfest.

Am Barbaratag

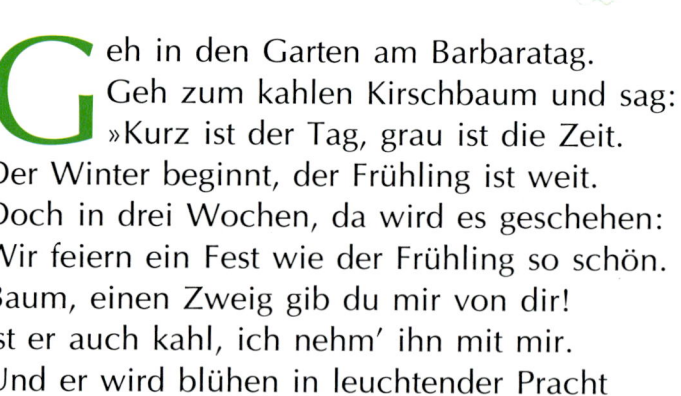

Geh in den Garten am Barbaratag. Geh zum kahlen Kirschbaum und sag: »Kurz ist der Tag, grau ist die Zeit. Der Winter beginnt, der Frühling ist weit. Doch in drei Wochen, da wird es geschehen: Wir feiern ein Fest wie der Frühling so schön. Baum, einen Zweig gib du mir von dir! Ist er auch kahl, ich nehm' ihn mit mir. Und er wird blühen in leuchtender Pracht mitten im Winter in der Heiligen Nacht.«

Josef Guggenmos

Alle Knospen springen auf

Text: Wilhelm Willms / Musik: Ludger Edelkötter
Aus: Weil du mich so magst / Wir sind Kinder dieser Erde (IMP 1036/1045).
Alle Rechte im Impulse-Musikverlag, 48317 Drensteinfurt

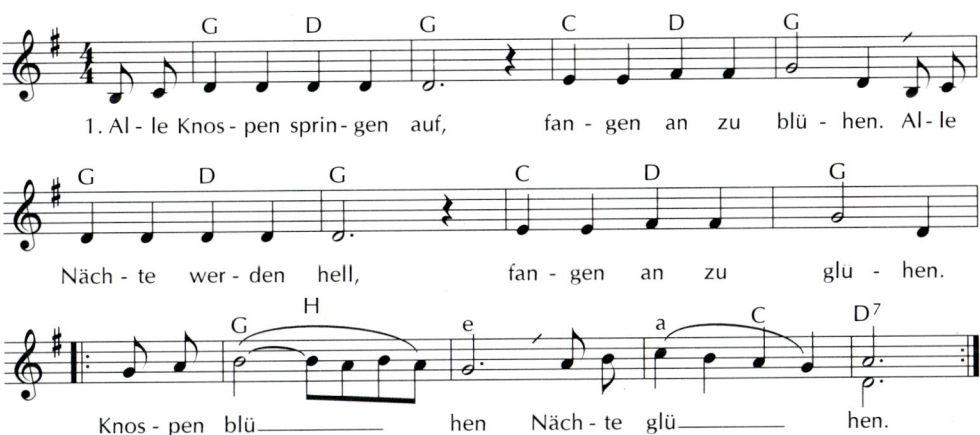

1. Al - le Knos - pen sprin - gen auf, fan - gen an zu blü - hen. Al - le

Näch - te wer - den hell, fan - gen an zu glu - hen.

Knos - pen blü _____ hen Näch - te glü _____ hen.

2. Alle Menschen auf der Welt
fangen an zu teilen.
Alle Wunden nah und fern
fangen an zu heilen.
Menschen teilen – Wunden heilen.
Knospen blühen – Nächte glühen.

3. Alle Augen springen auf,
fangen an zu sehen.
Alle Lahmen stehen auf,
fangen an zu gehen.
Augen sehen – Lahme gehen.
Menschen teilen – Wunden heilen.
Knospen blühen – Nächte glühen.

4. Alle Stummen hier und da
fangen an zu grüßen.
Alle Mauern tot und hart
werden weich und fließen.
Stumme grüßen – Mauern fließen.
Augen sehen – Lahme gehen.
Menschen teilen – Wunden heilen.
Knospen blühen – Nächte glühen.

Von den Mistelzweigen und den Adventswurzeln

Wie wäre es mit einem Ausflug in den adventlichen Wald? Sicherlich fallen uns sofort die Scharen großer schwarzer Vögel auf, die Saatkrähen, Eichelhäher und Tannhäher, die Wacholderdrosseln, um einige zu nennen. Sie alle kommen aus dem kalten Norden zu uns. Ebenfalls ein Gast aus dem hohen Norden ist der bunte Bergfink, den du an den orangefarbenen Schultern und einem bräunlich gefleckten Kopf und Rücken erkennst. Er besucht auch gerne ein Futterhäuschen im Garten. Wunderschön die so zahlreich gekommenen Gäste der Gimpelfamilie, der Karmingimpel zum Beispiel. An Kopf, Brust und Rücken ist er leuchtend rot, Schwanz und Flügel sind braun. Oder der Hakengimpel, der einen kräftig gebogenen Schnabel hat. Schau einmal, ob du sie entdecken kannst.

Die Bäume sind nun kahl geworden. Mit etwas Glück entdeckst du auf den Ästen von knorrigen Bäumen die merkwürdigen Mistelbüsche. Die Mistel wurzelt in den Ästen der Bäume und saugt so das Wasser und die Nährsalze, die sie braucht, hier heraus. Sie ist eine richtige Schmarotzerpflanze. Auch jetzt im Winter hat sie noch gelbgrüne Blätter und viele, viele weiße Beeren. Sie lebt besonders gerne auf Weiden, Pappeln, Birken, Äpfel- und Birnbäumen. Die Menschen haben die Mistel seit uralter Zeit immer hoch geehrt. Sie galt als unsterbliche Pflanze. Für unsere Vorfahren, die Germanen, war sie ein Sinn-Bild für die heilenden Kräfte in der Natur. Die alten Griechen und Römer glaubten daran, daß die Mistel Reichtum und auch guten Schlaf schenkt. Für die Christen wurde sie zum Zeichen für das heilige Kreuzesholz. Heute wissen wir, daß die Mistel wirklich heilende Stoffe enthält. Daraus wird nun Arznei hergestellt. Da wunderst du dich sicher nicht, daß die Leute so gerne in der Advents- und Weihnachtszeit Mistelzweige in ihre Wohnung holen, die Zweige der Hoffnung, daß Gott uns heil machen will und uns Jesus als Heilmacher gesandt hat. Früher wurde sie auch als Zeichen der Freundschaft zu Freunden und Nachbarn gebracht. Etwas, was wir nicht vergessen sollten! Übrigens, pflücken dürfen wir sie nicht, aber wir können sie kaufen.

Hoppla, vielleicht wärest du fast über eine Wurzel gestolpert! Schau dir mit den anderen doch einmal verschiedene Wurzeln an: wie weit sie – zunächst fast noch an der Oberfläche – tief in die Erde greifen und den jeweiligen Baum tragen. Sucht Wurzeln von gefällten oder durch den Sturm entwurzelten Bäumen. Da könnt ihr die langen, kräftigen Wurzeln bestaunen. Vielleicht macht ihr noch eine Entdeckung, wie aus einer Wurzel, die noch im Erdreich verhaftet ist, ein neuer Zweig hervorsprießt. Da kannst du staunen: Totgeglaubtes wird wieder lebendig, Verdorrtes wird wieder grün. Du spürst es schon: Auch die Wurzel kann für uns ein Bild sein, ein Bild sogar für Jesus, der wie aus der Wurzel der langen Wartezeit des Advent herausgewachsen ist – wie ein Zweig, der zu blühen beginnt. Aber die Menschen müssen ihn auch entdecken. Viele haben Jesus gar nicht als den grünen Zweig Gottes erkannt. Von all dem erzählt ein altes Weihnachtslied, das du sicher jetzt besser verstehst. Es ist darin die Rede von Jesse. Er ist ein Mann aus dem Stammbaum Jesu, der Vater von König David.

Es ist ein Ros entsprungen

Es ist ein Ros ent - sprun - gen aus ei - ner
als uns die Al - ten sun - gen: von Jes - se

Wur - zel zart, und hat ein Blüm - lein bracht mit -
kam die Art

ten im kal - ten Win - ter wohl zu der hal - ben Nacht.

2. Das Röslein, das ich meine,
davon Isaias sagt:
Maria ist's, die Reine,
die uns das Blümlein bracht.
Aus Gottes ew'gem Rat
hat sie ein Kind geboren
und blieb doch reine Magd.

3. Das Blümelein so kleine,
das duftet uns so süß;
mit seinem hellen Scheine
vertreibt's die Finsternis.
Wahr' Mensch und wahrer Gott,
hilft uns aus allem Leide,
Retter von Sünd und Tod.

Es macht bestimmt Freude, eine lose Wurzel als *Adventswurzel* mit nach Hause zu nehmen. Ihr könnt sie schmücken mit grünen Zweigen, Kerzen und zu Weihnachten mit einer Rose oder einem blühenden Zweig.

Laßt uns froh und munter sein

Nikolausfest 6. Dezember

Er muß schon ein besonderer Mann gewesen sein, der heilige Nikolaus, daß ihn 1600 Jahre nach seinem Tod so viele Menschen, besonders die Kinder, innig verehren. Es ist um so erstaunlicher, weil wir gar nicht viel Genaues über sein Leben wissen.

Nikolaus lebte als Bischof in der Hafenstadt Myra in der heutigen Türkei. Von seinen Eltern hatte er als junger Mann großen Reichtum geerbt. Darüber war Nikolaus sehr froh, weil er dadurch vielen notleidenden Menschen helfen konnte. Er soll am 6. Dezember um das Jahr 350 gestorben sein. Aber so genau weiß das niemand, weil es zu dieser Zeit noch keinen so genauen Kalender wie heute gab. Einige hundert Jahre später war Krieg in Myra, und die Menschen waren aus der Stadt geflohen. Da kamen Kaufleute in die leere Stadt, so wird erzählt, und sie nahmen die toten Gebeine des Bischofs Nikolaus mit in ihre Heimatstadt Bari, in Italien. Die Gebeine wurden in einen kostbaren Sarg gelegt, und die Menschen aus Bari bauten eine schöne Kirche für den kostbaren Schrein. Nun hörten auch die Menschen in Europa von Bischof Nikolaus, der versucht hatte, ein wenig wie Jesus zu leben und für die da zu sein, die in Not waren. Immer mehr wunderbare Geschichten wurden über ihn erzählt. Überall wurden ihm zu Ehren Kirchen gebaut, bis nach Skandinavien und Rußland. Jemand hat gesagt: Es waren 2000 Kirchen. *Nikolaus* wurde auch ein beliebter Name. Die Eltern glaubten, ihrem Kind so den besten Beschützer für ihr Leben zu geben. Da gab es dann manchmal so viele *Klause* in einem Ort, daß es schon ein ganz schönes Durcheinander war, wie es zum Beispiel in Holland heißt:

In Fischland ist ein wahrer Spaß,
da heißen alle Leute Klaus.
»Klaus, sag mal«, so fragt der eine Klaus,
»hast du nicht meinen Klaus gesehn?«
»Ja«, antwortet dann der andere Klaus,
»dein Klaus, der ging mit meinem Klaus
zusammen zu Klausens Klaus seinem Klaus…«

Geschichten um den Heiligen Nikolaus

Von den Beuteln mit den Goldstücken

Als Nikolaus noch ein junger reicher Mann war, wohnte direkt neben ihm ein Vater mit seinen drei Töchtern. Er hatte seinen ganzen Reichtum verloren und war nun ein armer Mann. Er konnte für seine Töchter alles das nicht mehr kaufen, was sie brauchten, um heiraten zu können: Möbel, Töpfe, Kannen, Teller, Becher, Wäsche für die Betten und vieles mehr. Arm wie sie nun waren, wollte sie kein Mann heiraten. Einen Beruf hatten sie auch nicht, denn das gab es damals für Mädchen nicht. Was sollte aus ihnen werden, wenn der Vater nicht mehr lebte? Dann hatten sie niemand, der für sie sorgte. Ja, der Vater machte sich große Sorgen. Immer wieder jammerte er: »Ihr armen Töchter! Was sollen wir bloß machen? Es bleibt mir nichts anderes übrig, ich muß euch fortschicken aus meinem Haus, damit ihr als Dienerinnen irgendwo euer Geld verdient. Jeder kann dann mit euch machen, was er will.« So war das leider in der damaligen Zeit.

Das hörte Nikolaus, als er zufällig am Nachbarhaus vorbeikam. Er blieb stehen und lauschte. Er hörte, wie der Vater und seine drei Mädchen weinten und klagten. Nikolaus hatte großes Mitleid mit ihnen und überlegte, wie er helfen konnte. Am Abend schlich er leise zum Nachbarhaus und warf unbemerkt einen Beutel durch das offene Fenster in das Zimmer des ältesten Mädchens. Als dieses ihn fand und öffnete, fielen lauter Goldstücke heraus. Die Freude war groß. Schon bald kam ein junger Mann, der das Mädchen heiratete.

Wenige Zeit später fand die zweite Tochter einen Beutel mit Goldstücken in ihrem Zimmer, und auch sie konnte nun eine fröhliche Hochzeit feiern.

»Wer mag uns wohl auf so großzügige Weise helfen«, überlegte der Vater. Er nahm sich vor, in den nächsten Nächten aufzupassen. Und tatsächlich, er bemerkte einen Mann, wie er einen dicken Beutel in das Zimmer der jüngsten Tochter warf. Der Vater lief hinter ihm her und packte den Fliehenden. Erstaunt sah er, daß es sein Nachbar Nikolaus war. »Du bist es, der uns gerettet hat«, rief er. Er fiel vor ihm auf die Knie und wollte vor Dankbarkeit seine Füße küssen. Aber Nikolaus hob ihn auf und sagte: »Nicht mir sollst du danken, sondern Gott. Ich bin nur sein Diener.«

Die wunderbare Rettung aus großer Hungersnot

Nikolaus war Bischof in der Stadt Myra, als es eine große Hungersnot gab. Es hatte viele Monate nicht geregnet. Die Pflanzen auf den Feldern waren vertrocknet und kein Getreide gewachsen. Das ganze Korn aus den Vorratsspeichern war aufgebraucht. Da legten eines Tages fremde Schiffe im Hafen von Myra an. Sie waren schwer beladen mit Getreide. Die Seeleute wollten in Myra frisches Trinkwasser an Bord holen. Die hungernden Menschen liefen sofort im Hafen zusammen und bettelten um Getreide. Aber die Seeleute wollten ihnen nichts geben.

Da eilten einige zu ihrem Bischof Nikolaus. Er ging mit ihnen zum Hafen und verhandelte mit den Seeleuten. Aber die sagten: »Wir müssen das ganze Korn zu unserem Kaiser bringen. Sonst läßt er uns ins Gefängnis werfen.« Da antwortete Bischof Nikolaus: »Ihr könnt uns ruhig Korn hierlassen. Was ihr für die hungrigen Menschen tut, das wird euch nicht zum Schaden werden. Gott selbst wird alle eure Schiffe wieder füllen, bis ihr beim Kaiser ankommt.« Es war wirklich ein Wunder, daß die Seeleute sich erbarmten und anfingen, reichlich Korn auszuladen. Der Bischof selbst verteilte es, damit jeder gleich viel bekam. Einen Teil ließ er als Saatgut für die Felder zurück. Nun konnte Brot gebacken werden. Zuerst ließ Bischof Nikolaus Brot an die hungrigen Kinder austeilen. So kommt es, daß noch heute in Erinnerung daran die Kinder am Nikolaustag mit allerlei Backwerk beschenkt werden.

Später hörten die Leute aus Myra von Reisenden, daß auf den Schiffen der Seeleute tatsächlich kein Korn gefehlt hatte, als sie bei ihrem Kaiser ankamen.

Die Rettung der drei Schüler

Einmal reisten drei Schüler in eine fremde Stadt, um dort eine Klosterschule zu besuchen. Damals gab es nicht an jedem Ort eine Schule wie heute. Es konnten in der Regel auch nur diejenigen eine Schule besuchen, deren Eltern in der Lage waren, Schulgeld zu bezahlen. So hatten die Eltern den drei Schülern ein Reisebündel mitgegeben mit Wäsche, Kleidern, Schreibtafeln sowie Goldstücken für den Unterricht und das Wohnen in der Klosterschule. Es war eine lange Wanderung bis zur Klosterschule. So kamen die drei eines Abends müde an ein Wirtshaus und baten um eine Übernachtung. Als die Schüler ihr Reisebündel aufmachten, sahen die Wirtsleute die Goldstücke. Da wurden sie so gierig und böse in ihrem Herzen, daß sie die drei Jungen in der Nacht töteten, um an das Geld zu kommen.

Gleich darauf klopfte es an die Wirtshaustür. Herein kam ein Bettler, den die Wirtsleute gar nicht einlassen wollten. Er aber schob sie beiseite, und gegen ihren Protest ging er auf die Schlafkammer der Schüler zu. Dort entdeckte er die grausige Tat. »Ihr Mörder«, schrie er, »Gott wird euch bestrafen«. Dann nahm er die drei bei der Hand. Sofort erhoben sich die Jungen – sie lebten. Sie fielen vor dem Mann nieder und riefen: »Du bist Nikolaus, der uns errettet hat!«

Seitdem wird der heilige Nikolaus als Schutzpatron der Schüler verehrt.

Das Nikolausfest

Durch solche Geschichten wurde Bischof Nikolaus besonders auch der Schutzpatron von Mädchen und Jungen, die sich in allen Nöten an ihn wenden können.

So wirst du verstehen, daß der heilige Nikolaus nie vergessen wurde, und ein Nikolausfest an seinem Namenstag immer mehr an Bedeutung gewann; aber es hat sich ständig verändert. Sicherlich ist der große heilige Mann längst nicht immer mit allem einverstanden. So manches mal wird er sich auch schon gewundert haben, was da in seinem Namen alles geschehen ist und heute noch geschieht. Was wäre, wenn er uns darüber einen Brief schreiben würde, vielleicht so?

Liebe Kinder!

Wie jedes Jahr, so freut ihr euch bestimmt auf mein Namensfest am 6. Dezember. Ich höre euch schon singen: »Nikolaus komm in unser Haus!« Ja, mein Fest ist im Laufe der Zeit ein Kinderfest geworden. Darüber bin ich glücklich, denn ich habe euch immer besonders gern gehabt. Zuerst wurde an meinem Namenstag ein Schülerfest gefeiert. Die Schüler durften einen Kinderbischof wählen, der einen ganzen Tag lang herrschte. Er trug auch die Beschwerden vor, was den Schülern an ihren Lehrern nicht so gefiel. Der Kinderbischof, begleitet von anderen Schülern, zog auf einem Esel von Haus zu Haus und erbat in meinem Namen Spenden für die Schule. Und die Leute schenkten reichlich. Das alles hat mir sehr gefallen.

Doch später machten mich die Lehrer und Eltern leider zu ihrem seltsamen Erziehungsgehilfen. Ich mußte die Kinder prüfen, ob sie gehorsam gewesen waren und alles gut gelernt hatten, besonders die Gebete. In manchen Orten hatten sie auf ein Holz so viele Striche mit einem Messer eingekerbt, wie sie Gebete gelernt hatten: Kerbholz oder Betholz hießen die Hölzer. Die Fleißigen wurden dann belohnt, die angeblich Faulen und Unartigen bestraft. Als Gaben schenkte ich den Kindern, was der Herbst gegeben hatte: Äpfel, Nuß und Mandelkern, dazu ein besonderes Nikolausgebäck. Wo ich nicht selber erschien, stellten die Kinder einen Teller auf und legten meist ihr Kerbholz dazu. Mancher Teller blieb leer. Ach, glaubt mir, diese Nikolausspiele mißfielen mir, die da in meinem Namen einige hundert Jahre lang aufgeführt wurden. Nie wollte ich die Kinder ängstigen, sondern ihnen vielmehr Mut und Freude machen.

Schon einige Tage vor meinem Fest wurden die Kinder von einer vermummten Gestalt erschreckt, die man Krampus oder Hans Muff oder Knecht Ruprecht nannte. Er rasselte mit den Ketten, polterte an den Türen und warf den guten Kindern Äpfel und Nüsse ins Haus. Nun wußten alle Kinder, Nikolaus meldet sich an. Sie lernten sich die Köpfe heiß, bis dann Nikolausabend war, und vielleicht Nikolaus mit Knecht Ruprecht kam, um sie zu prüfen. Woher sollten sie wissen, wer der rasselnde Kerl eigentlich war? Er sollte nämlich das Böse in seiner Person zeigen, wie schrecklich es ist, das Wilde, das Dunkle. Und das Böse muß an die Kette gelegt und bestraft werden. Deshalb polterte er und rasselte mit den Ketten und bestrafte die Kinder. In uralter Zeit war Ruprecht jedoch ein polternder grimmiger Alter gewesen, der mit seinem Krach in den dunklen langen Winternächten den bösen Geistern Angst machen sollte, vor denen sich die Menschen fürchteten. Er trug eine Rute aus immergrünen Zweigen bei sich. Damit schlug er die Menschen leicht auf die Schulter. Das bedeutete: So wie die Zweige leben, sollst du auch Lebenskraft haben. Das war also eine Segensrute. Aus diesem Poltergeist wurde der Krampus, der nun alles verdrehte. Aus der Segensrute wurde eine Strafrute. Am liebsten wäre ich dazwischen gefahren, als der Krampus oder Knecht Ruprecht sogar noch eine Kiepe auf den Rücken bekam, und es hieß, dahinein stecke er die unartigen Kinder. Ihr seht, in meinem Namen ist nicht nur Gutes geschehen.

Dann hat sich mein Fest wieder geändert. An manchen Orten wurden die Kinder nun am Heiligen Abend beschenkt, was bis dahin nicht so üblich war. Besonders die evangelischen Christen dachten jetzt mehr an das Jesuskind und das Weihnachtsfest. Das konnte ich gut verstehen. Aber mein Erstaunen wuchs, als die Menschen in einigen Gegenden anfingen, mich an meinem Fest nicht mehr als Bischof sondern als einen seltsamen Weihnachtsmann darzustellen, wie sie mich jetzt nannten: ein alter Mann mit einem weißen Bart und einem roten Mantel. Aus meiner Bischofsmütze war eine Pelzmütze oder eine Kapuze geworden. So wurde ich immer mehr zum Gabenonkel der Weihnachtszeit. Heute benutzen mich die Kaufleute sogar, um die Menschen zum Kaufen zu bewegen. Du kennst sie bestimmt, die vielen Weihnachtsmänner vor den Kaufhäusern. Das hat mit mir wirklich nichts mehr zu tun!

Nun vertraue ich auf euch, Kinder. Erzählt von mir und meinen Geschichten. Feiert mein Fest in meinem Sinn und teilt mit denen, die darauf warten. Ich hoffe, daß dann wieder richtig Nikolaus wird und wir alle fröhlich sind.

Euer Bischof Nikolaus

Nikolaustag

Wir feiern heute Sankt Nikolaus,
Bischof aus alter Zeit,
der da ging von Haus zu Haus
zum Helfen stets bereit.

Hier gab er das nöt'ge Geld,
dort ein tröstend Wort;
obwohl er nicht dazu bestellt,
fand er der Sorgen Ort.

Er sah mit seinem Herzen gut,
wie Jesus einst getan.
Schenkt vielen Menschen neuen Mut:
da fing das Leben an.

Wer mit dem Nächsten teilen kann
sein Brot und seine Zeit,
wird leben wie der heil'ge Mann,
sein Freund sein allezeit.

So feiern wir von Herzen heut,
dich guter Nikolaus.
Und wandern wird die große Freud'
von dir zu jedem Haus.

Hermine König

Nikolaus war schon dagewesen

Als ich ungefähr so alt wie du war, ja da waren die Tage vor dem Nikolausfest immer besonders aufregend. Kam der Heilige Mann allein, oder kam er mit dem schrecklichen Knecht Ruprecht? Wir bemühten uns, in den letzten Tagen vor dem Fest besonders artig zu sein; denn unser Register der bösen Taten war im Laufe des Jahres schon lang genug geworden. Da fielen uns die Kirschen wieder ein, die wir von Nachbars Baum stibitzt hatten, mir die Bonbons, die ich dem Bruder aus der Hosentasche genommen, und erst recht nicht zu vergessen meine Weigerung, Nachbars Albert beim Einmaleins zu helfen, das so gar nicht in dessen Kopf wollte.

Dann kam der fünfte Dezember. Es wurde Abend, und ich hielt mich vorsichtshalber in der Nähe meiner Mutter auf. Immer wieder schaute ich ängstlich zur großen Uhr. Als es nun ganz dunkel war, sagte uns die Mutter plötzlich, daß der Heilige Mann leider nicht am Abend kommen könne, sondern seine Gaben in der Nacht bringen werde. Meine Brüder atmeten hörbar auf. Ich fragte ängstlich nach Knecht Ruprecht. Meine Mutter beruhigte mich, nein, auch er könne nicht kommen.

Bevor wir zu Bett gingen, stellten wir unsere schön geschmückten Nikolausteller auf den Wohnzimmertisch und legten sorgfältig einen Arm voll Heu für den Nikolausesel vor die Tür.

Ich lag in meinem Bett und konnte nicht schlafen. So froh ich war, Ruprecht entronnen zu sein, so traurig war ich, dem Heiligen Mann nicht begegnen zu können. Aber ich könnte doch aufpassen in der Nacht, überlegte ich. Also hockte ich mich ans Fenster. So könnte ich ihn doch wenigstens kommen sehen mit seinem Esel. Es wurde kalt im Zimmer, denn eine Heizung gab es zu der Zeit nicht. Draußen schien der Mond. Aber ich konnte ihn bald nicht mehr sehen, weil an den Scheiben Eisblumen emporwuchsen. Immer wieder mußte ich gegen die Scheibe hauchen, um ein kleines Guckloch zu behalten. Ich wartete und wartete, kein Nikolaus zu sehen. Ich fror so sehr, daß ich zitterte. So verging eine ganze lange Zeit. Endlich ging ich zitternd vor Kälte leise die Treppe hinunter, um mich nur für eine kurze Zeit am noch warmen Ofen im Wohnzimmer zu wärmen. Ich traute meinen Augen nicht: Da standen sie, die Nikolausteller, gefüllt mit allerlei Süßigkeiten und einem Weckmann obendrauf. Neben meinem Teller standen noch warme Pantoffeln, die ich mir so sehr gewünscht hatte: Rot leuchteten sie mit gestickten Sternen darauf. Ich freute mich überhaupt nicht, sondern blieb ganz steif stehen: Nun war er schon dagewesen, und ich hatte ihn nicht gesehen, hatte gewartet und gefroren. Dicke Tränen fielen auf meinen Nikolausteller. Die ersten Plätzchen wurden weich. Vor Schreck steckte ich sie in meinen Mund. Mein Schluchzen wurde immer lauter. Plötzlich stand meine Mutter im Zimmer. »Mama, Mama«, rief ich weinend, »wann ist Nikolaus denn gekommen?« Die Mutter nahm mich fest in ihre Arme. Endlich sagte sie: »Morgen feiern wir einen richtig schönen Nikolaustag. Ich erzähle euch die ganze lange Nikolausgeschichte. Dann verstehst du das alles. Aber nun marsch ins Bett. Am besten kommst du in mein Bett, damit du es schön warm hast.«

Im nächsten Jahr durfte ich beim Plätzchenbacken helfen und zusammen mit meiner Mutter die Nikolausteller füllen. Am Nikolausfest erzählten wir seine Geschichten und sangen Lieder. Nie mehr mußte ich auf den Heiligen Mann warten oder mich vor Knecht Ruprecht fürchten.

Jetzt ist Nikolausabend da – Ideen für einen Nikolausabend

Weil Sankt Nikolaus anderen Menschen Freude gemacht hat, können wir zur Erinnerung an ihn auch anderen Freude bereiten. Ein Vorschlag von vielen möglichen: Nicht nur die Kinder bekommen ein kleines Geschenk, sondern auch die Eltern von den Kindern und die Geschwister untereinander. Um Sankt Nikolaus willen bloß keine großen Geschenke, sondern etwas ganz liebevoll Ausgedachtes, vielleicht ein schöner Stein, der bemalt wird, eine selbst erdachte Geschichte, sorgfältig aufgeschrieben, ein kleines Päckchen Briefpapier, das oben in einer Ecke

jeweils mit einem Bildchen verziert wird, ein bemalter Blumentopf mit einer eingepflanzten Blumenzwiebel, ein schönes Adventsgedicht aufgeschrieben und verziert, eine bemalte Spanschachtel, ein Tellerchen mit Nüssen, die golden bemalt sind, ein Buch für die kleine Schwester, was diese schon lange von dem Bücherbrett der größeren haben wollte, ein Säckchen mit Murmeln, und, und, und. Wenn ihr mehrere Kinder zu Hause seid, dann setzt euch zusammen und überlegt gemeinsam. Das macht Spaß und läßt viele Ideen wachsen. Ihr packt eure Geschenke liebevoll ein und schreibt darauf für wen und von wem es ist.

Alle zusammen bereiten ein Nikolausspiel vor: Ein roter Umhang kann aus einem roten Stoff, einem alten Kleid oder Mantel oder auch aus rotem Kreppapier zugeschnitten werden. Die Mutter kann vielleicht Bänder zum Zuziehen daran nähen, oder der Umhang wird mit einer schönen Brosche zusammengehalten. Für die Mitra, die Bischofsmütze, nehmt ihr eine Papiertüte, die nach oben hin leicht spitz zugeschnitten wird. Hier müßt ihr sie vorsichtig wieder zusammenkleben. Nun wird sie rot bemalt mit einem goldenen Kreuz vorne drauf. Die ganz Fleißigen können noch einen Bischofsstab basteln: einen Besenstiel golden besprühen oder anmalen und oben ein mit Goldband umwickeltes Schlauchstück aufstecken. Nun fehlt noch der Gabensack. Er wird prächtig mit goldenen Sternen beklebt. Alle Geschenke werden sorgfältig hineingelegt und für jeden ein Tütchen mit Süßigkeiten und ein Nikolaus-Bildbrot. Bleibt nur noch zu überlegen, wer den Nikolaus darstellt.

Am Nikolausabend versammeln sich alle um den Adventskranz.

51

Klopf, klopf, klopf

Volksgut / Melodie: Heinrich Rohr, Christophorus-Verlag, Freiburg

1. Klopf, klopf, klopf, wer klopft an uns-rer Tü-re an?
Klopf, klopf, klopf, es ist der hei-li-ge Mann! Was
stehst du drau-ßen vor der Tür? Komm doch zu uns her-ein. Es
sind ja bra-ve Kin-der hier, die sich schon lan-ge freun.
Komm her-ein, sei un-ser Gast, bring uns al-les, was du hast.

2. Trapp, trapp, trapp! Jetzt geht er fort;
was soll das sein?
Trapp, trapp, trapp! Warum kehrt er nicht ein?
Er muß noch heut in später Nacht
zu vielen Kindern hin,
die lange sich auf ihn gefreut
mit kindlich frommem Sinn.
Wenn die Tür wird aufgemacht,
finden wir, was er gebracht.

Eine oder einer liest aus dem Leben des heiligen Nikolaus vor oder erzählt davon. Dann zieht sich der *Nikolaus* an. Er geht zu seinem Gabensack und stellt sich nun als Nikolaus vor:

Aus alter Zeit da komm ich her,
ihr hört erstaunt gar manche Mär,
wo ich gelebt, was ich getan.
So fangt jetzt *eure* Sache an.
Es ist so leicht, es ist so schwer:
lieb deinen Nächsten immer mehr.
Er soll dich genauso lieben,
daß endlich überall wird Frieden.
Drauf wollen wir uns freuen heut,
dann wird bald gute Weihnachtszeit.

Nun öffnet Sankt Nikolaus seinen Gabensack und verteilt die Geschenke so, wie es auf den Päckchen angegeben ist. Vielleicht sagt er dabei: »Zur Erinnerung an Sankt Nikolaus!« Zum Schluß geht jemand zum Gabensack und holt das Geschenk für den Nikolausdarsteller heraus: »Vielen Dank, Sankt Nikolaus, auch du gehst bei uns nicht leer aus!« Nun ist der Sack leer – so viele Kinder auf der Welt warten auf einen Gabensack. Eine mögliche Idee: Jeder aus der Familie legt eine Geldspende nach seinen Möglichkeiten hinein, die im Namen von Sankt Nikolaus zu einer Hilfsorganisation gebracht wird oder auch Spielzeuge für Asyl- und Flüchtlingskinder.

Nach einem gemeinsamen Schlußlied zieht der *Nikolaus* sein Nikolausgewand wieder aus, und alle packen ihre Geschenke aus. Dann gibt es vielleicht leckere Bratäpfel oder ein Weckmannsessen.

Lieber guter Nikolaus,
schenk mir einen Kuchenklaus,
nicht zu groß und nicht zu klein.
Ich will auch immer artig sein.
Gibst du mir keinen,
fang ich an zu weinen.

Volksgut

Vom Kuchenklaus – ein Bildbrot

Sonst sind Philipp, Katrin und Julia ja meist draußen anzutreffen, wo immer etwas los ist. Aber im Advent, da weichen sie nicht aus Mutters Küche, wenn sie da ist. Nicht, daß es wegen der kalten Nasen wäre, die man sich jetzt holt, das weist Philipp weit von sich. Nein, es gibt jetzt bessere Abenteuer in der Küche. Und heute hat Mutter sich Urlaub genommen für den ganzen Tag, juchhuh! Julia freut sich: »Heute machen wir Bilder aus Teig!« Sie geht deshalb auch nicht in den Kindergarten. Katrin und Julia haben sowieso zufällig schulfrei.

Die Mutter steht schon an der Arbeitsplatte in der Küche. Es sieht aus wie in einem Geschäft: eine Waage, ein Meßbecher, ein Sieb, Mehl, Zucker, Honig, Eier, Salz, Milch, Hefe, Nüsse, Mandeln, Rosinen, Anis, Mohn, Fenchel, Zimt.

Unwillkürlich fängt Katrins Nase an zu schnuppern: »Wie toll das hier duftet!« Nun schnuppern alle und stecken ihre Nasen über die Arbeitsplatte und raten, welche Gewürze es sind. »Nun aber ran«, lacht die Mutter. Am Küchenbrett hängen schon zwei Rezepte:

Nikolaus-Brotbild

1000 Gramm Mehl
40 Gramm Hefe
1 Teelöffel Zucker
fast 1/2 Liter Milch
125 Gramm Butter, in Würfel geschnitten
2 Eier
1/2 Teelöffel Salz
100 Gramm Zucker oder drei Eßlöffel Honig

Philipp wiegt das Mehl ab, und Katrin siebt es auf die Arbeitsplatte. Julia wundert sich über den Mehlberg und darf in die Mitte ein kleines Loch drücken. Dahinein bröselt Katrin die Hefe. Mutter gießt etwas lauwarme Milch darüber, gibt den halben Teelöffel Zucker dazu und rührt mit ein wenig Mehl alles zusammen, bis mitten im Mehlberg ein dicker Brei entstanden ist. Julia legt vorsichtig ein sauberes warmes Tuch darüber. »Der Teig hat es gerne warm«, sagt die Mutter, »nun müssen wir ungefähr 15 Minuten warten. »Och«, langweilt Julia. »Ja, Kleines« sagt die Mutter, »gute Dinge brauchen ihre Zeit zum Werden.« Sie stellt ihre Zeituhr auf 15 Minuten. »Wir können in der Zwischenzeit schon unseren nächsten Teig kneten. Das lassen wir diesmal die Knetmaschine für uns machen. Katrin liest die Zutaten für das zweite Rezept vor:

Nikolausgebäck

500 Gramm Mehl
135 Gramm Butter
100 Gramm Zucker oder 3 Eßlöffel Honig
2 Eier
1 Eßlöffel Dosenmilch
1 Päckchen Vanillinzucker
1 Eßlöffel Zitronensaft
1 Päckchen Backpulver

Philipp mißt wieder sorgfältig alles ab und gibt es in die Schüssel der Teigmaschine. Mutter stellt sie an. Alle wundern sich, wie schnell ein dicker Teigball entstanden ist. Er wird nun in eine Alu-

folie gewickelt und für eine ganze Stunde in den Kühlschrank gelegt. »Komisch«, amüsiert sich Katrin, »der eine will's warm und der andere kalt.« Die 15 Minuten vom Mehlberg sind um, und Julia darf das Tuch lupfen. »Och, das ist ja viel mehr als eben. Unser Mehlberg kann zaubern.« »Das sind die winzigen Hefepilze«, sagt die Mutter. In unserer Hefe da drin sind es viele, viele Milliarden.« »Wieviel sind das?« will Julia wissen. Philipp erklärt nach Art der großen Brüder: »Eine schrecklich große Zahl!« »Diese Hefepilze«, erzählt Mutter weiter, »sind lebendig. Sie vermehren sich und vergrößern dadurch unser Teighäufchen. Wir können uns gar nicht vorstellen, wie fleißig es da zugeht.« Die Mutter mengt nun rasch alle Zutaten zusammen und fängt an zu kneten. Die anderen staunen, wie aus dem Gekrümel bald ein runder großer Ball entsteht. Die Mutter schweigt jetzt und ist ganz mit dem Teig beschäftigt. Sie knetet ihn ordentlich durch, immer und immer wieder von allen Seiten. Ab und zu schlägt sie ihn fest auf die Arbeitsplatte auf. Ihr Gesicht wird ganz rot vor Anstrengung. Plötzlich sieht sie ihre Drei an: »Alle meine guten Wünsche knete ich mit hinein und mein Dan-

keschön, daß wir diese guten Zutaten haben. Immer schon haben die Menschen gewußt, daß die Getreidekörner gesunde Kräfte enthalten und gut für den Menschen sind. Schon vor vielen tausend Jahren haben sie aus einfachem Teig Opfergaben geformt, um die Götter freundlich zu stimmen. Auch Jesus wußte um die Kraft des Brotes. Ihr wißt ja, er hat es zum Zeichen für uns ausgewählt, daß er bei uns ist.« Die drei haben interessiert zugehört. Philipp sagt etwas kleinlaut: »Und wie oft werfen wir angebissenes Brot oder Plätzchen einfach weg.« »Das ist wirklich schlimm«, erwidert die Mutter, »da können wir von den Menschen aus früheren Zeiten etwas lernen. Als die Menschen dann durch Jesus Christen geworden waren, brauchten sie die Opfergebäcke nicht mehr. Aber sie machten weiter Bilder aus Brotteig, jetzt als Glücksgeschenke, zum Beispiel als Spenden für die Armen, für die Kinder und als Heilbrote. Zu allen Festen im Jahr wurden Bilder aus Teig gebacken. Sie wurden *Bildbrote* oder *Gebildbrote* genannt. Die einzelnen Figuren haben immer eine bestimmte Bedeutung. So hoffe ich jetzt im Advent, daß sich alle über unsere Bild-Brote freuen und die hin-

eingebackenen Wünsche spüren.« Und weiter geht das Kneten. Die Mutter wischt sich den Schweiß von der Stirn. »Wie lange willst du noch kneten?« Philipp wird ungeduldig: »Laß mich mal ran!« Er kommt auch ganz schön ins Schwitzen. Endlich nimmt die Mutter den Teig wieder in ihre Hände, rollt einen schönen Ball und legt diesen in eine nicht zu warme Schüssel. Julia deckt ihn wieder zu. Der Teig muß jetzt ruhen. »Schläft er denn?«, will Julia wissen. »Ein wenig, aber die Hefepilze, die sind wieder fleißig. Sie vermehren sich weiter. Du wirst gleich staunen. Aber eine halbe Stunde müssen wir schon warten. Das trifft sich auch gut; denn ich glaube, der kalte Teig, der will jetzt raus aus dem Kühlschrank.«

Bald liegt er ganz platt gerollt da. Mutter schneidet vier Teile. Alle bekommen ein Stück, woraus sie jetzt mit einem Messer Figuren ausschneiden dürfen. Da entstehen Sterne, Sonne, Mond, Vögel, Fische, Hasen, Nikolausfiguren und vieles mehr. Nun werden sie mit geschlagenem Eigelb bestrichen und mit Nüssen, gehackten Mandeln, Mohn, Sonnenblumenkernen, Anis oder kleinen Stückchen von Trockenobst belegt oder bestreut. »Mit den Früchten und Samen«, erklärt die Mutter,

»werden die Bild-Brote noch wertvoller. Aus jedem Körnchen kann eine neue Pflanze wachsen, es verspricht so neues Leben. Die Menschen sahen darin ein Sinnbild für Jesus, der neues Leben verspricht und verzierten damit ihr Weihnachtsgebäck. Die Gewürze sind ein bißchen wie Medizin. Deshalb konnte man sie früher nur in der Apotheke kaufen, wo man sie auch heute noch sieht. Sie kamen aus fernen Ländern und waren sehr teuer.

Jedes Bild, das wir aus dem Teig formen, hat einen bestimmten Sinn. Wenn ich so einen Stern verschenke, dann meine ich: Ich wünsche dir, daß in deinem Leben immer ein helles Sternenlicht leuchtet und dir Glück bringt. Die guten Sachen in meinem Bild-Brot sollen dich stärken. So, nun paßt auf, wir schieben sie jetzt in den Backofen. Die Hitze darin macht aus unserem ungenießbaren Teig die eßbaren Bilder. Wenn wir sie dann verzehren, stärken sie uns. Und alles, was wir an guten Gedanken und Wünschen hineingeknetet haben, essen wir oder andere mit auf.«

Kaum sind sie im Backofen, hat Julia schon das Tuch von der anderen Teigschüssel genommen. »Mami, Mami, der Teig läuft weg«, schreit sie.

56

Tatsächlich, der Teig ist schon über den Rand gestiegen. Da können alle sehen, wie fleißig die Hefepilze waren. Mutter löst den Teig schnell aus der Schüssel und knetet ihn rasch noch einmal durch. »Dem geht ja buchstäblich die Luft aus«, lacht Philipp. Die Mutter teilt den Teigball in mehrere kleine Teigbälle auf. Was ein Spaß, damit herumzuspielen! Er ist weich wie Knetmasse. Die drei sind ganz überrascht. Aber nun geht es los, die Nikolausmänner zu formen. Aus den Bällen werden Rollen. Eine nach der anderen wird jetzt leicht platt gedrückt, das obere Stück zwischen Daumen und Zeigefinger so eingepreßt, daß ein runder Kopf entsteht. Mit einem Messer schneiden sie die Arme ein und schieben den Teig etwas auseinander. Zuletzt wird die Teigrolle auch unten eingeschnitten, so daß die Beine entstehen. Aus Rosinen werden Augen und Knöpfe, aus Mandeln Nase und Mund. Vielleicht fallen euch noch andere Ideen ein, den Nikolausmann zu verschönern. Dann werden sie alle auf ein gefettetes Backblech gelegt. Mutter bestreicht sie noch mit Eigelb oder Honig. Vor dem Backen müssen sie sich ausruhen, damit die Hefepilze noch einmal arbeiten können. Bald duftet das ganze Haus nach Nikolaus!

Lecker, lecker – Spekulatius!

Die leckeren Plätzchen mit dem schwierigen Namen sind heute auf jedem Weihnachtsteller zu finden. Früher war das ganz anders. Der Spekulatius wurde nur dem heiligen Nikolaus zu Ehren gebacken. Er hatte von ihm ja auch seinen Namen. Das war so: Die Römer nannten den Bischof von Myra in ihrer Sprache *speculator*: Das meint einen Mann, der oft nach innen lauscht. So bekam später das Festgebäck am Nikolaustag den Namen *Spekulatius*. Als die römischen Soldaten dann vor vielen hundert Jahren auch in unser Land kamen, machten sie das Nikolausgebäck bei uns bekannt, zuerst am Niederrhein. Die Leute schnitzten eine große Holzform als Nikolausfigur, in die der Teig hineingedrückt und ausgeschlagen wurde. Spekulatiusbretter sagen wir heute dazu. Und wie es halt so geht: Die Naschkatzen fanden den Spekulatius so lecker, daß es ihn heute auch zu Weihnachten gibt. Nur kleiner ist er geworden und feiner, sogar mit Mandeln obendrauf. Dazu hat Nikolaus Gesellschaft bekommen von anderen Figuren.

Unser helles Licht

Luciatag 13. Dezember

Vor langer Zeit, ungefähr vor 700 Jahren, lebte in Sizilien eine reiche Familie. Die Tochter hieß Lucia. Lucia war ein hübsches, freundliches und lustiges Mädchen. Alle Leute mochten sie gern. Eines Tages bekam Lucia ein großes Problem. Die Eltern suchten einen Mann für sie aus. Lucia fragten sie erst gar nicht. Das war damals ja nicht üblich. Aber Lucia hatte ganz andere Pläne. Sie wollte überhaupt nicht heiraten. Sie hatte von Jesus gehört. Sie war begeistert, wie er den Menschen gezeigt hatte, daß sie alle bei Gott ein größeres Zuhause haben. Aber das war eben ihr Problem. Sie lebte in einem Land des römischen Kaisers, der die Christen, die als Freunde von Jesus seine Botschaft weitersagten, durch seine Soldaten grausam verfolgen und töten ließ.

Aber Lucia war hartnäckig. »Ich will ein bißchen wie Jesus leben«, sagte sie. »Da, wo ich lebe, soll es hell werden in der Welt. Es gibt doch so viele Einsame, Kranke und Obdachlose in unserer Stadt Syrakus. Die müssen doch denken, Gott hat sie im Stich gelassen. Ich will ihnen ein kleines Licht anzünden, damit sie nicht verzweifeln.« Aber ihre Eltern wollten nichts davon wissen. Da wurde Lucia traurig. Sie verließ ihren Kreis der Freundinnen und war meist in ihrem Zimmer. Sie saß oft da und lauschte nach innen. Sie liebte es immer mehr, so still dazusitzen. Sie wartete auf die Gottesstimme in ihrem Herzen.

Eines Tages wurde ihre Mutter schwer krank. Voller Zärtlichkeit und in großer Sorge betete Lucia für ihre Mutter. Da war es ihr, als hörte sie eine Stimme: »Dein Vertrauen zu mir ist so stark, daß die Dinge sich ändern und deine Mutter gesund wird.«

Als die Mutter tatsächlich gesund geworden war, bat Lucia erneut: »Mutter laß mich gehen. So wie ich dir geholfen habe, muß ich anderen Menschen auch helfen. Ich weiß es, das ist meine Aufgabe. Viele Menschen brauchen mich. Es leben mehr arme als reiche Menschen hier. Ich bitte, mir all die schönen und wertvollen Sachen zu geben, die ihr mir für meine Hochzeit ausgesucht habt. Ich will sie verkaufen. Dann kann ich einiges bei

den Armen ändern.« Endlich bekam Lucia ihren Willen. Bald nannten sie die Menschen in ihrer Stadt *Lucia – unser helles Licht.*

Alles wäre nun gut gewesen, wenn nicht der verschmähte Bräutigam erfahren hätte, daß Lucia Christin geworden war. Er haßte Lucia, weil sie ihn nicht geheiratet hatte. Er ließ Lucia vor den Richter des Kaisers bringen. Der fragte sie: »Bist du eine Christin?« Lucia antwortete: »Ja, ich bin eine Christin. Ich will die Liebe Gottes zu den Menschen dieser Stadt bringen.« Der Richter verurteilte sie zum Tode und ließ ein Feuer um sie herum anzünden. Aber es war wie ein Wunder, die Flammen kamen nicht an sie heran. Da wurde sie mit dem Schwert umgebracht. So starb Lucia im Schein des Feuers. Die Menschen in der Stadt Syrakus konnten sie nicht vergessen, besonders die Obdachlosen, Hungernden und Kranken. Manche Bewohner von Syrakus waren jedoch nachdenklich geworden und sagten: »Lucia war ein leuchtendes Vorbild. Wir müssen ihre Arbeit fortsetzen.« Jedes Jahr im Advent feiern wir nun Lucia als ein *Lichtmädchen*, das uns auf das helle, strahlende Weihnachtslicht vorbereiten will.

Lucialichter

Lucias Licht ist nie erloschen. Ihre Geschichte wurde immer wieder erzählt, bis auf den heutigen Tag. Die Menschen haben sich überlegt, wie sie den Luciatag feiern können als Lichtfest im Advent.

An manchen Orten zünden die Leute Kerzen an. Sie erzählen ihre Geschichte und denken an das junge Mädchen, das dasein wollte für alle, die Hilfe brauchten. Da können wir doch heute unsere *Lucialichter* in die Fenster stellen als Zeichen, daß wir an alle Kinder denken, die in Not sind und für sie beten. Wir können mit den Menschen, die zu uns gehören, überlegen, wo und wie wir helfen können. Und es wäre nicht auszudenken, was geschehen würde, wenn am Luciatag alle Kinder dieser Welt Lichter in ihre kleinen und großen Fenster stellen würden, eine Lichterkette rund um die Erde, ein großes Licht der Liebe gegen Haß und Gewalt, unter denen heute so viele Kinder leiden.

In Schweden trägt die älteste Tochter am Luciatag ein weißes Gewand und auf dem Kopf einen Kranz aus Stechpalmen mit brennenden Kerzen. Sie weckt die ganze Familie, bringt das Frühstück und wünscht Glück und Segen zum Luciatag. Am Vorabend ziehen Lichtermädchen von Haus zu Haus, besuchen Krankenhäuser und Altenheime und teilen kleine Geschenke aus. Hättest du nicht auch Freude daran?

Luciaweizen

Nimm einen Teller oder eine flache Schale, fülle Blumenerde oder auch feuchte Watte hinein und säe Weizenkörner, die immer feucht gehalten werden müssen. Zunächst mußt du warten. Dann aber siehst du die ersten zarten Spitzen, die heraustreiben, langsam wachsen und bis Weihnachten ein kleines grünes Getreidefeld bilden, wie ein Sommerwunder im kalten Winter. In das hinein kannst du eine schöne verzierte Kerze setzen. Diesen

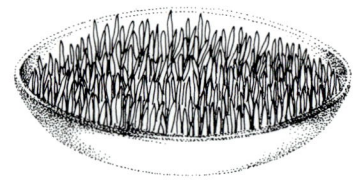

Luciateller kannst du am Weihnachtsabend unter den Weihnachtsbaum oder an die Krippe stellen. Das wachsende Grün zeigt, daß nach dem kalten Winter wieder der Frühling kommt und alles zu wachsen beginnt, so wie nach dem langen Advent Jesus geboren wurde, ein helles Licht für die Menschen. Davon erzählt uns auch die *Luciakerze*.

In einigen Ländern ist eine alte Erzählung bekannt, die so gefiel, daß daraus der Brauch entstanden ist, sie als Luciaweizen darzustellen:

Das Kornwunder

Als die Mutter Maria auf der Flucht nach Ägypten war und ihr kleines Kind auf dem Arm trug, begegnete sie einem alten Mann, der gerade seinen Weizen bestellte. Sie sprach zu ihm: »Guter alter Mann, wollt Ihr mir beistehen?«

»Aber ja, meine tapfere Frau, ich werde tun, was ich vermag.«

»Ah! Mein guter Alter, dann nehmt Eure Sichel und schneidet Euren Weizen!«

Als er zwei oder drei Bündel geschnitten hatte, legte sich die Mutter Maria darunter. Gerade als sie sich gebettet hatte, kamen die Soldaten des Herodes vorbei. Sie fragten ihn: »Guter Mann, habt Ihr nicht eine Frau vorübergehn gesehen, eine mit einem Kind auf dem Arm?«

»Oh ja! Ich hab' sie gesehen, als ich meinen Weizen säte.«

Die Soldaten beredeten sich untereinander: »Das muß im letzten Jahr gewesen sein. Wir sind heute auf Trab, wir sind morgen auf Trab. Wenn man durchhält, legt man eine große Strecke Wegs zurück, und wir werden sie kriegen.«

Als die Soldaten weitergezogen waren, kam die Mutter Maria aus ihrem Versteck hervor. »Ich danke Euch, mein guter Alter. Ihr habt mir sehr gut beigestanden. Im Paradies wird ein Platz sein, der auf Euch wartet.«

Die längste Winternacht

Thomastag 21. Dezember

Es ist der Tag der *Wintersonnenwende*: Wir erleben den kürzesten Tag und die längste Nacht des Jahres. Nun wirst du bestimmt fragen, was der heilige Thomas damit zu tun hat. Das ist so: In den biblischen Ostergeschichten können wir lesen, daß Thomas von allen Freunden Jesu am längsten gezweifelt hat, ob Gott Jesus wirklich vom Tod auferweckt hatte. So nannten ihn später die Menschen den *ungläubigen Thomas* und erzählten über ihn, daß er am längsten in der dunklen Nacht des Nichtglaubenkönnens geblieben sei. Deshalb legten sie den Erinnerungstag an ihn auf den 21. Dezember, den Tag mit der folgenden längsten dunklen Nacht.

In dieser dunklen Zeit sehnten sich die Menschen schon immer nach der hellen warmen Sonne. Heute fliegen einige einfach in die Länder, wo die Sonne wärmer und das Licht heller ist. Andere machen es so, wie die Menschen es schon immer getan haben: Sie zünden zum Beispiel am Vorabend des Thomastages oder Heiligabend große Holzräder an, die die leuchtende Sonne darstellen, und lassen sie von einem Berg ins Tal rollen. Sie bitten darum, das Sonnenlicht wieder wachsen und die Tage wieder länger werden zu lassen.

Die zwölf Rumpelnächte

Sicher feiert ihr das schönste Weihnachtsfest, das man sich denken kann, bei euch daheim. Da bin ich ganz sicher. So meinen alle Kinder, und sie haben alle recht. Aber das Weihnachtsfest von Tanja und Fabian, das ist dann doch eine Überraschung. Die beiden sind nämlich mit ihren Eltern in die Weihnachtsferien gefahren, auf einen wunderschönen Bauernhof in Bayern. Und die größte Überraschung erleben sie schon vor dem Weihnachtsfest.

Draußen liegt tiefer Schnee. Tanja und Fabian möchten am liebsten nur noch »Juchhu« rufen, wenn sie mit ihren Schlitten den langen Hang hinuntersausen. Am frühen Nachmittag, wenn es dunkel wird, kommen sie wie Schneefrau und Schneemann zum Bauernhof zurück.

Eines Mittags jedoch schieben sich plötzlich unheimliche schwarze dicke Wolken vor die Sonne, und im Nu treibt ein wilder Sturm sie vor sich her. Die kahlen Bäume ächzen und biegen sich. »Huuuuh, huuuuh«, tönt es schaurig über die Rodelbahn. »Nichts wie ab«, ruft Fabian der Schwester zu.

Der Sturm schlägt den Kindern eisige Schneeschauer ins Gesicht. »Huuuuh, huuuuh«, überall heult es. Tanja fällt dauernd hin, als ob ihr jemand Knüppel zwischen die Beine wirft. Ihre Mütze fliegt davon. Es ist so dunkel geworden, daß sie den Bauernhof kaum finden. Tanja hat Angst, und Fabian ist es auch nicht mehr geheuer. Endlich – die Kinder drücken gegen die schwere Haustür. »Da drückt jemand von innen dagegen, ich krieg' sie nicht auf«, schreit Fabian in den Sturm. »Huuuuh, huuuuh!« »Fabian, hörst du das gemeine Lachen?« Doch dann öffnet sich die Tür plötzlich von innen, und die Kinder purzeln förmlich in die Diele. Der Vater steht da, er wollte gerade losgehen, die beiden zu suchen.

Drinnen auf der großen Diele brennt das Kaminfeuer. Bald sitzen Erwachsene und Kinder um das lodernde Feuer. Im Kamin heult es auch: »huuuuh, huuuuh«, und die Luftklappe scheppert ordentlich. Tanja rückt ein bißchen näher zur Mutter. Fabian schaut ins Feuer. »Die Holzstücke fallen vor lauter Angst zusammen«, denkt er. »Die Flammen ducken sich ja richtig auf den Boden.« »Da ist ein böses Wesen im Kamin«, flüstert Tanja zur Mutter. Schon scheppert die Luftklappe wie verrückt, und der Rauch zieht nicht wie sonst brav nach oben, sondern wabert grau ins Zimmer. Alle fangen an zu husten. Der Bauer greift zum Blasebalg, der dem Feuer wieder frische Luft gibt, bis es endlich weiterbrennt. Dann ist es plötzlich still, unheimlich still.

Der Bauer stopft seine Pfeife: »Das muß nicht so bleiben«, sagt er, »wir haben jetzt die Zeit der *Rauhen Nächte*, auch *Rauchnächte* oder *Rumpelnächte* genannt, die erst in der Zeit um das Fest der Drei Könige endet. »Was ist das?«, rufen die Kinder gleichzeitig. Davon haben sie in ihrer Heimatstadt am Rhein noch nie etwas gehört.

»Ja, das ist eine uralte Geschichte«, erzählt der Bauer, »da müssen wir weit zurückschauen, bis in die Zeit der Germanen. Im letzten Monat des Jahres sind die Tage immer kürzer und die dunklen Nächte immer länger geworden. Mächtige Winterstürme werden wach. Da fürchteten sich die Menschen und wollten ihre Götter mit Opfergaben gnädig stimmen, ihnen das Sonnenlicht wiederzuschenken. Besonders die Zeit vom alten ins neue Jahr machte sie unsicher. Was würde ihnen das neue Jahr bringen? Sie fühlten sich klein und schwach und fürchteten sich vor bösen Geistern.

Wenn dann wie heute der Schneesturm durch die Luft tobte, glaubten sie, daß ein wildes Heer von Geistern durch die Luft jage, um den Sieg des Lichts zu verhindern. In diesen Nächten wollte niemand allein unterwegs sein.« Das kann Fabian gut verstehen.

»Auch als unsere Vorfahren Christen geworden waren, blieben ihnen die Rauhen Nächte, auch Rumpelnächte genannt, unheimlich. Im Dunkel der wildgewordenen Naturgewalten sahen sie das Bild des Bösen. Deshalb zündeten sie gesegnete Kerzen und Räucherkerzen an und gingen damit durch das ganze Haus und den Hof, um mit dem gesegneten Licht das Böse zu verjagen, ja, es mit den Räucherkerzen mit Stumpf und Stiel auszuräuchern. Deshalb heißen diese Nächte auch Rauchnächte. Am Weihnachtsabend und am Vorabend vom Dreikönigfest wurden die Zimmer besonders gründlich gefegt, um auch den letzten kleinen Bösewicht vor die Tür zu kehren. Dabei segnete der Bauer oder die Bäuerin alle, die im Haus wohnten, die Menschen, die Tiere und auch die Wintervorräte. So tun sie es noch heute und bitten Gott um seinen Segen. Auch ziehen heute noch vermummte Gestalten in diesen Tagen durch die Dörfer, die guten und bösen *Perchten*. Angeführt werden sie von der Frau Wotans: *Frau Perchta* oder *Frau Holle*. Die Guten tragen eine Rute aus immergrünen Zweigen. Damit schlagen sie die Leute, zum Zeichen, daß neues Leben wachsen wird. Vor den Bösen, die mit struppigen Fellen verkleidet sind, laufen die Menschen davon. Mit dem Bösen will niemand etwas zu tun haben. Wenn ihr in den nächsten Tagen solche Gestalten seht, braucht ihr nicht zu erschrecken.« Der Bauer schweigt.

»Nun essen wir zusammen nach altem Brauch Lebkuchen, der uns mit seinen guten Zutaten für diese Zeit stärken soll«, ruft die Bäuerin fröhlich. Tanja und Fabian haben Lebkuchen noch nie so gut geschmeckt wie hier mit allen zusammen.

Bevor die beiden schlafen gehen, lupfen sie die Gardine und schauen vorsichtig nach draußen in die dunkle Nacht. »Huuuuh, huuuuh«, heult der Sturm schon wieder. Tanja hüpft ins Bett und zieht das dicke Oberbett bis an die Nasenspitze. »Tobt ihr nur, ihr dummen Geister, ich kenn' euch jetzt, braucht euch gar nicht so anzustrengen.«

Weihnachten

Zur Krippe her kommet

Es weihnachtet sehr

In den Läden wird es in den letzten Tagen vor Weihnachten mehr als ungemütlich. Viele Leute drängen und hasten eilig von Geschäft zu Geschäft. Man möchte sie am liebsten in einen wunderschönen verschneiten Winterwald hinzaubern, wo sie nur spazierengehen, mit Schneebällen werfen und sich auf Weihnachten freuen könnten. Da ist es daheim schon gemütlicher als in den Geschäftsstraßen und bestimmt geheimnisvoller, wenn die Geschenke selbst gebastelt werden. Geschenke gehören nun einmal zu Weihnachten. Sie erinnern uns an das erste und größte Weihnachtsgeschenk, das Gott selbst uns gemacht hat, das Jesuskind zu Bethlehem. Sie erinnern auch an die Männer, die dem Jesuskind schon bald Geschenke gebracht haben, die drei Könige. Du merkst es schon: Schenken hat etwas mit Liebhaben zu tun. Jedes Geschenk sagt es: Du, schau her, ich mag dich. Und Gott ist dann immer mit dabei, glaub' mir.

Selbstgebasteltes zum Verschenken – einige Vorschläge

Du kannst leere Schraubgläser mit Glasfarben bemalen, zum Aufbewahren von Gewürzen oder Tee.

Wie wäre es mit einer Pinnwand aus Korken? Die kann jeder gut gebrauchen: Da mußt du vorher schon Korken gesammelt haben. Nun schneidest du sie längs durch und klebst sie auf eine Sperrholzplatte. Dazu gibt es ein Döschen mit bunten Stecknadeln.

Wer schreibt denn am meisten in der Familie? Da wäre schön gestaltetes Briefpapier angebracht: entweder jedes Blatt einzeln gestalten oder nur ein Blatt, das dann kopiert wird und nur schwarze Zeichnungen zeigt. Als Motiv ist sicher ein kleiner Blumenstrauß in der linken Ecke oben sehr schön, von dem aus sauber mit dem Lineal eine Umrandung gezogen wird; die Anfangsbuchstaben des Empfängers verziert in der Ecke; Sonne, Mond und Sterne; ein bunter Vogel auf einem Zweig. Dir fällt bestimmt noch mehr ein.

Einen schönen flachen Stein bemalen oder eine Wurzel aus dem Wald, so daß ein Fantasietier entsteht.

Eltern freuen sich immer über ein Fotoleporello: So viele Fotos vorhanden sind, so viele Felder werden von einem Fotokartonstreifen, etwas größer als die Fotos, abgeteilt und umgefaltet wie eine Ziehharmonika. Auf die einzelnen Felder wird je ein Foto geklebt und verziert oder umrandet, entweder durch einen bunten Rahmen oder farbige Klebestreifen. Auch ein Blumenrahmen kann gut aussehen.

Was unter dem Weihnachtsbaum liegt

Von der Mutter ein Kleid aus Seide
und zum Zeichnen und Malen Kreide.
Vom Vater ein Buch mit Geschichten
von Heinzelmännchen und Wichten.
Vom Paten ein goldenes Amulett,
vom Onkel Franz ein Puppenbett.
Von Tante Lina ein Paar Hosen
und ein Lebkuchen mit Rosen.

Sind wir reich oder arm?
Ist es uns kalt oder warm?
Müßte nicht noch etwas sein,
nicht groß und nicht klein,
was nicht im Schaufenster steht
und was niemand kaufen geht?
Ich frage, ich bin so frei:
Ist auch etwas vom Christkind dabei?

Max Bolliger

Teresa geht das Christkind suchen

Teresa konnte nicht schlafen. Die Mutter weinte die ganze Nacht. Immer hatte die Mutter gelacht und gesungen und gespielt mit Teresa, auch hier in dem fremden Land. Das war gut für Teresa, weil die Menschen in einer Sprache redeten, die Teresa noch nicht richtig verstand. Aber nun war alles anders geworden, seit der Vater verunglückt und in dem großen Krankenhaus gestorben war. Die Mutter weinte jede Nacht, wenn sie dachte, Teresa schläft.

Am Tag schaute die Mutter mit einer Nachbarin in die Zeitung: »Putzhilfe gesucht…«. Teresas Mutter suchte Arbeit. Mit Teresa an der Hand ging sie von Haus zu Haus: »Sie Putzhilfe suchen, ich kann.« Die Leute schauten mißtrauisch: »Sie sprechen nicht gut genug deutsch, ach nein danke.« Und jedesmal schlossen sie die Tür hinter Teresa und ihrer Mutter rasch wieder zu. Die Mutter wurde immer ein bißchen trauriger. Bald war Weihnachten. Abends erzählte die Mutter vom Christkind, von Maria und Joseph, von dem Stern, von den Hirten und daß das Christkind jedes Jahr wiederkommt.

Aber in der Nacht, da weinte Teresas Mutter. Teresa war verzweifelt: »Ich muß das Christkind suchen«, dachte Teresa. »Das Christkind soll der Mutter Arbeit schenken und mir eine Puppe zum Liebhaben. Die soll bei mir sein in der Nacht, wenn die Mutter weint.«

Einige Tage vor Weihnachten schlich Teresa am Abend leise aus dem Haus und lief durch die Straßen aus der Stadt hinaus. Teresa lief so schnell sie konnte. Bald sah sie den Abendstern am Himmel und rief: »Lieber Weihnachtsstern, bring mich zum Christkind!« Teresa vergaß ihre Angst auf der dunklen Straße und lief weiter.

Ein Mann am Steuer eines Autos sah im Lichtschein die kleine Gestalt daliegen am Straßenrand. Er bremste scharf, und der Wagen stand sofort. Er sah, daß es ein kleines Mädchen war. Im Wagen saß seine Frau mit ihrem Baby auf dem Arm. Der Mann und die Frau hatten in der Stadt Spielsachen für ihre Kinder zu Weihnachten eingekauft. Die Frau legte schnell das Baby auf den Autositz und sprang aus dem Wagen. Sie sah das kleine Mädchen, das steif vor Kälte war. Der Mann brachte eine Decke, und die Frau hüllte das Mädchen darin ein. Es rührte sich nicht. Der Mann fuhr schnell in Richtung Krankenhaus zurück in die Stadt.

Teresa machte die Augen auf und sah die Frau und das Kind. »Ich habe das Christkind gefunden«, dachte Teresa. »Arbeit für die Mutter«, flüsterte Teresa in ihrer Sprache. »Sie fiebert«, sagte die Frau, »fahr' schneller!« Teresa machte die Augen zu und wieder auf und sah eine Puppe im Auto. Teresa lächelte, sie hatte nicht geträumt, eine Puppe! Aber welche Sprache verstand das Christkind?

Teresa schaute zur Puppe hin. Teresas Augen leuchteten im Fieber. Die Frau legte die Puppe in Teresas Arme. Teresa flüsterte: »Das Christkind ist da. Mutter, ich bringe dir das Christkind.« Der Wagen hielt vor dem Krankenhaus.

Teresa bekam eine Spritze und schlief lange. Als Teresa aufwachte, saß die Frau an ihrem Bett mit dem Kind auf dem Schoß. Teresa sagte der Frau, wo die Mutter wohnte. Die Mutter schloß Teresa in ihre Arme und die Frau Teresas Mutter. Die beiden Mütter weinten und lachten. Sie erzählten lange. Die Frau bat Teresas Mutter, ihr bei der Arbeit zu helfen.

Dann war Weihnachten: Teresas Mutter hatte Arbeit und Teresa eine Puppe. Und die Mutter sang von der Liebe des Christkinds, die zu den Menschen gekommen ist.

Toms Wunschzettel

Jesuskind,
den großen Wunsch, du kennst ihn schon:
eine Eisenbahn mit Halteton.
Ach, dazu wünsch' ich nun:
laß die Großen mir nie wehe tun.
Die Eltern sollen Zeit mir schenken
und nicht nur an die Arbeit denken.
Niemand soll mein Fahrrad stehlen,
und ich will dir nicht verhehlen:
ich hab' Schnuffi, unsern Dackel gern,
halt' schlimme Hunde von ihm fern.
Schütz' Bruder Tim und Schwester Marie,
soll'n mich nicht ärgern – nie mehr nie!
Behüte Mami und meinen Paps,
hab' schon vergessen den letzten Klaps.
Ich bitt' dich sehr für Eltern und Kind,
die leben, wo die Kriege sind.
Doch du, was wünschst du dir von mir?
Ich bleib' dein Freund, versprech' ich dir.

Hermine König

Bumfidel wünscht sich eine Puppe

Bumfidel wünscht sich was. Er wünscht sich eine Puppe zum Spielen. Die Mutter sagt: »Das ist doch nicht dein Ernst?« Die Kinder johlen: »Bumfidel wünscht sich eine Puppe! Habt ihr's gehört?« Die Nachbarn schütteln den Kopf. »Du bist doch kein Mädchen«, sagen sie. Bumfidel stört das Gerede nicht. »Ich wünsche mir eine Puppe«, sagt er. »Zu Weihnachten, wenn's nicht eher sein kann.«

Doch er kriegt keine. Die Mutter kauft sie ihm einfach nicht. Bumfidel spart wieder einmal. Die Botengänge macht er jetzt auch. Dann geht er selber in das Geschäft. »Ich möchte eine Puppe«, sagt er. »Für deine Schwester?« fragt die Verkäuferin. »Nein«, sagt Bumfidel. »Für mich. Zum Spielen. Die mit den Zöpfen bitte, die draußen in der Auslage steht.«

Die Verkäuferin lacht. Sie holt die Chefin, und die lacht auch. »Möchtest du nicht lieber einen Teddy?« fragt sie.

Bumfidel legt das Geld auf den Tisch. Alle im Laden gucken ihm nach. Und auf der Straße bleiben die Menschen stehen. Bumfidel hält seine Puppe im Arm. Offen. Nicht etwa eingepackt.

Dann spricht er sie das erste Mal an: »Was sind das nur für Leute?« sagt er. »Die wollen nicht, daß du einen Vater hast.«

Marie-Luise Bernhard-von Luttitz

Weihnachtskarten – Weihnachtsbriefe

Die Weihnachtsfreude will sich mitteilen. Da wird es in der letzten Woche Zeit für die Weihnachtspost. Vielleicht geht es euch in der Familie auch so wie einem Londoner Geschäftsmann vor 150 Jahren. Ihm waren die vielen Weihnachtsbriefe einfach über den Kopf gewachsen. Er wollte keine langen Briefe mehr schreiben. Deshalb ließ er von einem Maler eine Karte malen und 1000 mal drucken. Nun brauchte er nur noch seinen Namen unter die Grüße zu schreiben. Ja, so war die erste Weihnachtskarte entstanden. 1000 Karten, das waren ein paar zuviel – so verkaufte der Geschäftsmann alle, die er selber nicht brauchte. Das kam der Schreibfaulheit vieler Menschen entgegen, zumal die Karten ja auch schön gestaltet waren. Rasch verbreitete sich die Sitte, Weihnachtskarten zu schreiben, über die ganze Welt. Wir können heute unter vielen Weihnachtskarten wählen – oder sie selber nach unserer eigenen Fantasie gestalten. Dann sind sie ein richtiges kleines Weihnachtsgeschenk:

Als Material brauchen wir weiße oder farbige Briefkarten und buntes Tonpapier oder Stoffreste sowie Wasserfarben, Farbstifte, Pinsel und Kleber. Nun müssen wir überlegen, was wir gestalten wollen, einen Engel, einen Stern oder mehrere, die Weihnachtskrippe, einen Tannenbaum, Kerzen auf grünen Zweigen, eine Weihnachtsblüte. Aus grünem Stoff oder Papier läßt sich eine schöne Tanne ausschneiden und aufkleben, die mit roten Kerzen verziert wird. Du kannst auf der Rückseite des Materials die Form mit Bleistift aufzeichnen, dann geht das Ausschneiden leichter. So kannst du auch einen roten Weihnachtsstern mit grünen Blättern gestalten. Der große Weihnachtsstern von Bethlehem kann von vielen bunten Sternen umgeben, ein silberner oder goldener Engel auf passendem bunten Karton dargestellt werden. Auch ein Krippenbild kannst du mit ausgeschnittenen Figuren aus Stoff oder Papier herstellen: Maria, Josef und die Krippe mit dem Kind, im Hintergrund der Stern. Etwas mehr Geduld erfordert ein gemaltes Krippenbild. Je leuchtender es wird, um so schöner. Das erreichst du mit dicken Filzstiften, Plaka- oder Wasserfarben.

Weihnachtsschmuck

Nun will die Wohnung weihnachtlich werden. Grüne Tannenzweige mit den erblühten Barbarazweigen, geschmückt mit den verschiedensten Sternen, stecken wir in eine Vase. Für den segensreichen Mistelzweig suchen wir eine passende Stelle. Auch die Fenster wollen geschmückt sein: Am schönsten sind *transparente Fensterbilder.* Da brauchst du Tonpapier, Transparentpapier, am besten in farblich sortierten Heften, Kleber, einen dünnen Faden zum Aufhängen, eine kleine und eine normale Schere. Als Unterlage nimmst du einen dicken Karton. Wer noch nicht geübt ist, wählt am besten ein einfaches Motiv, z.B. verschieden große Sterne, Engel, die Weihnachtskrippe mit dem Stern darüber.
Weil die Fensterbilder von drinnen und von draußen zu sehen sind, müssen die Rahmen aus dem Tonpapier zweifach ausgeschnitten werden. Deshalb wird das Tonpapier doppelt gelegt und dann erst das Motiv aufgezeichnet,

beim Engel   beim Stern

bei der Weihnachtskrippe

Büroklammern verhindern das Verrut-
schen des Papiers. Jetzt kannst du die
Außenkanten ausschneiden, dann die
Innenflächen, wobei die kleine Schere
hilfreich ist. Vielleicht mußt du Stückchen für Stückchen schneiden. Nun
kommt das Transparentpapier an die
Reihe. Zuerst wählst du die Farben aus.
Die einzelnen Teile mußt du so schneiden, daß sie gut auf den Tonpapierrah-
men passen. Das siehst du dadurch,
daß du das transparente Papier jeweils
auf den Rahmen legst und mit Bleistift
umzeichnest. Nun kannst du ausschneiden, danach jeweils den Rahmen vorsichtig mit Kleber bestreichen und das

Transparentpapier Stück für Stück auflegen. An die oberste Spitze legst du deinen Aufhängefaden.
Den zweiten Teil des Tonrahmens klebst du jetzt auch und drückst ihn auf den ersten, so daß
das Transparentpapier dazwischen liegt. Wenn alles getrocknet ist, kannst du dein Kunstwerk
aufhängen.

»Strohsterne darf niemand vergessen«, so sagen die Kinder, »dann ist nicht richtig Weihnachten«.
Recht haben sie, das erzählt schon eine alte Geschichte. Vielleicht liest sie jemand vor, während
ihr die Strohsterne anfertigt: die Strohhalme einige Minuten in warmes Wasser legen, mit einem
Messer aufschlitzen und flachbügeln – je länger, desto dunkler werden die Halme, so kann man
verschiedene Farben erhalten. Nun die Halme spitz oder zackig zuschneiden, überkreuz und
versetzt aufeinander legen, bis acht- oder gar sechzehnstrahlige Sterne entstehen. Sie zu halten,
wird leichter mit einem Tropfen Kleber in der Mitte. Denn jetzt kommt das Fädeln: Den Stern
mit der linken Hand in der Mitte festhalten, mit der rechten einen dünnen Faden im Wechsel
einmal über einen Halm und einmal darunter hindurch, einen nach dem anderen, führen, bis
alle fest sind. Jetzt beide Fadenstücke verknoten und den Stern am längeren Ende aufhängen.

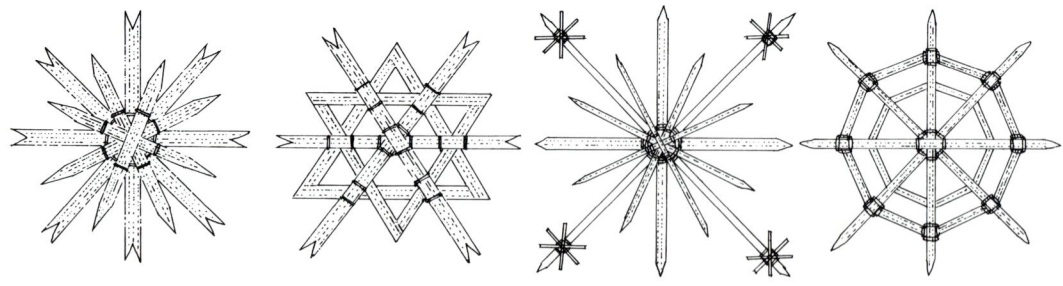

Der Strohstern des kleinen Hirtenjungen

Als die Engel den Hirten auf den Weiden von Bethlehem die Geburt des Jesuskindes verkündet hatten, machten diese sich sofort auf den Weg. Unter ihnen war auch ein kleiner Hirtenjunge. Er lief noch ein wenig verschlafen hinter den großen Männern her. Im Stall stand er dann ganz lange vor der Krippe mit dem Kind und staunte darüber, wie die sonst so rauhen Hirten ganz still und leise waren.

Auf dem Heimweg überlegten die Hirten, was sie dem Kind am nächsten Tag alles bringen wollten.

»Da fehlt ja alles«, sagte der erste, »ich melke das Mutterschaf und bringe ihm die frische Milch«.

»Ich habe noch ein gutes Stück Schafskäse für die junge Mutter«, meinte ein anderer.

»Ich könnte einen Topf Fett entbehren«, überlegte wieder ein anderer.

»Mehl fehlt wahrscheinlich auch, und Feigen habe ich noch.«

»Kalt war es da, das Kind braucht ein warmes Lammfell.«

So überlegten sie hin und her. Der kleine Hirtenjunge hörte das alles und konnte sich gar nicht freuen. Er hatte nichts zum Schenken. Da brauchte er morgen erst gar nicht mitzugehen. Aber das Kind in der Krippe hatte ihn doch so angelächelt, als hätte es sagen wollen: »Komm morgen wieder, ich warte auf dich.« Abends lag er auf seinem Strohschlafbündel und konnte nicht einschlafen. Immer mußte er an das Kind in der Futterkrippe denken. Durch das kleine Fenster in der Hütte leuchtete der neue große Stern auf das Strohlager. Die einzelnen Strohhalme leuchteten hell auf. »Ja, du lieber Stern«, flüsterte der Hirtenjunge, »du hast mir einen Tip gegeben. Ich will dem Kind einen Stern schenken, einen Stern aus Stroh.« Leise und behutsam, damit niemand aufwachte, schnitt er mit seinem Messer ein paar Halme zurecht und legte sie quer übereinander, so daß ein schöner Stern entstand. Mit einem Wollfaden knotete er ihn fest. Er hielt ihn ins Sternenlicht und freute sich. Er konnte es kaum erwarten, bis er mit den Hirten am nächsten Tag das Kind im Stall besuchen konnte. Er wartete, bis die Großen ihre Geschenke hingelegt hatten. Dann trat er hervor und hielt dem Kind zitternd seinen Strohstern hin. Und siehe da –, das Kind hielt den Stern fest. Es lächelte den kleinen Hirtenjungen dankbar an. Der wäre am liebsten vor Freude in die Luft gesprungen.

Nach einer Legende

Der bunte Teller

Die Mutter schaut nun nach, ob auch alles zusammen ist für den bunten Teller unter dem Weihnachtsbaum. Woher er kommt, und wann er zum ersten Mal da stand, weiß niemand mehr so genau. Wir wissen nur, daß er lange Zeit die einzige Gabe unter dem Weihnachtsbaum war. Blank polierte rote Äpfel gehören als Grundlage auf den Teller, die von Nüssen und Mandeln umrahmt werden. Dann kommen die großen und kleinen Leb- und Pfefferkuchen, Zimtsterne, Springerle, Spekulatius, Kipferl, Dominosteine, Printen, Nußkringerl und noch manches andere. Dazwischen gehören kandierte oder getrocknete Früchte, Feigen, Datteln und ganz obenauf die kostbaren Marzipanbrote. Jedes einzelne Teil kann uns eine kleine Geschichte erzählen:

Die *Äpfel* weisen uns hin auf die Äpfel am Lebensbaum im Paradies, die *Früchte* auf die Segensfrüchte des Herbstes, die *Nüsse* und *Mandeln* mit den süßen versteckten Kernen im Innern auf das kostbare Weihnachtsgeheimnis.

Die Geschichte vom *Spekulatius* kennst du schon von Nikolaus her.

Der *Lebkuchen* war vor vielen tausend Jahren bei den Hirtenvölkern ein einfaches Fladenbrot. Fladen: Das hieß *libum*, und daraus wurde dann Lebkuchen. Zu unserem Glück fiel den Menschen im Lauf der Zeit noch einiges zu ihrem libum ein. Das war zunächst der süße, köstliche Honig. Er war für die Menschen eine himmlische Gabe. Ist er für uns ja auch noch, oder? Als die ersten Mönche über die Alpen zogen und auch in unser Land kamen, brachten sie das honigsüße Brot mit. Sie buken es in ihren Klöstern. Sie sagten, der Name Lebkuchen komme von *leb*. Das bedeutet: Heilmittel. Sie hatten inzwischen die herrlichen Gewürzheilkräuter kennengelernt und machten so die Lebkuchen zu einem gesunden Gebäck.

Sie waren nun auch ein Bild-Brot zu Weihnachten und erzählten davon, daß Jesus in Bethlehem geboren wurde, um in der Welt alles heil zu machen. Durch reisende Kaufleute wurde der Lebkuchen auch in Nürnberg bekannt. Die Nürnberger waren einfach begeistert. Vor ungefähr 600 Jahren nannte sich ein Nürnberger Bäcker dann auch: *Lebküchner*. Bis heute sagen die Leute: Nürnberger Lebkuchen ist Spitze.

Mit dem Lebkuchen ist der *Pfefferkuchen* verwandt. Er soll uns ein bißchen mehr über die Gewürze verraten:

Pfefferkuchen, o wie fein,
neun Gewürze müssen's sein.
Sie alle haben fremde Namen,
sagen uns, woher sie kamen.
Ob China, Indien, Sansibar,
ob es Ägypten, Zypern war,
in alter Zeit schon hoch begehrt,
war'n sie soviel wie Gold wohl wert.
Auf vielen alten Handelswegen,
kamen sie zu uns, ach, welch ein Segen.
Sonst gäb es keinen Pfefferkuchen,
den wir so gerne doch versuchen:
mit Ingwer, Pfeffer, Zimt, Muskat,
Anis und Fenchel schön parat,
auch Kardamom gehört hinein,
wie Koriander, feins Nägelein.
Es sind dann neun aus aller Welt,
zu unserm Wohl und Gottes Lob bestellt.

Marzipan aus geriebenen Mandeln, Puderzucker und Rosenwasser war vor vielen hundert Jahren ein großer Luxus, den sich nur reiche Leute leisten konnten. Persien, heute Iran, ist die Heimat des Marzipan. Dort gab es schon 600 Jahre vor der Geburt Jesu Marzipan. Griechische und römische Kaufleute machten das Marzipan in ihren Ländern bekannt. Bei den Römern wurde im Monat *martius – März* – die Mandelmasse zu *panis*, das heißt zu Brot geformt. So sagte man und meinte, daher komme der Name. Die Bewohner von Venedig nannten das Brot *marci panis*, das heißt Brot des heiligen Markus. Uns soll es gleich sein. Die Leute in Lübeck hätten am liebsten, wenn sie es erfunden hätten. Sie haben auch gleich eine Geschichte dazu: Vor fast 600 Jahren gab es eine große Hungersnot in Lübeck. Die Getreidespeicher waren leer. Dort lagerten nur noch Mandeln und Zucker. Daraus wurden dann Brote geformt und an die hungernden Menschen verteilt. Mit Lübeck im Wettstreit lag die Stadt Königsberg. Dort wurde Marzipan nicht getrocknet, sondern goldbraun überbacken und dann in eine Schachtel mit Papierspitze gelegt, damit jeder sehen konnte, welch eine kostbare Köstlichkeit Marzipan ist.

Die *Printen* haben ihre Heimat am Niederrhein, heute in Aachen. Sie haben ihren Namen von dem lateinischen Wort *imprimere*. Das bedeutet: eindrücken. Früher wurde nämlich in den Printenteig ein Bild eingedrückt, meistens ein Heiligenbild. Die Printenbäcker rührten den Teig mit Gewürzen und Honig schon im Herbst an und lagerten ihn im Keller ein, wie die Winzer ihren Wein. Zu Weihnachten werden jedes Jahr so viele Printen gebacken, daß eine Printenstraße gelegt werden könnte von Aachen bis nach Ungarn, so erzählt man sich. Ob es schon jemand ausprobiert hat? Neben den Leckereien auf dem Weihnachtsteller können uns auch die *Weihnachtsbrote* etwas sagen. Der mit weißem Puderzucker bestreute *Weihnachtsstollen* ist ein Bild für das Jesuskind, das in Windeln gewickelt ist. Das dunkle, süße *Früchtebrot* mit all seinen Früchten, Nüssen und Körnern verspricht gesundes Leben. Durch alle Jahrhunderte waren die Menschen überzeugt, daß den Weihnachtsgebäcken ein besonderer Segen innewohnt. Die letzten Reste davon bekamen die Tiere und die Pflanzen, damit sie am Segen teilhatten. Dazu bekamen die Vögel eine dicke Getreidegarbe in den Garten gestellt. Dabei wurde feierlich versprochen, gut für die Tiere im nächsten Jahr zu sorgen.

Vielleicht habt ihr einen Garten oder einen Balkon oder Bäume in der Nähe. Da könntest du mit anderen einen weihnachtlichen Vogelbaum herrichten mit Futterringen, Kugeln aus Sonnenblumenkernen und hängenden Futterhäuschen. Du wirst erstaunt sein, wieviele weihnachtliche Gäste sich einfinden.

Das Meislein

Hängt ein Meislein am Futterring,
hat es jetzt schwer, das arme Ding:
Gärten und Wege vereist und verschneit.
Schlimme Zeit!

Klettert das Meislein am Futterring,
pickt und pickt der Zwitscherling,
nickt in das Küchenfenster: Hm! Fein!
Den Dank sing' ich euch im Sonnenschein!

Wiegt sich ein Meislein am Futterring:
Bin nun wieder ein lustig' Ding!
Will auch die anderen holen geh'n
zum Wintermahle. Auf Wiederseh'n!
Srrr…!

Albert Sergel

Adam- und Evatag

24. Dezember

Dieser Tag erinnert an die Geschichten vom Paradies und dem ersten Menschenpaar Adam und Eva, wie sie in der Bibel erzählt sind. Dort lesen wir auch vom Lebensbaum mitten im Paradiesesgarten und vom Traum Gottes, wie den Menschen ihr Leben glücklich gelingen sollte. Aber die Menschen hatten ihren eigenen Traum, und der ging böse aus.

Sie mußten das Paradies verlassen. Das Leben wurde zwar aufregend, aber beschwerlicher. Die Menschen lernten sich selber kennen mit guten und bösen Seiten. Doch das Paradies, das konnten sie nie mehr vergessen. Während der langen ersten Adventszeit, die du ja jetzt kennst, flehten sie immer wieder zu Gott: Schließ uns wieder auf die Tür zum schönen Paradeis! Jesus, der versprochene Retter, zeigte den Menschen dann später wieder neu, wie Gott sich das Leben der Menschen wünscht, so daß es ein neues Paradies auf Erden werden könnte. So wurde überlegt, die beiden Feste an einem Tag zu feiern: Das Fest Adam und Eva als Zeichen, wie alles angefangen hat damals im Paradies – und der Beginn des Weihnachtsfestes als Zeichen, wie Gott den Retter gesandt hat. Das alles will das *Paradeiserl* ausdrücken,

das aus drei Stäben, grünen Zweigen, Äpfeln und Kerzen gestaltet und dann unter den Weihnachtsbaum oder neben die Krippe gestellt wird.

Die Weihnachtsfreude am Heiligen Abend hat jedoch in vielen Gegenden das Paradeiserl verdrängt, und wer nicht gerade Adam oder Eva heißt, kennt auch den Adam- und Evatag nicht mehr. Eigentlich schade.

Der allererste Weihnachtsbaum

Vielleicht darfst du schon mithelfen, für den heutigen Heiligen Abend den Weihnachtsbaum zu schmücken. Während ihr dabei seid, den Baumschmuck auszupacken und bereitzulegen, will ich ein wenig vom allererersten Weihnachtsbaum erzählen.

Es ist ungefähr 400 Jahre her, als die Bewohner in der heute französischen Stadt Straßburg Weihnachten einmal anders feiern wollten. Schon immer hatten sie – wie anderswo auch – ihre Häuser und Kirchen mit immergrünen Zweigen und Girlanden geschmückt. Warum sollten sie da nicht auch die immergrüne Tanne aus dem Wald holen als ihren *Paradiesbaum*! Sie schmückten den Baum mit Papierrosen, die an Blüten erinnern wollten, die im kalten Winter aufblühen und neues Leben verkünden. Sie weisen auf Jesus hin, wie du es vom Advent her schon kennst: Jesus, die Rose aus dem Zweig Jesse. Dann hängten sie schöne rote Äpfel in den Baum zur Erinnerung an die Früchte des Lebensbaums im Paradies. Viel später wurden Glaskugeln daraus. Auch Oblaten und Backwerk hängten sie an die Zweige als Zeichen für Jesu Brot: Der Lebensbaum sollte alle sattmachen mit Gottes Liebe. Gold durfte auch nicht fehlen als Zeichen für Gottes Herrlichkeit und zur Erinnerung an das Gold, das die Heiligen Drei Könige geschenkt hatten.

So stand er dann da, der allererste Weihnachtsbaum, prächtig anzuschauen. Viel später erst steckte man noch Kerzen auf, um das Weihnachtslicht heller strahlen zu lassen und an Jesu Worte zu erinnern: Ich bin das Licht der Welt. Erst vor ungefähr 100 Jahren wurde der Weihnachtsbaum über die Grenzen Deutschlands hinaus bekannt und ist heute in vielen Ländern so beliebt wie bei uns.

Wir können uns immer neue Schmuckstücke für unseren Weihnachtsbaum einfallen lassen, die zu neuen schönen Weihnachtszeichen werden: vergoldete Nüsse, Sterne in allen Variationen, Musikinstrumente, Gewürzzweiglein oder kleine Sträuße und auch Tiere aus Papier, Wachs oder Gebäck. Der Weihnachtsbaum zeigt uns als neuer Paradiesbaum, daß wir alle, Mensch und Tier, ohne Hunger und Angst miteinander und nicht gegeneinander in Freude leben sollen.

Am Ende der Weihnachtszeit wird seit alters her der Weihnachtsbaum *geplündert*, auch ein Zeichen: Vom neuen Paradiesbaum dürfen wir die Früchte für unser Leben pflücken.

Der schönste Baum

Ich kenne ein Bäumchen gar fein und zart,
das trägt euch Früchte seltener Art.
Es funkelt und leuchtet mit hellem Schein
weit in des Winters Nacht hinein.
Das sehen die Kinder und freuen sich sehr
und pflücken vom Bäumchen –
und pflücken es leer!

Volksgut

Der goldene Weihnachtsbaum

Es war noch ganz früh am Morgen. Das graue Dezemberlicht wollte nicht heller werden. In einem kalten Zimmer erwachte ein Junge. Er schaute ganz verschlafen um sich. Er wußte zuerst nicht, wo er war. Durch ein zerschossenes Fenster schneite es herein, und durch die Löcher in der Wand pfiff ein eisiger Wind. Es gab keinen Ofen mehr in diesem Haus in der einst jugoslawischen Stadt. Der Junge zitterte vor Hunger und Kälte. Dann trat er an das Bett, auf dem seine kranke Mutter lag. Ihr Kopf war auf ein Kleiderbündel gebettet, und sie war mit ihrem Mantel zugedeckt. Es war nicht ihre Wohnung. Sie waren gestern hier hineingeflüchtet, als auf der Straße die Granaten einschlugen. Eigentlich waren sie auf dem Weg zu einem Arzt, weil die Mutter krank war. Die Mutter hatte sich ganz müde auf das Bett gelegt, und der Junge war voller Angst eingeschlafen. Nun suchte er Wasser für die Mutter und ein bißchen Brot. Wasser fand er, aber kein Brot. Er brachte der Mutter das Wasser, aber sie rührte sich nicht. Er faßte vorsichtig ihre Hand. »Wie eisig es hier ist«, dachte der Junge, »daß die Hand meiner Mutter so kalt ist«. Er hauchte behutsam in ihre Hände, um sie zu erwärmen. Dann legte er sein Gesicht an ihr Gesicht und flüsterte: »Ich will etwas zum Essen für dich holen, ich komme gleich wieder.«

Er lief aus der zerschossenen Wohnung hinaus auf die Straße. Es schneite immer noch, und der Junge zitterte vor Kälte. Überall suchten die Menschen nach Holz und hackten alles klein, was sie fanden, Stühle, Tische und Baumstücke. Viele Menschen liefen über die Straße, der Junge lief mit. Auf einmal sah er ein Licht durch ein Fenster scheinen. Er ging zu dem Fenster und glaubte zu träumen. Hinter dem Fenster sah er ein Zimmer mit einem leuchtenden Weihnachtsbaum und auf einem Tisch Brot, Kuchen, Wurst, Butter, Obst und Spielsachen. Da fiel es ihm ein: Heute war Weihnachten. Die Mutter hatte es ihm gestern gesagt. Die Menschen drängten und stießen sich gegenseitig ins Zimmer mit dem schönen Weihnachtsbaum, der Junge fest dazwischen. Er sah einen großen Mann hinter dem Tisch mit vielen Geldscheinen in der Hand. Er verkaufte die kostbaren Sachen. »Für gute Scheine, meine Damen und Herren! Ein Brot schenken, kleiner Mann? Kein Geld?« Er lachte dröhnend. »Für Weihnachten muß es schon etwas kosten – war schließlich nicht einfach, das alles zu besorgen.« »Meine Mutter…« Seine Stimme war nicht zu hören, so laut schrien die Menschen durcheinander. Eine Frau neben ihm hatte es doch gehört und steckte ihm ein Brot zu. Aber seine kalten Finger konnten es nicht halten, als er im Gedränge versuchte, nach draußen zu kommen. Als er auf der Straße stand, war seine Hand leer. Noch bevor er anfing zu weinen, schlug eine Granate ein. Der Junge fühlte einen schlimmen Schmerz, bevor er zu Boden fiel.

Plötzlich wird es ihm ganz warm. Er sieht einen wundervollen Weihnachtsbaum mit goldenen Lichtern. So einen schönen hat er noch nie gesehen. Es ist ihm, als ob seine Mutter ihn bei der Hand nimmt: »Komm, mein Junge, die Kerzen brennen schon.« Und die Hände der Mutter sind ganz warm. Fröhlich sieht sie aus, noch strahlender als ein Weihnachtsstern. Überall das goldene Licht von dem wunderbaren Weihnachtsbaum. Nun ist dem Jungen, als ob sie fliegen, weit fort aus der grauen schlimmen Stadt, mitten hinein in eine Stadt, die aus Licht gebaut ist, wo es keinen Hunger und keine Angst mehr gibt. »Hier wohnt Christus, der heute Geburtstag hat«, denkt der Junge.

Die Geschichte von der Geburt Christi

Seit ungefähr 1700 Jahren feiern die Christen das Weihnachtsfest. Sie feiern die Geburt von Jesus Christus. Leider wissen wir den genauen Geburtstag von Jesus nicht. Erst ungefähr 80 Jahre nach seiner Geburt gab es zwei Männer, die sich für

seine Kindheit interessierten. Lukas und Matthäus. Lukas war Arzt und Schriftsteller und lebte in Griechenland. Sein Freund Theophilus hatte ihn gebeten, alles über Jesus aufzuschreiben, auch über seine Geburt.

Lukas selbst hatte Jesus nicht kennengelernt. Doch es waren schon Geschichten über Jesus aufgeschrieben. Dazu war Lukas mit vielen Menschen bekannt, die Jesus persönlich gesehen und gehört hatten und ihm davon erzählten. Das waren für ihn die Bausteine für seine Geschichte über Jesus. Lukas begann mit der Geburtsgeschichte. Er wollte zeigen: Jesus war der Retter der Welt, schon von Geburt an. Er wählte die Worte sorgfältig aus, und er überlegte, wie er alles am schönsten schildern konnte. Er wollte seinem Freund Theophilus und allen Menschen sagen: Ihr könnt euch freuen, Gott ist mit diesem kleinen Kind zu den Menschen gekommen.

Seit dieser Zeit haben viele Maler wunderschöne Bilder dazu gemalt, die Dichter haben sich Gedichte und Geschichten ausgedacht, die Musiker Lieder komponiert. Auch die Kinder sind dabei, die ihre Geschichte gemalt und geschrieben haben.

Die Hirten von Bethlehem

Auf einem Feld in Bethlehem ruhten dreizehn Hirten. Sie waren unheimlich müde. Der eine schlief auf einem Schaffell, der andere in Säcken. Die Lampen brannten still. Viele Fliegen leuchteten hell und strahlend in der Dunkelheit auf. Sogar die Schafe ließen keinen Schrei hören. Es war eine schöne Nacht.

Doch plötzlich stand am Himmel ein mächtiger Engel. Feuer spuckte von ihm, nach allen Seiten. Mit einem Satz sprangen die Hirten auf und schlugen die Hände vors Gesicht und riefen mit zitternder Stimme: »Wer bist du?« »Fürchtet euch nicht, ich bin ein Engel vom Himmel und will euch eine Freude verkünden!« Die Hirten flehten ihn an: »Sage uns die große Botschaft!« Mit heller Stimme erwiderte der Engel: »Geht in den Stall, wo der Ochse und der Esel sind. Ihr werdet dort den Erlöser finden, den ihr und alle Menschen suchen!« Auf einmal waren ganz viele Engel da und sangen: »Ehre sei Gott in der Höhe!«

Die alten krümpligen Hirten fühlten sich nicht mehr müde. Sie rissen die Decken vom Boden und liefen, was sie konnten, zu dem Stall. »Heda, komm schnell«, rief einer. Der alte Andreas stöhnte: »Ich höre das Kindlein schreien.« »Das Kindlein schreit doch nicht, es weint«, rief eine andere Stimme. »Jetzt kommt aber, meine Lieben, es wird Zeit«, murmelte der Franzele. Sie schlichen vorsichtig durch die knarrende Tür. Der Andreas lief zuerst zur Krippe hin: »Guten Abend, ist das der Erlöser vom Himmel?« Maria und Joseph waren schüchtern geworden. »Ja«, flüsterte Maria leise. Alle Hirten fielen hin auf die Knie und legten die Geschenke nieder. Bertram wurde traurig: »Du bist aber ein armes Kind. Hier, ich will dir mein Lämmlein schenken.« Er legte es mit Liebhaben auf die zarten Füßchen des Jesuskindes. Es lachte richtig. Alle Hirten blieben die Nacht über noch bei Maria und Joseph und hatten große Freude bei dem Kind.

Nach Lukas, erzählt von Hiltrud

Warum der 25. Dezember?

Weihnachten ist aber nicht der genaue Geburtstag Jesu. Den kannte auch Lukas nicht. Ja, wann sollten die Christen den Geburtstag Jesu dann feiern? Es hat nach Lukas noch 300 Jahre gedauert, bis die Christen sich den 25. Dezember ausgesucht haben. Das hatte einen bestimmten Grund. An diesem Tag feierten die damals herrschenden Römer das Fest des unbesiegbaren Sonnengottes. Und die Völker im Norden feierten den Tag der Wintersonnenwende, an dem das Sonnenlicht wieder zu wachsen beginnt. Die Christen überlegten nun: Jesus ist für uns die wahre Sonne, das Licht in der Welt. So legten sie das Geburtsfest Jesu auf den Tag des Sonnenfestes, um das ganz deutlich zu machen. In unserem Land wurde das Fest dann Weihnacht genannt: *Wih* ist ein altes deutsches Wort und heißt *heilig, geweiht*, also *Heilige Nacht* oder *Weihenacht*. Heute haben wir so beide Festnamen: der Heilige Abend und Weihnachten. Früher wurde das Weihnachtsfest vier Tage lang gefeiert, so groß war die Freude der Menschen. Vor ungefähr 100 Jahren wurde es dann auf 2 Tage verkürzt. Bei uns beginnt heute das Weihnachtsfest am Vorabend des Geburtsfestes Jesu, am Heiligen Abend.

Die Weihnachtskrippe

Am meisten erzählt bei uns die Krippe über die Weihnachtsgeschichte. Die Krippe verdanken wir dem heiligen Franz von Assisi, über den du mehr im Kapitel zu »Erntedank« lesen kannst.
Es war zu Weihnachten im Jahr 1223 in der kleinen italienischen Stadt Greccio. Während in der Kirche der feierliche Weihnachtsgottesdienst gefeiert wurde, ging Bruder Franz, wie ihn die Leute nannten, hinaus aus der Stadt. Es folgten ihm viele Menschen. Bruder Franz hatte ihnen ein besonderes Weihnachtsfest versprochen: »Ich möchte, daß wir nicht nur über das Jesuskind sprechen, sondern daß wir die Not, die es schon als Kind zu leiden hatte, wie es in eine Krippe gelegt, an der Ochs und Esel standen, mit unseren Augen schauen können.« So hatte Bruder Franz ein paar Tage vor Weihnachten einen Bauern um einen Esel, einen anderen um einen Ochsen, einen dritten um eine Futterkrippe mit Stroh gebeten. In einer Felsenhöhle des Waldes wurde so die Krippe zurechtgemacht, ein lebensgroßes Wachsbild des Jesuskindes hineingelegt und Ochs und Esel dahintergestellt. Eine Frau und ein Mann wurden als Maria und Josef ausgewählt.
Als die Menschen nun in der Weihnachtsnacht mit brennenden Fackeln hinter Bruder Franz durch den Wald gingen, war es ihnen, als wären sie die Hirten von Bethlehem, die das Kind suchten. Endlich kamen sie an der Höhle an. Helles Fackellicht strahlte in der Höhle. Die Menschen konnten es kaum fassen. Es war für sie wie in Bethlehem. Sie spürten eine große Freude und fingen an zu singen. Dann feierten sie einen fröhlichen Gottesdienst. Bruder Franz hielt eine Predigt: »Weihnachten wird in den Kirchen gefeiert. Angefangen hat es mit Jesus, dem Heiland der Welt, aber hier draußen bei den Hirten, bei den Menschen, die verachtet und arm waren, die Liebe nötig hatten. So war Jesus später, als er erwachsen war, immer bei denen zu finden, die seine Hilfe brauchten. Davon will uns die Krippe erzählen.«
Die Menschen hörten Bruder Franz gespannt zu. Noch nie hatten sie Weihnachten so erlebt wie in dieser Nacht.

Sie haben es wohl auch nie vergessen. Seit dieser Zeit hat es nämlich angefangen, daß sich Menschen eine Krippe zu Weihnachten gebaut haben. In Deutschland wurde die erste Krippe vor ungefähr 400 Jahren aufgestellt. Es gibt sogar Museen, in denen die schönsten und kostbarsten Krippen aufbewahrt werden.

Immer fiel den Leuten etwas Neues ein. So bauten einige dem Jesuskind lieber eine Wiege statt einer Krippe. Dazu sangen sie Wiegenlieder. Du kannst sie bei den Weihnachtsliedern daran erkennen, daß in ihnen *eia susanni* oder *du liebes Jesulein* vorkommt. Und nie haben sie Ochs und Esel vergessen als Zeichen, daß auch den Tieren an der Krippe eine gute Zukunft versprochen war. So erzählten sich die Menschen, daß es einigen sogar vergönnt sei, in der Heiligen Nacht die Sprache der Tiere zu verstehen.

O Jesulein zart

2. Schlaf, Jesulein, wohl,
   nichts hindern dich soll!
   Ochs, Esel und Schaf
   sind alle im Schlaf!

   Auch schlaf und tu
   die Äuglein zu!
   Ach schlaf
   und gib uns ewige Ruh!

   Schlaf, Jesulein, wohl,
   nichts hindern dich soll!
   Ochs, Esel und Schaf
   sind alle im Schlaf.

Den Heiligen Abend feiern

24. Dezember

Wenn der Christbaum geschmückt, die Krippe aufgebaut ist und ihr vielleicht unterwegs zur Kinderchristmette oder zum Besuch des Krippenspiels in eurer Gemeinde seid, ja, dann weißt du, der Heilige Abend ist endlich da. Anschließend versammeln sich alle zu Hause um den Weihnachtsbaum und die Krippe. Schön ist es, wenn der Weihnachtsbaum noch nicht erleuchtet ist und die Krippenfiguren zunächst noch nicht aufgestellt sind. Sie sind so verteilt, daß jede und jeder eine Figur in der Hand halten darf.

Wenn jetzt die Geburtsgeschichte von Lukas vorgelesen wird, kann an der passenden Stelle jeweils die betroffene Figur an ihren Platz gestellt werden: zuerst Maria und Joseph, wie sie um Aufnahme in eine Herberge bitten, dann an der Futterkrippe, in die das Kind gelegt wird, danach die Hirten auf dem Feld, der Engel, die Hirten an der Krippe. Nun werden die Kerzen des Weihnachtsbaumes entzündet, können Lieder gesungen und Gedichte zu Ehren des Kindes vorgetragen werden.

Die Heilige Nacht

Nun ist sie da die heil'ge Nacht,
in der das Kind geboren.
Die Engel halten bei ihm Wacht,
es hat sie auserkoren.

Die Hirten eilen schnell herbei,
das Jesuskind zu grüßen.
Auch Ochs und Esel sind dabei,
und wir zu seinen Füßen.

Was sollen wir dir schenken, sag,
was wird dich fröhlich machen?
Wenn jeder von uns jeden Tag
sich müht um gute Sachen:

Wenn jeder an den andern denkt,
ein bißchen – einfach so,
dann ist er selber auch beschenkt
und macht dein Herz gar froh.

Dann ist sie da die heil'ge Nacht,
in der die Lieb' geboren.
Die Engel halten bei uns Wacht,
Gott hat uns auserkoren.

Hermine König

Zumba, zumba, welch ein Singen

Text: Lieselotte Holzmeister / Satz: Richard Rudolf Klein
Aus: DER FREUDENQUELL, Fidula-Verlag Boppard/Rhein und Salzburg

Spanisches Lied aus Leon

1. Zum-ba, zum-ba, welch ein Sin-gen! Zum-ba, zum-ba Weih-nachts-zeit! Zum-ba, zum-ba, welch ein

(Melodie)

Klin-gen, wel-che Freu-de weit und breit! 1. Heut ist der Hei-land ge-bo-ren,
Er hat zum Heil uns er-ko-ren,

Trö-ster und Ret-ter der Welt.
e-wig Er Treu-e uns hält.

bo-ren Trö-ster und Ret-ter der Welt.
ko-ren, e-wig Er Treu-e uns hält.

2. Jeder will ihm etwas bringen,
ich aber hab nicht viel Geld,
ich kann dem Kindlein nur singen,
hoffen, daß ihm es gefällt.

3. Daß sich das Kindlein erfreute,
spielten die Hirten ihm vor.
Singt nun mit mir, liebe Leute,
singt mit den Hirten im Chor

Dann werden die Weihnachtsgeschenke überreicht. Auch das war nicht immer so. Martin
Luther hatte vor ungefähr 450 Jahren die Idee:
Wir beschenken einander, weil Gott uns das
große Geschenk mit Jesus gemacht hat. Es ist
sicher spannender, wenn die Geschenke einzeln
überreicht und ausgepackt werden. Dann können
alle zuschauen und sich mitfreuen.

Danach wartet das festliche Weihnachtsessen auf
dem schön geschmückten Tisch. Alle spüren bestimmt, wie gut es tut, an einem solchen Abend
zusammenzusein. Manche mögen es im Gebet
aussprechen:

Jesus,

Wir feiern heute deinen Geburtstag.
Wir sitzen um den festlich und reich gedeckten Tisch.
Wir freuen uns auf das Weihnachtsessen.
Es macht besonderen Spaß, heute miteinander zu essen.
Wir haben Grund zu danken.
Aber wir können nicht essen, ohne an die zu denken,
die heute kein Weihnachtsessen haben.
Laß uns in unserer Weihnachtsfreude nicht vergessen,
zu überlegen, wie wir unsere Weihnachtsfreude teilen können,
damit auch anderswo Weihnachten wird.

89

Wie die Christrose entstand

In der Heiligen Nacht sprachen die Hirten zueinander: »Kommt, lasset uns nach Bethlehem gehen und sehen, was da geschehen ist.« – Und sie machten sich eilends auf. Jeder nahm ein Geschenk mit: Butter und Honig, einen Krug Milch, Wolle vom Schaf und ein warmes Lammfell. Nur ein Hirtenknabe hatte gar nichts zum Schenken. Er suchte auf der Winterflur nach einem Blümchen. Er fand keins. Da weinte er, und die Tränen fielen auf die harte Erde. Sogleich sprossen aus den Tränen Blumen hervor, die trugen Blüten wie Rosen. Fünf Blütenblätter, zart und weiß, standen zum Kelch zusammen, daraus ein Kranz von goldenen Staubgefäßen gleich einer Krone hervorleuchtete. Voll Freude pflückte der Knabe die Blumen und brachte sie dem göttlichen Kind in der Krippe. Das Jesuskind aber legte segnend das Händchen auf das Wunder.

Seit der Zeit blüht die Blume jedes Jahr in der Weihnachtsnacht auf, und die Menschen nennen sie die Christrose.

Volksgut

Warum jedes Jahr wieder Weihnachten ist

Am Tag vor dem Heiligen Abend sind die Kinder so unruhig, daß sie überhaupt nichts mehr mit sich anzufangen wissen.

»Was sollen wir nur tun?« fragen sie die Mutter.

»Lauft nicht immer hinter mir her«, sagt die Mutter. »Ihr stört mich. Ich habe jetzt keine Zeit. Spielt doch ein bißchen Domino!« schlägt sie dann vor.

Eine Weile spielen Pit, Pat und Pet Domino. Dann haben sie keine Lust mehr.

»Was sollen wir tun?« fragen sie wieder. »Die Zeit geht nicht rum!«

»Bürstet den Kater Jippi«, sagt die Mutter. »Damit er Weihnachten fein aussieht.«

Aber Kater Jippi will sich nicht bürsten lassen. Er faucht und schlägt mit den Krallen, und zum Schluß läuft er auch noch weg. Damit die Mutter aber endlich ihre Ruhe hat, geht sie auf den Speicher und holt einen Stapel uralter, verstaubter Bücher herunter.

»Die hat meine Mutter gelesen, als sie noch klein war«, sagt sie. »Schaut sie euch an.«

Da setzen sich Pit, Pat und Pet vor den Kamin und lesen in den uralten Büchern. Draußen peitscht der Regen gegen die Fensterscheiben, und auf einmal ist es richtig schön.

Wie es früher war, lesen Pit, Pat und Pet. Da gab es noch keine großen Städte, und die Leute wohnten draußen inmitten der Wälder und Wiesen. Viele wunderbare Geschichten stehen in den Büchern. Und auf einmal ist der Tag zu Ende, und die Kinder haben es gar nicht gemerkt.

»Da sind die Rehe bis an die Häuser gekommen«, sagt Pat, als sie ihre Nachthemden angezogen haben und zu Bett gehen.

»Ja, und die Leute haben wunderbare Kräuter gefunden«, erzählt Pet. »Manche waren gut für die Knie, wenn man hingefallen ist.«

Pit sieht sehr nachdenklich aus.

»Das schönste war, daß es den ganzen Winter geschneit hat«, sagt er endlich. »Hier regnet es nur.«

Pat und Pet nicken. Sie schieben den Vorhang zur Seite und schauen hinaus. Es regnet immer noch.

»Nicht mal zu Weihnachten gibt es Schnee«, sagt Pat.

Dann knipst sie die Lampe aus, und jeder denkt still für sich noch ein paar Gedanken, bis er einschläft. In der Nacht aber geschieht etwas Merkwürdiges: Pit, Pat und Pet träumen den gleichen Traum …

Sie gehen durch einen tiefen, dunklen Tannenwald, und es beginnt zu schneien. Lautlos schweben die Flocken herab. Zuerst ganz kleine, und dann werden sie immer größer, bis sie fast so groß wie Schmetterlinge sind. Die Bäume breiten ihre Zweige aus und nehmen die Schneeflocken auf. Und auf einmal ist der Himmel übersät mit goldenen Glöckchen, die leise klingeln. Vielleicht sind es die Sterne, die lachen. Man weiß es nicht.

Da treten die Tiere aus dem Gesträuch: Die stolzen Hirsche, die Füchse und Rehe, Eichhörnchen mit buschigen Schwänzen, Igel und Hasen. Und ringsum schwirren bunte Vögel umher und zwitschern. Die Hirsche beugen ihre Knie und lassen Pit, Pat und Pet auf ihre Rücken steigen. Auf sanften Hufen traben sie durch den Winterwald. Ganz zart singt der Wind in den verschneiten Bäumen, der Schnee breitet seinen weißen Teppich aus, und der Mond legt einen goldenen Schimmer darüber. So feierlich und still ist es, daß es den Kindern ganz seltsam zumute wird vor lauter Glücklichsein.

Aber dann, auf einmal haben sie nicht aufgepaßt, und – plumps – fallen sie vom Rücken der Hirsche hinunter in den Schnee.

Als Pit, Pat und Pet die Augen öffnen, stellen sie fest, daß sie aus ihren Betten gepurzelt sind.

»Ach, es war nur ein Traum!« seufzen sie und reiben sich die Augen.

Und da sind sie alle drei ein bißchen traurig. Doch als sie aus dem Fenster schauen, sehen sie, daß etwas Wunderbares geschehen ist. Über Nacht hat sich die große Stadt verwandelt – es hat geschneit!

»Hurra!« schreien Pit, Pat und Pet.

Sie waschen sich schnell ein ganz kleines bißchen, ziehen sich an und laufen hinaus. Nie war es so still. Selbst die Autos fahren lautlos durch die weißen Straßen und haben Schneehüte auf. Die Häuser sehen aus wie mit Zuckerguß überzogen, vor den Fenstern hängen schillernde Eiszapfen, und die Leute haben die Kragen ihrer Mäntel hochgeschlagen und schauen so vergnügt drein wie schon lange nicht mehr.

Und immer neue Schneeflocken segeln vom Himmel herunter und lassen sich nieder, wo es ihnen eben Spaß macht. Da fassen sich die Kinder bei den Händen und tanzen und springen.

»Es schneit! Es schneit!« singen sie. Und sie denken, daß Heiligabend ist und daß die Stadt nun genauso schön aussieht wie die Dörfer in den uralten Büchern.

Plötzlich aber entdecken sie noch etwas: Vor der Haustür steht ein großer, tiefverschneiter Tannenbaum. Lange schauen sich die Kinder an, ohne ein Wort zu sagen.

»Er ist aus dem Wald gekommen!« flüstert Pat dann.

»Aus dem geträumten Wald!« haucht Pit.

Und Pet sagt leise: »Unser Weihnachtsbaum!«

Es ist wirklich eine großartige Sache. Und außerdem dauert es jetzt nur noch ein paar Stunden, bis Weihnachten ist. Zuerst machen Pit, Pat und Pet eine Schneeballschlacht, dann bauen sie einen Schneemann, aber schließlich gehen sie doch lieber ins Haus.

Da ist es so aufregend und geheimnisvoll wie an keinem anderen Tag im Jahr. Ganz feierlich klingt die Musik aus dem Radio. Die Eltern sind ins Wohnzimmer verschwunden. Und es knistert und klappert, und plötzlich klingelt sogar ein Glöckchen. Aber nicht einmal durch das Schlüsselloch können die Kinder etwas sehen.

»Jippi ist natürlich drin!« sagt Pet. »An sich ist es ungerecht!«

Aber Pit, Pat und Pet sind viel zu aufgeregt, um sich wirklich zu ärgern. Sie laufen zum Fenster und wieder zurück, und dann setzen sie sich ums Radio und lauschen den Geschichten, die ein Mann erzählt. Ganz langsam wird es dämmerig.

»So!« ruft da plötzlich die Mutter, und sie sieht sehr vergnügt aus. »Wenn alle Kinder sauber sind, wollen wir nachsehen, was das Christkind gebracht hat!«

Da gibt es einen furchtbaren Andrang auf das Badezimmer, und diesmal waschen sich Pit, Pat und Pet sogar hinter den Ohren. Ganz ordentlich sehen sie alle drei aus. Die strubbeligen Haare haben sie sich mit Wasser festgeklebt.

Und dann ist endlich, endlich Weihnachten! Der ganz große Augenblick ist da: Die Wohnzimmertür öffnet sich, und da steht der Tannenbaum, strahlend und glitzernd, und erfüllt alles mit seinem Glanz. Nach Wald duftet es, nach Kerzenwachs und Lebkuchen, und nach Braten auch. Lange stehen die Kinder wie verzaubert, stumm und mit großen Augen.

»Na?« sagt der Vater endlich.

Und da stürzen sich Pit, Pat und Pet auf ihre Geschenke. Der Malkasten ist da, das Flugzeug, das Auto und noch eine Puppe, eine Lokomotive, ein Schiff und viele bunte Bilderbücher. Fast kann man es gar nicht begreifen, wie lieb das Christkind ist!

»Schau!« schreit Pit.

»Hier!« brüllt Pat.

Und Pet jubelt: »Oh! Wie schön! Wie schön!«

»Ich bin so dick voller Freude, daß ich platzen könnte«, sagt Pit endlich, und den beiden anderen geht es ebenso.

Ja, und der gehäkelte Hut paßt der Mutter wunderbar, und der Vater verspricht, ab sofort Pfeife zu rauchen anstatt Zigaretten. Jippi jagt mit der Gummimaus umher, und dann essen sie Braten, und alle sind richtig glücklich.

»Komisch«, sagt Pit endlich, als sie still und satt nebeneinander sitzen, »Weihnachten, das ist der Baum und die Geschenke und Musik und Braten. Doch es muß auch noch etwas anderes sein. Sonst würde die Freude doch jetzt aufhören. Sie hört aber nicht auf!«

Pat und Pet schauen ihn nachdenklich an.

»Ja«, sagt Pet, »das ist nur das Drumherum.«

Und Pat fragt: »Was ist denn der Kern von Weihnachten?«

Die Eltern lächeln.

»Weihnachten ist das Zeichen für einen Neubeginn«, sagt der Vater. »Das Licht kommt in die Welt und die Liebe.«

»Ja«, überlegt Pat, »Weihnachten lieben alle Menschen einander«.

»Aber nach Weihnachten hören sie wieder damit auf«, stellt Pet fest.

»Ist darum jedes Jahr wieder Weihnachten? Damit man wieder neu anfängt?« fragt Pit.

»Ja«, sagt die Mutter. »Die Menschen sind halt vergeßlich. Und Weihnachten soll sie immer wieder daran erinnern, daß sie neu anfangen können, gut zu sein.«

Da werden Pit, Pat und Pet sehr still. Jeder von ihnen nimmt sich heimlich vor, von jetzt ab ein besserer Mensch zu werden.

Und dann fängt der Kater Jippi mit dem Unsinn an! Er rast nämlich plötzlich am Weihnachtsbaum empor und schlägt drei Glaskugeln kaputt. Nun ist der Kater Jippi allerdings kein Mensch, und vielleicht hat er ja auch keine guten Vorsätze gehabt, aber danach dauert es nicht mehr lange, als das mit Pet passiert.

Bevor er es selber recht merkt, hat er Pit einen Marzipankringel vom Teller geklaut. Nur so. Pit hat es gleich mitgekriegt. Er ist mit einem Satz bei Pet und tritt ihn gegen das Schienbein. Und weil sie bei der Gelegenheit beide versehentlich auf Pats neuer Puppe herumtrampeln, beginnt Pat zu schreien wie am Spieß.

Die Eltern stehen nur da und schauen sich an. Da sind sie plötzlich alle drei ganz still. Wie erstarrt wirken sie. Und dann heulen sie los. Zuerst Pat, dann Pit, und zuletzt auch Pet.

»Nun war alles vergebens!« schluchzt Pat.

»Das ganze Weihnachten!« schnuffelt Pit.

»Und dabei wollte ich ein guter Mensch werden!« jammert Pet. »Und zwar augenblicklich!«

»Nun hört mal auf zu weinen«, sagt die Mutter da. Und der Vater nimmt sie alle drei in die Arme.

»Es kann schon vorkommen, daß einem ein Anfang mißlingt«, tröstet er. »Aber Weihnachten soll ja nur daran erinnern, daß man neu anfangen kann. Man kann in jedem Augenblick des Lebens neu anfangen. Wenn man dann hin und wieder einmal Fehler macht, so ist es nicht so schlimm. Man muß nur wirklich gut sein wollen, dann klappt es schon eines Tages.«

Da trockneten sich Pit, Pat und Pet ihre Tränen, und Weihnachten ist wieder schön.

»Wir sind ja auch noch ziemlich klein«, sagt Pit.

»Wir schaffen es schon!«

Und daran glauben sie alle ganz fest. Ein bißchen spielen sie noch mit ihren neuen Sachen, dann werden Pit, Pat und Pet langsam müde. Und morgen ist schließlich auch noch Weihnachten.

Den ganzen ersten Weihnachtstag sind sie vergnügt miteinander, Pit, Pat und Pet, die Eltern und Jippi. Und wenn man davon absieht, daß Pet versehentlich einen Kerzenleuchter zerbricht, passiert auch wirklich nichts Schlimmes. Am zweiten Weihnachtstag scheint die Sonne so schön auf den Schnee, daß Mutter die Kinder nach draußen schickt. Das Auto und das Flugzeug nehmen Pit und Pet natürlich mit.

Aber als sie draußen eine Weile damit gespielt haben, ist das Auto plötzlich kaputt.

»Oh«, sagt Pit, »wie schade! Schaut mal – ein Rad ist ab!«

»Und mein Flugzeug hat einen geknickten Flügel!« ruft Pet. »So was Dummes!«

»Na ja«, meint Pat. »Das ist halt so nach Weihnachten!«

»Aber Weihnachten ist doch nicht vorbei!« sagt Pit. Und wirklich riecht es noch nach Tannengrün und Kerzenwachs, und manchmal leuchten hinter dem Fenster eines Hauses die Lichter des Christbaumes auf.

»Aber fast«, sagt Pat.

Sie schlendern die stillen Straßen entlang. Und hier und da stellen sich Pit, Pat und Pet auf die Zehenspitzen und schauen ein wenig in die Fenster zu den Leuten hinein.

Eigentlich tut man so etwas natürlich nicht, aber andererseits ist es doch furchtbar interessant. Manche Leute sitzen unter ihren Weihnachtsbäumen, gähnen und haben Pantoffeln an. Manche Leute schlafen auf dem Sofa, und ein paar hocken vorm Fernseher.

»Hm!« sagt Pit.

Sie treten an einer Stelle den Schnee fest und kegeln mit Nüssen. Aber großen Spaß macht es nicht. Und das Flugzeug und das Auto liegen neben ihnen und sehen ganz traurig aus.

»He! Struppi!« ruft Pet einem kleinen schwarzen Hund zu, der vorüberläuft.

Doch der Struppi hat sich über Weihnachten den Magen verdorben. Er ist schlecht gelaunt und knurrt sie an.

Tap, tap, tap schlurfen da Schritte die Straße entlang.

»Das ist der alte Sebastian!« flüstert Pat. »Mit dem spricht keiner.«

»Weil der sich nicht wäscht«, erklärt Pit.

»Und überhaupt!« setzt Pet hinzu.

»Was er wohl Heiligabend gemacht hat?« überlegt Pat plötzlich.

»Der kriegt immer eine Wurst vom Metzger Schmitt«, sagt Pet. »Das weiß ich. Und der Bäcker schenkt ihm Semmeln dazu.«

»Ob sie das tun, weil sie ihn zu Weihnachten lieben?« fragt Pit. Er fragt mehr sich selber.

»Wenn man sich das überlegt«, sagt Pat. »Das mit dem Anfang …«

Der alte Sebastian geht langsam an ihnen vorbei. Einen Moment lang schauen sich die Kinder an. In jedem Augenblick, denken sie. Also auch jetzt! So kommt es, daß sie plötzlich hinter dem alten Sebastian herlaufen.

»Guten Tag, Sebastian!« rufen sie. »Wie geht es dir?«

»Guten Tag«, entgegnet der alte Sebastian erstaunt. »Wie geht es euch denn?«

Pet scharrt vor Verlegenheit mit den Füßen im Schnee, und Pat kratzt sich auf dem Kopf.

»Ach«, stottert Pit, »so! Unser Spielzeug ist kaputt!« fällt es ihm da ein.

»Und der Schnee ist auch schon schmutzig«, setzt er hinzu.

Da lacht der alte Sebastian, daß man seinen letzten Zahn sieht.

»Das mit dem Schnee kann ich nicht ändern«, sagt er. »Aber zeigt mal euer Spielzeug her!«

Er setzt sich auf die Stufen des Denkmals und nimmt das Auto und das Flugzeug in seine Hände. Und weil der alte Sebastian in seinem Leben schon vielerlei geflickt hat – was aber niemand weiß, weil niemals jemand mit ihm spricht –, dauert es nicht lange, und er hat das Auto und das Flugzeug wieder repariert.

»Oh!« sagen Pit, Pat und Pet. »Dankeschön!«

»Wir müssen ihm eine Freude machen«, flüstert Pat. Da nehmen sie alle drei ihre Wollmützen ab und singen für den alten Sebastian ein Weihnachtslied. Wer weiß, woran es liegt – vielleicht daran, daß der alte Sebastian ganz glänzende Augen bekommt –, jedenfalls ist es fast noch einmal so schön wie am Heiligen Abend.

Und es dauert nicht lange, da öffnen einige Leute ihre Fenster und singen mit.

Ja, – und als Pit, Pat und Pet den alten Sebastian am nächsten Tag wieder treffen, scheint er ihnen direkt ein wenig sauberer zu sein. Vielleicht bilden sie sich das ja nur ein. Aber vielleicht ist es auch wahr.

Gina Ruck-Pauquèt

Tag der unschuldigen Kinder

28. Dezember

Dieser Tag erinnert an die Kinder von Bethlehem, die König Herodes töten ließ:

Es war dunkle Nacht. Langsam steckte der Sichelmond seine Nase aus dem Wolkenbett heraus. Drinnen im kleinen Haus schliefen Maria und Josef. Das Jesuskind wälzte sich unruhig im Schlaf, als ob es etwas Aufregendes spürte. Da! Was war das? – Joseph sah im Traum ein mächtiges, feuerumstrahltes Wesen. Ein Engel sprach zu ihm: »Nimm deine Familie und fliehe nach Ägypten. Bleibe dort so lange, wie ich es dir sage!« Joseph war verdutzt und fragte: »Warum müssen wir denn fliehen, wir haben doch endlich ein Obdach gefunden?« Da erwiderte der Engel: »Tu, was ich dir sage! König Herodes will das Kind töten!« Und damit war der Engel verschwunden. Joseph erwachte und überlegte nicht lange. Er fühlte, daß es stimmte, was der Engel gesagt hatte. Er schüttelte Maria und rief: »Wir müssen fliehen«. Erschrocken stand sie auf, richtete ein kleines Gepäck und lud es auf den Esel. Der Weg war beschwerlich. Maria hielt ihr Kind beschützend bei sich.

Endlich erreichten sie Ägypten, es war noch mal gut gegangen.

König Herodes in Jerusalem tobte. Die drei Weisen hatten ihm nicht gesagt, wo der neue König war. Deshalb schickte er seine Soldaten los. Sie sollten alle ein- bis zweijährigen Jungen töten. Als die Soldaten in Bethlehem ankamen, begann das unbeschreiblich Grausame. Pfeile schwirrten umher. Man hörte Schreckensrufe und leises Weinen. Die verzweifelten Mütter hielten bald nur tote Kinder im Arm. Andere lagen auf der hart gepflasterten Straße. Die Soldaten ritten davon, und über Bethlehem stand die Sonne, traurig und schwarz.

nach Matthäus,
von Petra, Cornelia, Hiltrud

Drei Mädchen haben die biblische Geschichte mit ihren Worten erzählt. Die Geschichte erklärt uns den Namen des Tages. Er ist auch zum Gedenktag für alle Kinder geworden, die für Jesus gestorben sind in der Zeit, als die Christen verfolgt wurden, aber auch für die Kinder, die durch Krankheit oder Krieg früh sterben mußten.

Lange Zeit war dieser Tag aber auch ein fröhlicher Tag. Da bestimmten die Kinder, was zu geschehen hatte. Früher wählten die Schüler in den Kloster-schulen einen *Kinderbischof*. Der bestimmte, was den Tag über gemacht werden sollte. Er trug den Lehrern vor, was die Schüler auszusetzen hatten. Aber der Brauch hat sich auch in den Familien erhalten. Mit lustigen Sätzen und Sprüchen sagten die Kinder ihren Eltern die Meinung. Sie machten ein Kinderprogramm für diesen Tag. Wie wäre es, wenn ihr Kinder den Brauch übernehmen würdet? Es macht bestimmt Spaß! Und es fällt euch sicher eine Menge dazu ein, wie ein richtiger Kindertag ausschauen könnte.

Silvester

31. Dezember

Jetzt ist wirklich der allerallerletzte Tag des Jahres gekommen. Da erzählen sich die Leute ganz lustige Sachen:

Die Mutter sagt: »Noch ein wenig Erdbeercreme, Kinder, Ihr kriegt in diesem Jahr sonst keine mehr!« Der Vater sagt: »Nun marsch, Zähneputzen ist angesagt, dafür braucht Ihr dann im ganzen Jahr keine mehr zu putzen.« Basti sagt: »Hurra, ich brauche im ganzen Jahr mein Zimmer nicht mehr aufzuräumen.« Lisa hat ein kleines Stück Käse in der Hand und meint: »Damit müssen wir auskommen bis nächstes Jahr und übrigens – Ihr könnt maulen, was Ihr wollt, ich gehe in diesem Jahr überhaupt nicht mehr ins Bett.« Ja, solche Sachen erzählen sich alle am 31. Dezember. Überleg einmal, sie haben tatsächlich alle recht!

Der allerletzte Tag des Jahres hat seinen Namen von einem Papst, der *Silvester* hieß und vor ungefähr 600 Jahren am 31. Dezember zum Papst ernannt wurde. Er hat sich dafür eingesetzt, daß nach den Christenverfolgungen endlich Frieden wurde zwischen den Christen und dem römischen Kaiser, der sich sogar taufen ließ. Die Menschen haben den letzten Jahrestag nach ihm benannt, damit niemand beim Hinübergehen vom alten ins neue Jahr vergißt, wie wichtig es ist, sich immer um den Frieden zu bemühen.

Silvesterabend

Am liebsten verbringen die meisten die allerletzten Stunden des Jahres in der Familie oder im Freundeskreis. Zunächst gibt es ein festliches Essen. Der Weihnachtsbaum erstrahlt im Kerzenschein, und auch die Krippe ist hell erleuchtet. Das war schon immer so seit alters her, daß die Menschen zusammensein wollen. Zwischen dem alten und dem neuen Jahr, so glaubte man nämlich, sei es gefährlich. Zusammen im Kreis von Verwandten und Freunden sei jeder geschützt gegen die bösen Geister. Die wollte man sowieso im neuen Jahr nicht mehr haben. Deshalb wurde von den letzten Minuten des alten Jahres an bis in die ersten Minuten des neuen Jahres tüchtig geknallt, gepoltert und gelärmt, was das Zeug hielt, um den Bösen Angst und Schrecken einzujagen. An manchen Orten zogen dazu noch vermummte Gestalten durch die Straßen, um sie zu vertreiben. Wir fürchten uns heute wohl kaum noch vor bösen Geistern. Aber Lärm machen wir immer noch gern beim Feuerwerk um Mitternacht, um das alte Jahr zu verabschieden und das neue zu begrüßen.

Silvesterspiele

Unser Jahresbild

Was das alte Jahr alles im Gepäck hat: Auf einem großen bunten Karton wird es sichtbar. In die Mitte wird die Jahreszahl geschrieben oder aus buntem Papier ausgeschnitten und aufgeklebt. Nun wird erzählt, was in den einzelnen Monaten alles geschehen ist. Fotos machen es lebendig. Von jedem Monat gibt es so sicherlich etwas zum Aufschreiben oder Aufmalen rund um die Jahreszahl. Die Fotos können ebenfalls aufgeklebt werden. Bestimmt werden viele schöne Ereignisse wieder wach. So wird lebendig, was alles im Jahr gewachsen ist. Da sollte ein Danke auch nicht fehlen, untereinander und gemeinsam an Gott.

Einen Blick ins neue Jahr versuchen

Wachsgießen: anstatt des Bleigießens das umweltfreundlichere Wachs gießen: Kerzenwachsreste in einem alten Löffel über einer Flamme zum Schmelzen bringen und dann in eine Schüssel mit kaltem Wasser kippen. Nun könnt ihr rätseln, was die einzelnen Figuren für das nächste Jahr bedeuten können.

Nüsse knacken: Eine leere Nuß oder ein vertrockneter Kern sagen ein mageres Jahr an, volle, knackige Kerne ein gutes.

Schuhwerfen: Mit dem Rücken zur geöffneten Zimmertür sitzen; dann den Schuh mit dem Fuß über den Kopf nach hinten schleudern. Zeigt die Schuhspitze ins Zimmer, wird der- oder diejenige im kommenden Jahr brav zu Hause verbringen. Zeigt die Schuhspitze nach draußen, dann steht eine Reise oder gar ein Auszug bevor.

Erbsensuppe: Gemeinsam eine Erbsensuppe kochen, die dann zu Beginn des neuen Jahres gegessen wird. Das verspricht Reichtum und Segen. Wer am längsten rührt, hat die größten Aussichten.

Na, dann viel Glück!

Schiffchen fahren: In einer Nußhälfte wird mit flüssigem Wachs ein Papiersegel befestigt. Nun kommt eine Schüssel mit Wasser her, an deren Rand lauter Zettelchen mit Wünschen befestigt werden: ein Fahrrad, gute Noten, neues Familienauto, eine Ferienreise, eine Gitarre … Nun darf jeder nacheinander das Schiffchen zu Wasser lassen und das Wasser leicht mit dem Finger bewegen. Dann aufhören und die Luft anhalten: zu welchem Zettel steuert das Schiffchen?

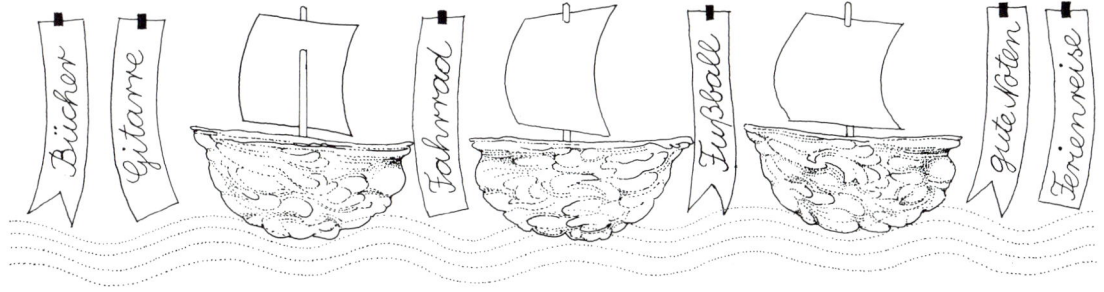

Prosit Neujahr!

1. Januar

Die letzten Sekunden – dann ist es da, das *Neue Jahr*. Die Menschen begrüßen es zumeist mit Jubel, vielen Feuerwerkskörpern und vielen, vielen guten Wünschen. Vergiß dabei nicht, richtig hineinzuspringen ins neue Jahr, vom Stuhl oder sogar vom Tisch. Dann merkst du: Ja, jetzt bin ich da im neuen Jahr! Wenn dich dann jemand liebevoll auffängt mit seinen Armen, kannst du auch hoffen, immer liebe Menschen um dich zu haben.

Das Alte ist vergangen

Aus Westfalen

1. Das al - te ist ver - gan - gen,

das neu - e an - ge - fan - gen.

1.–3. Glück zu, Glück zu_ zum neu - en Jahr!

2. Das alte laßt uns schließen,
das neue freundlich grüßen

3. Frisch auf zu neuen Taten,
hilf Gott, es wird geraten.

Ich wünsche euch aus Herzensgrund
ein gutes Jahr zur Stund
ein Neues Jahr, das auch erquickt
und alle Übel von euch schickt!

Johann Wolfgang Goethe

In Ihm sei's begonnen,
Der Monde und Sonnen
An blauen Gezelten
Des Himmels bewegt.
Du Vater, du rate!
Lenke du und wende!
Herr, dir in die Hände
Sei Anfang und Ende,
Sei alles gelegt!

Eduard Mörike

Ein neues Jahr nimmt seinen Lauf.
Die junge Sonne steigt herauf.
Bald schmilzt der Schnee, bald taut das Eis.
Bald schwillt die Knospe schon am Reis.
Bald werden die Wiesen voll Blumen sein,
die Äcker voll Korn, die Hügel voll Wein.
Und Gott, der ewig mit uns war,
behüt' uns auch im neuen Jahr.
Wenn wir auch nicht bis morgen schaun,
wir wollen hoffen und vertraun.

Volksgut

Wir wünschen der Mutter, dem Vater
und allen,
ein glückseliges neues Jahr nach Gefallen.
Gesundheit, langes Leben und alles daneben,
was euer Herz wünscht, ja, das soll euch
Gott geben!

nach einem alten Neujahrslied

Was alles Glück bringen soll

Marzipanschweinchen: Das Schwein war bei den Germanen das heilige Tier der Götter und ist bis heute ein Glücksbringer geblieben.

Das vierblättrige Kleeblatt: Es soll alles Glück vervierfachen.

Das Hufeisen: Früher glaubten die Menschen, daß das Eisen besondere Kräfte hatte, so wurde es zum Glücksbringer.

Bildbrote zu Neujahr

Auch die gebackenen Bilder zu Neujahr sollen vor allem Glück und Segen bringen. Ihr könnt sie am Silvestermorgen backen. Mutter hat einen Hefeteig vorbereitet, und beim Formen dürfen wieder alle,die Lust haben, mitmachen. Das Bildbrot wird auf ein gefettetes Backblech gelegt, 20 Minuten zugedeckt an einen warmen Ort gestellt und dann gebacken:

Die Brezel: Sie ist am bekanntesten und soll das Glück festhalten. Aus drei Teigkugeln werden drei gleich dicke Stränge gerollt, nebeneinander gelegt und zu einem Zopf geflochten. Dieser wird dann zur Brezel zusammengelegt.

Neujährchen: Ein Teigstrang wird am linken Ende nach unten eingerollt und am rechten nach oben, so daß eine S-Form entsteht. Glück und Gesundheit werden gewünscht für jeden Tag sowie für den Beginn und das Ende des Jahres im Zeichen des Auf- und Niedergehens der Sonne.

Der Glücksstern: Vier gleich lange Teigzöpfe werden zu einer Sternform übereinandergelegt.

Brezel   Neujahrsstern   Neujährchen

Drei Rosen an einem Stiel: Wieder wird ein Teigzopf geflochten, aber nicht bis zum Ende, sondern ein Stück davor wird jeder Teigstrang nach innen gedreht wie eine kleine Spirale. Als *Blume* verkündet sie, daß nun bald alles wieder wachsen wird und wünscht ein gutes Jahr.

Das Sonnenlaufbrot: Auch das ist leicht zu formen: Zuerst wird ein Teigstrang quer gelegt als *Erde*. Sieben bis acht Teigstränge werden benötigt. Zuerst wird der äußere Bogen von dem einen Ende der *Erde* bis zum anderen Ende gelegt, die nächsten dann nach innen dicht daran, die dann immer kleiner werden bis zur Mitte hin. So entsteht der Sonnenlauf vom kürzesten bis zum längsten Tag des Jahres. So wie die Sonne ihren Lauf ständig wandelt und erneuert, wünschen wir uns zum neuen Jahr, daß wir uns auch ständig weiterentwickeln.

Das Sonnenbrot: Eine Teigrolle wird nicht zu dünn ausgerollt und mit einer großen Schüssel oder einer Kuchenform ein kreisrundes Stück ausgestochen. Nun wird der Rand so eingeschnitten, daß eine strahlende Sonne entsteht. Obendrauf können noch zwei Neujährchen aufgedrückt werden. Viel Sonnenschein, viel Sonne im Herzen verspricht ein solches Bildbrot.

Das Hufeisen: Ein Teigstrang von ungefähr 30 cm Länge wird zu einem Hufeisen geformt. Nun wird ein anderer Strang dünn ausgerollt und schlangenförmig so auf das Hufeisen gelegt, daß 12 Monatsfelder entstehen, in die zwölf Teigkügelchen als Monatskugeln aufgelegt werden. Viel Glück für alle Monate!

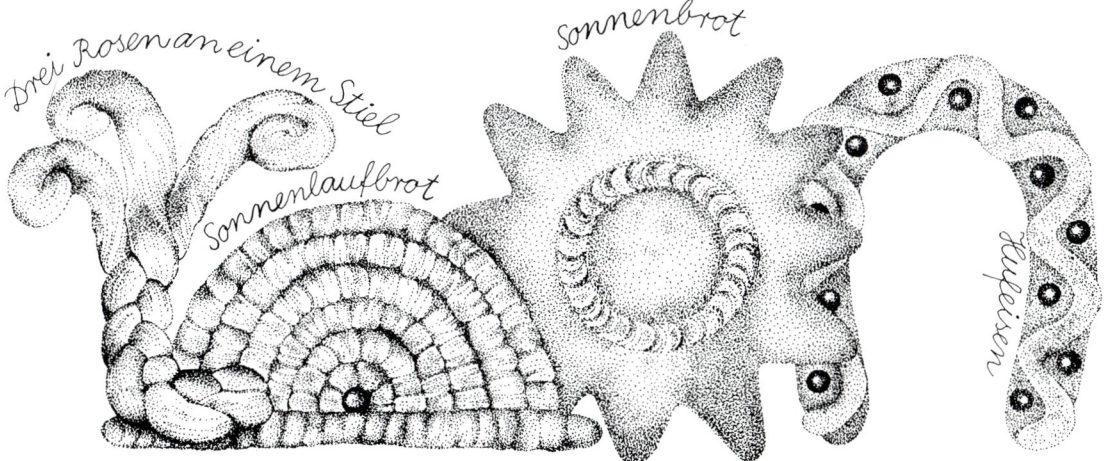

Diese gebackenen Glückwünsche gibt es nun zum fröhlichen Neujahrsfrühstück, oder sie können auch verschenkt werden, vielleicht mit einem Neujahrsspruch. Früher schenkten die Paten ihren Patenkindern solche gebackenen Neujahrswünsche. Vielleicht können wir es heute umgekehrt machen. Dein Pate oder deine Patin würden sich bestimmt riesig freuen, aber auch jeder und jede andere. Und alle können sich mit den guten Segenswünschen ins neue Jahr hineinessen.

Fest der Heiligen drei Könige

6. Januar

Im Morgenland lebten drei weise Männer. Sie hießen Kaspar, Melchior und Balthasar. Eines Abends schaute Kaspar aus dem Fenster. Wie erschrak er, als er einen großen Stern sah! Er holte eine Schriftrolle hervor und las: »Es soll ein Kind geboren werden, das wird König über Himmel und Erde sein!«

Da machte er sich auf den Weg, um das Kind zu suchen. Der Stern zeigte ihm den Weg. Nachdem er mit seinen Kamelen viele Meilen geritten war, traf er zwei andere Männer, die auch das Kind suchten. Es waren Melchior und Balthasar.

Endlich kamen sie nach Jerusalem. Da begegneten sie einem Kaufmann. Den fragten sie nach dem neugeborenen König. Der sagte verdutzt: »Ein neugeborener König? Kenne ich nicht. Da hinten in der Burg, da wohnt unser König Herodes. Aber paßt nur ja auf, daß er Euch nicht den Kopf abschlagen läßt.«

Die drei weisen Männer gingen auf die riesengroße Burg zu. Sie traten vor den König. Der tat freundlich: »Was wünschen meine Herren?« »Wir suchen den neugeborenen König.« »Den kenne ich nicht, aber Ihr könnt ja gehen und ihn suchen. Wenn Ihr ihn findet, so sagt es mir. Ich will ihm auch huldigen.« Jedoch in seinen Augen funkelte der Zorn.

Die Weisen zogen weiter. Plötzlich fanden sie den Stern wieder. Er blieb über einem Stall in Bethlehem stehen. Die Drei gingen hinein und fanden das Kind. Sie fielen auf ihre Knie und beteten es an. Dann gaben sie ihm ihre Geschenke. Es waren Gold, Weihrauch und Myrrhe.

In der Nacht schliefen sie auch da. Im Traum erschien ihnen ein Engel. Der rief: »Ihr Weisen, geht nicht zu Herodes zurück. Er will das Kind töten. Schlagt einen anderen Weg ein!« So zogen sie am nächsten Morgen los und kehrten auf Umwegen in ihre Heimat zurück.

nach Matthäus, von Monika erzählt

Monika hat in ihrer Erzählung über die biblische Geschichte von *drei* Männern erzählt. Da hat sie ein wenig vorgegriffen, denn erst 300 Jahre später hat man von *drei* Weisen gesprochen, weil sie ja *drei* Geschenke mitgebracht hatten. Die Geschenke waren die kostbarsten und teuersten Güter, die vor 2000 Jahren gehandelt wurden: Gold, Weihrauch und Myrrhe. Das *Gold* sollte das Kind als den neugeborenen König ehren. *Weihrauch* wurde verbrannt, um die Götter zu ehren: Dieses Geschenk sollte Jesus als Gott ehren. *Myrrhe* war ein kostbares Heilmittel für die Menschen, sie sollte darauf hinweisen, daß Jesus als Kind geboren war wie du und ich. Diese kostbaren Geschenke waren wohl der Grund, daß die Weisen 600 Jahre später Könige genannt wurden und Namen bekamen. Nach ihrem Tod sollen ihre Gebeine zuerst nach Konstantinopel und dann nach Mailand gebracht worden sein. So wird erzählt, niemand weiß, ob es die Gebeine sind. Gut 1100 Jahre nach Jesu Geburt kam der Bischof von Köln, Rainald von Dassel, der gleichzeitig Kanzler des deutschen Kaisers war, nach Mailand und hat die Gebeine mit nach Köln genommen. Dort bekamen sie einen wunderschönen Schrein aus Gold und Edelsteinen. Er ist weltberühmt, und viele Menschen aus aller Welt bewundern ihn im Kölner Dom.

Im 14. Jahrhundert wurde dann erzählt, daß einer der drei Könige dunkelhäutig war. Das sollte ein Zeichen dafür sein, daß Jesus für alle Menschen geboren wurde, gleich welche Hautfarbe sie haben. Die Geschichte von den drei Weisen will uns sicher auch sagen: Die Männer, die aus verschiedenen Ländern kamen, fanden zusammen, weil sie Jesus suchten und ihn als ihren Herrn verehren wollten. Damit zeigen sie uns, daß der ersehnte Retter zu allen Völkern gekommen ist. Er ist den fremden Weisen als Herr für alle Völker erschienen, weil Gott alle Menschen liebt. Deshalb heißt dieses Fest auch *Erscheinung des Herrn*. Sicherlich können wir am Dreikönigsfest die neue Welt Jesu feiern, die Heimat sein will für alle Menschen. Leider vergessen wir Menschen das viel zu oft.

Dich wundert es sicher nicht, daß die drei Weisen ihrer weiten Reise wegen als Schutzpatrone der Reisenden verehrt wurden. Und alle Hotels und Gasthäuser, die *Zur Krone, Zum Stern, Zum Mohren* oder *Zu den Drei Königen* heißen, erinnern an sie.

Die Geschichte von den drei Königen hat den Menschen schon immer sehr gefallen. Im Laufe der Zeit sind viele Dreikönigsspiele entstanden. Bei uns ist bis heute fast überall das *Sternsingen* beliebt. Schon Tage vor dem Dreikönigsfest ziehen Mädchen und Jungen verkleidet als Kaspar, Melchior und Balthasar von Haus zu Haus, singen von der Geburt Jesu und den drei Königen. Dabei wurde früher der Stern gedreht. Dadurch sollte das Sonnenrad wieder in Bewegung gesetzt werden, das in den 12 rauhen Nächten stehengeblieben war. Die Sternsinger schreiben mit geweihter Kreide einen alten Segensspruch über die Tür: **C + M + B**, eingerahmt durch die jeweilige Jahreszahl. Der Segensspruch lautet in der lateinischen Sprache: **C**hristus **M**ansionem **B**enedicat, das heißt: Christus möge das Haus segnen! Du siehst, die lateinischen Anfangsbuchstaben sind die gleichen wie bei Caspar, Melchior und Balthasar. Die Sternsinger bitten dann um eine Gabe. Die meisten Leute schenken Geld, weil sie wissen, daß dieses Geld für Kinder in aller Welt bestimmt ist, die in Not sind und keine richtige Heimat finden. Dazu gibt es meistens Leckereien für die Sternsinger selbst.

106

Die Sternsinger kommen

Die Sternsinger kommen, sie ziehen durchs Land,
sie fassen sich alle an der Hand,
sie singen und springen und tanzen ihr Lied.
Willkommen, willkommen, wer mit uns zieht.

Die Kette aus Kindern von überall her,
von über den Bergen, von über dem Meer,
die armen, die reichen, sie fassen sich an,
der Stern steht für alle und leuchtet voran.

Friedrich Hoffmann

Wir kommen daher

Text: Maria Ferschl / Melodie: Heinrich Rohr

Wir kom-men da-her aus dem Mor-gen-land, wir kom-men ge-führt von Got-tes Hand.

Wir wün-schen euch ein fröh-li-ches Jahr: Cas-par, Mel-chior und Bal-tha-sar.

2. Es führt uns der Stern zur Krippe hin,
wir grüßen dich Jesus mit frommem Sinn.
Wir bringen dir unsere Gaben dar:
Weihrauch, Myrrhe und Gold fürwahr!

3. Wir bitten dich: Segne nun dieses Haus und alle,
die gehen da ein und aus!
Verleihe ihnen zu dieser Zeit Frohsinn,
Frieden und Einigkeit!

Vom Königskuchen und dem Bohnenkönig

In vielen Orten gehört zum Dreikönigsfest der *Königskuchen*. Er wird auch *Bohnenkuchen* genannt. Also müssen wir wieder backen, macht ja auch Spaß. Diesmal wird ein Hefeteig, wenn er schön aufgegangen ist, in Kugeln aufgeteilt, eine davon muß größer als die anderen sein. Ja, nun wird es spannend. Jetzt macht die Mutter alleine weiter, denn in einer Kugel wird eine weiße, in einer anderen eine schwarze Bohne versteckt, oder eine Bohne und eine Erbse. Danach kann es wieder gemeinsam weitergehen. In einer runden Kuchenform wird die große Kugel in die Mitte gelegt, die anderen rundherum. Der Kuchen muß noch einmal gehen, bevor er mit Milch bestrichen und mit Mandelblättchen oder Hagelzucker bestreut wird. Ungefähr 40 Minuten muß er nun backen. Während der Backzeit könnt ihr noch eine Krone aus Goldpapier anfertigen, damit es ein richtiger Königskuchen wird.
Wer beim fröhlichen Kuchenessen nun die schwarze Bohne findet, ist Bohnenkönig, wer die weiße in seinem Kuchen hat, Bohnenkönigin. König und Königin wählen ihren Hofstaat. Gemeinsam können sie den ganzen Tag über bestimmen, was zu geschehen hat. Na dann, viel Vergnügen!

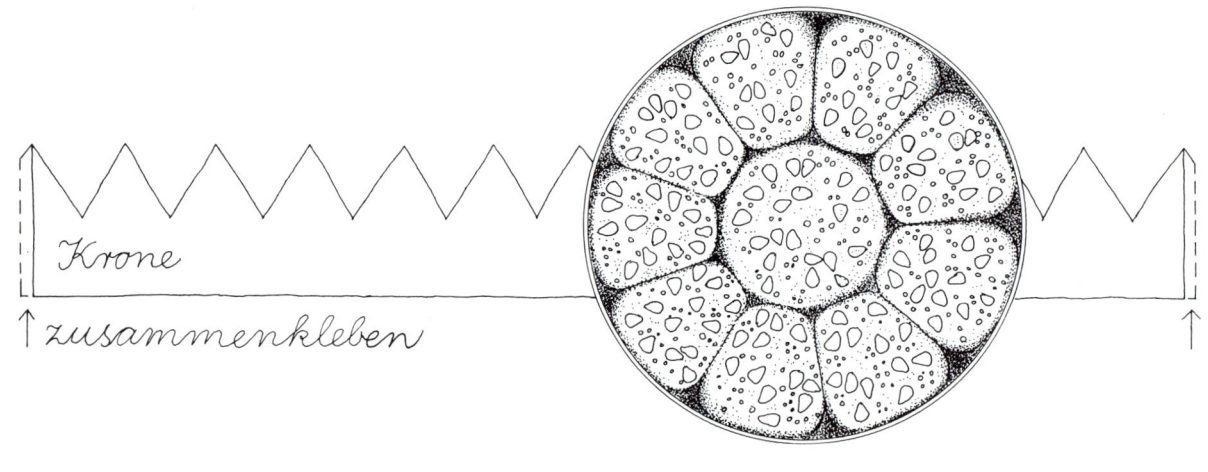

Krone

↑ *zusammenkleben*

In einigen Orten werden am Vorabend des Festtages noch einmal Haus und Hof in der letzten Rauhnacht geräuchert und anschließend ein großes Weckenbrot, *der Rauchwecken,* aufgeteilt. Jeder in der Familie erhält ein Stück, auch jedes Haustier. Mensch und Tier gehören zusammen.

Die weihnachtlichen Feste gehen zu Ende. Am Dreikönigsfest brennen noch einmal die Kerzen am Weihnachtsbaum; denn viele Familien plündern ihn am nächsten Tag und schmücken ihn ab.

Ich male
mir den Winter

Ich male ein Bild,
ein schönes Bild,
ich male mir den Winter.
Weiß ist das Land,
schwarz ist der Baum,
grau ist der Himmel dahinter.

Sonst ist da nichts,
da ist nirgends was,
da ist weit und breit nichts zu sehen.
Nur auf dem Baum,
auf dem schwarzen Baum
hocken zwei schwarze Krähen.
Aber die Krähen,
was tun die zwei,
was tun die zwei auf den Zweigen?
Sie sitzen dort
und fliegen nicht fort.
Sie frieren nur und schweigen.

Wer mein Bild besieht,
wie's da Winter ist,
wird den Winter durch
und durch spüren.
Der zieht einen dicken Pullover an
vor lauter Zittern und Frieren.

Josef Guggenmos

Endlich Schnee!

Ganz plötzlich am Sonntagmorgen ist es draußen nicht mehr grau, sondern es strahlt und glitzert. In der Nacht hat es geschneit. Wie verzaubert schaut alles aus. Die Zweige der Bäume ducken sich unter der Schneelast. Jana, Pit und Isa stürzen schon vor dem Frühstück nach draußen. So lange haben sie auf Schnee gewartet. Aber sie sind nicht die ersten. Der Vater fegt schon den Bürgersteig frei. »Atmet einmal tief durch und spürt die frische Luft«, ruft der Vater. »Schaut her, wenn die feinen Schneekristalle vom Himmel schweben, schließen sie sich um die Staubteilchen in der Luft und tragen sie mit nach unten. So wird die Luft nach jedem Schneefall sauberer. Nun wird also kräftig durchgeatmet, bis der erste Schneeball durch die Luft fliegt. Schon beginnt es, wieder fester zu schneien. Der Vater schaut mit den Kindern zu, wie die Schneeflocken sich leicht und locker aufeinander legen. »Sie lassen viele kleine Luftkämmerchen zwischen sich frei«, erklärt der Vater. »Die in diesen Kämmerchen eingeschlossene Luft verhindert, daß die Kälte in den Boden eindringen kann und sorgt dafür, daß die Wärme in der Erde bleiben kann. Der Schnee ist so eine gute warme Decke. Je dicker sie ist, um so wärmer, genau wie unsere Schlafdecke auch. Manchmal ist es so warm unter der Schneedecke, daß der unterste Schnee ein wenig schmilzt. So bekommt der Boden Feuchtigkeit. Der Schnee schenkt also den Pflanzenwurzeln und den Samenkörnern in der Erde die nötige Wärme und Feuchtigkeit. Auch den Tieren, die in der Erde ihren Winterschlaf halten, bietet der Schnee Schutz vor der Kälte. Ihr seht, nicht nur Ihr freut Euch über den Schnee. Der Winterschlaf schützt sie übrigens auch vor dem Hungertod. So verschlafen zum Beispiel Hamster, Igel, Murmeltier und Siebenschläfer, Birken- und Haselmaus den Winter, ohne irgend etwas fressen zu müssen. Ihre Körperwärme sinkt, das Herz schlägt langsamer. So genügt das Fett, das sie sich im Sommer angefuttert haben, um zu überleben. Heute nachmittag schauen wir einmal nach, wie es den anderen Tieren geht. Da machen wir einen Besuch beim Förster.« Jana, Pit und Isa machen vor Begeisterung eine Schneeballschlacht, und der Vater muß sich tüchtig wehren. Wie schön sind doch Weihnachtsferien!

Spuren im Schnee

Förster Peters wartet schon auf die kleine Gesellschaft. Der Vater hat doch länger gebraucht, über die verschneiten Straßen zu fahren, als er angenommen hatte. Förster Peters geht einen Hügel hinunter zu einem Bach, über den verschneite Äste hängen. Mutter steht da und staunt. Aber die Kinder haben am Boden etwas entdeckt. Ja, du ahnst es schon: Spuren im Schnee. »Ja«, sagt Förster Peters, »jetzt im Schnee sieht man erst, wie viele Tiere durch die Wälder und über die Wiesen streifen. An ihren Trittspuren können wir viel über sie erfahren. Versuchen wir es einmal: Vier kleine Spurenzeichen, zwei vorn, zwei hinten –, hier ist ein Hase gemütlich entlanggehoppelt. Wir folgen den Spuren und sehen, wohin er wollte.« Vorsichtig gehen alle weiter. Plötzlich bleibt der Förster stehen.

»Seht her!« Die Kinder entdecken eine zweite Spur, von rechts heran zum Bach hin, genau ein Spurzeichen hinter dem anderen. Am Bach aber, da, wo sie auf die Spur des Hasen trifft, verändert sie sich. Da ist jemand gesprungen, fast nebeneinander stehen jetzt die Abdrücke seiner Pfoten. »Das muß ein Fuchs sein«, ruft Pit. Er hat es richtig erkannt. Ein Stück weiter verändert sich auch die Spur des Hasen. Fast ein halber Meter liegt jetzt zwischen seinen Trittspuren, einmal vorwärts, dann wieder rückwärts. Alle begreifen: Hier muß der Fuchs auf den Hasen getroffen sein, und der hat die Flucht angetreten mit seinem berühmten Hakenschlagen. »Er muß um sein Leben gerannt sein«, meint der Vater. Alle sind ganz aufgeregt. Hat der Fuchs den Hasen fangen können? Er hat nicht. Die Spuren zeigen es. An einer Brombeerhecke dreht seine Spur nach rechts ab, ganz gleichmäßig, und ein sanfter Strich zieht sich über den Schnee. Der Fuchs hat seinen Schwanz, seine Rute, mißgelaunt hängen lassen.

»Was sich hier draußen im Winterwald abspielt, die Spuren im Schnee plaudern es aus«, sagt Förster Peters und wandert mit seinen Gästen weiter durch den Wald.

Maria Lichtmeß

2. Februar

Dieser Tag erinnert daran, wie Maria und Joseph ihren Sohn in den Tempel nach Jerusalem brachten, um für ihn Gottes Segen zu erbitten. Und Jesus wurde ein Segen für die Menschen, ein richtiger Lichtblick. Das kann uns nichts anderes so tief spüren lassen wie Kerzenlicht. An diesem Tag werden so in den katholischen Kirchen die Kerzen geweiht, die im Jahr gebraucht werden. Besonders schön ist es, wenn die Menschen mit brennenden Kerzen in den Händen in einer Prozession durch die Kirche ziehen. Deshalb wird der Tag *Lichtmeß* genannt. Früher ließ auch jede Familie ihre Kerzen für das ganze Jahr segnen. Diese zündeten sie vor allem bei Unwetter und Krankheiten an und baten Gott um Schutz und Hilfe.

An Maria Lichtmeß geht auch die Weihnachtszeit endgültig zu Ende.

Früher gingen die Kinder mit den gesegneten Kerzen in Laternen durch ihren Ort und sangen Lieder. In Frankreich gab es zum Schluß sogar leckere Waffeln. Zum Waffelessen trafen sich nicht selten auch Freunde und Nachbarn. Na, wer hilft Mutter beim Waffelbacken? Es ist nämlich auch schon ein bißchen Frühling. Lichtmeß wurde seit alters her als allererstes Frühlingsfest gefeiert, und in der Regel blühen auch schon die Schneeglöckchen.

Blasiustag

2. oder 3. Februar

Vielleicht hast du schon einmal etwas vom *Blasiussegen* gehört oder da, wo du zu Hause bist, wird er erteilt: Der Priester hält in der Kirche zwei brennende Kerzen überkreuz in der Hand und segnet damit die Menschen, die zu ihm kommen. Dabei bittet er den heiligen Blasius um Schutz gegen Halsweh. Woher dieser Brauch kommt? Der heilige Blasius soll um 300 nach Chr. in Armenien zunächst als Arzt, dann als Bischof gelebt haben. So genau weiß das niemand. Wir kennen heute nur, was die Leute sich über ihn erzählt haben in all den Jahrhunderten. Ein bißchen stimmt schon, vieles aber ist dazu gedichtet. *Legenden* nennen wir solche Erzählungen. Als Christ, so wird erzählt, mußte er mit anderen vor den römischen Christenverfolgern fliehen. Aber es nutzte ihnen nichts. Sie wurden gefunden, ins Gefängnis geworfen, schwer mißhandelt und schließlich getötet. Im Gefängnis soll Bischof Blasius einen kleinen Jungen, der eine Fischgräte verschluckt hatte, vor dem Erstickungstod gerettet haben. So wählten ihn die Menschen zu ihrem Schutzpatron bei Halskrankheiten. Früher hat man an seinem Tag ein Blasiusbrot mit vielen getrockneten Früchten darin gebacken. Das konnten natürlich nur die essen, die zur Husten-, Halsweh- und Schnupfenzeit nicht gerade Schluckbeschwerden hatten.

Halsweh ist schrecklich

Mein Hals ist geschwollen
und alles tut mir weh.
Aber viel schlimmer ist,
ich kann nicht zu Julias Geburtstagsfeier,
meiner allerallerbesten Freundin.
Wenn ich daran denke,
werde ich ganz traurig.
Ich bin auch wütend.
Da kann mich Mutti auch nicht trösten,
du auch nicht, heiliger Blasius!
Ich würde eine Badewanne voll weinen,
wenn es nicht so weh täte.
Heute mag ich mit dir auch nicht reden, Gott.
Ich hoffe, du verstehst das!

Fastenzeit

Von allem,
das sich wandelt

Valentinstag

14. Februar

Von Valentin, dem dieser Tag gewidmet ist, ist nichts Genaues bekannt. Wahrscheinlich wurde er um das Jahr 268 nach Chr. getötet, weil er ein christlicher Bischof war. Er muß wohl ein guter, beispielhafter Freund gewesen sein; denn der Valentinstag ist seit vielen hundert Jahren ein besonderer Tag für alle, die miteinander befreundet sind. Allerdings war der 14. Februar schon vorher ein Festtag, an dem die römische Göttin Juno als Beschützerin der Familie besonders verehrt wurde. Alle Frauen in der Familie erhielten Blumengeschenke. Sei's drum: Allen, die man gern hat, überreicht man auch heute Blumen oder kleine Geschenke als Zeichen der Freundschaft. So machen es die Großen, warum nicht auch die Kinder! In England begann der Tag früher ganz fröhlich; es würde bestimmt Spaß machen, es auch so zu tun: Wer an diesem Tag früh aufstand und jemand überraschte mit dem Gruß: »Guten Morgen, Valentin!«, der oder die bekam ein Geschenk.

Freunde und Freundinnen sind ja die reinsten *Herzseher*: Sie sehen nicht nur mit den Augen; nein, sie sehen mit ihrem Herzen, was dem anderen Freude macht, oder was ihn bedrückt. So ist das Herz zum Zeichen für Liebe und Freundschaft geworden. Vielleicht magst du ein *Herzbild* malen mit schönen Dingen und hineinschreiben: Ein Herz und eine Seele; oder vielleicht ein Herzbild backen als Bildbrot. Freude machst du damit allemal!

Übrigens, wer es noch nicht gemerkt hat: Mit dem Valentinstag hat die lustige Fastnachtszeit endgültig begonnen.

Von der kleinen Prinzessin mit dem großen Herzen

Es war einmal eine Prinzessin, die hieß Petronella. Manchmal war sie fröhlich, manchmal war sie traurig. Manchmal lachte sie, manchmal schimpfte sie, wie alle Menschen es halt tun. Sie konnte gut laufen und springen. Sie konnte gut schreien und gut schweigen. Sie konnte gut Suppe kochen und Kuchen backen.

Sie hatte ein Pferd, einen Hund, eine Katze, einen Lieblingsvogel, einen Hahn und viele Hühner. Mit dem Pferd ritt sie wie der Sausewind, mit dem Hund lief sie um die Wette, mit den Hühnern freute sie sich über ihre weißen Eier, und mit der Katze teilte sie ihr Salamibrötchen.

In der Schloßküche buk sie den besten Streuselkuchen, daß der Köchin vor Staunen der Mund offen blieb. Nur – im Prinzessinnenzimmer sitzen und lernen, wie sich eine Prinzessin zu benehmen hat, das mochte sie nicht.

»Unsere Prinzessin ist gar keine richtige Prinzessin«, sagte der König eines Tages zur Königin. »Es ist Zeit, daß sie einen Prinzen heiratet.« Petronella hatte an der Tür gelauscht und protestierte: »Wer mich heiraten will, muß erst drei Proben bestehen«.

So wurde es im ganzen Land verkündet. Die Prinzessin mußte ihr bestes Kleid anziehen, und die Prinzen reisten an. Sie verbeugten sich und machten Komplimente. Sie nannten die Prinzessin: Morgenröte oder Tausendschön oder Sonnenschein. Prinzessin Petronella lächelte kein bißchen. Das Pferd wieherte, der Hund knurrte, der Hahn krähte und die Katze kratzte mit ihren Krallen. Dann begannen die Proben.

»Kannst du Streuselkuchen backen?«, fragte die Prinzessin den ersten. Der lachte verächtlich. »Sag meinen Namen!« »Tausendschön!« »Stimmt nicht!« »Kannst du mit mir um die Wette laufen?« »Das schickt sich nicht, aber ich will kämpfen. Schick mir einen Gegner.« Jetzt lachte die Prinzessin verächtlich. Er hatte die Probe nicht bestanden.

Der zweite Prinz konnte gut laufen und springen. Er schrie auch mit der Prinzessin um die Wette, daß das ganze Schloß erzitterte. Aber er konnte nicht trösten, keinen Kuchen backen und wußte ihren Namen nicht.

Der Dritte konnte gut mit dem Bogen schießen und traf mit seinem Pfeil den Lieblingsvogel der Prinzessin, der auf einem hohen Baum gesessen und zugeschaut hatte. Da weinte die Prinzessin und ging fort, den Vogel zu suchen. Niemand war da, sie zu trösten. Endlich fand sie den Vogel. Ein junger Mann trug ihn auf seiner Hand und zog gerade den Pfeil heraus. Er tröstete den kleinen Vogel und die Prinzessin: »Das wird heilen, ich pflege den Vogel.« Da lächelte die Prinzessin und sagte: »Warum bist du nicht zu meinen Proben gekommen?« »Ich denke, das kann ich alles nicht, kämpfen und schießen.« Die Tiere kamen herbeigelaufen. Das Pferd tänzelte, der Hund wedelte mit dem Schwanz, die Katze schnurrte ihm um die Beine. »Trösten kannst du wunderbar«, sagte die Prinzessin und kuschelte sich an ihn. »Wie heiße ich denn?«, fragte die Prinzessin atemlos: »Du – du kannst nur Petronella heißen!« »Hurra«, schrie die Prinzessin, »wir werden bestimmt gute Freunde.« »Wir sind es schon«, sagte der junge Mann, »wir haben uns lieb«.

Dann buken sie gemeinsam die ganze Schloßküche voll Streuselkuchen, trösteten alle Kinder, die traurig waren und luden sie in den Schloßgarten zu einem großen Fest ein.

Mein allerbester Freund

Wenn ich bei ihm zu Besuch bin, darf ich nicht mit seinem Fahrrad fahren, so sehr ich ihn auch darum bitte. Ich muß auf seine kleine Schwester aufpassen, weil er keine Lust dazu hat. Die Mathe-Aufgaben muß ich auch immer machen, weil er in der Schule nicht aufpaßt. Wenn wir Fußball spielen, und der Ball in Nachbars Garten fliegt, ist er es nie gewesen.

Wenn er bei mir zu Besuch ist, spielen wir mit meiner Eisenbahn. Wenn ich ihm sage, daß er aufpassen soll, lacht er nur, so daß ich wütend werde. Dann tritt er gegen einen Stuhl, einfach so. Aber er kann auch ganz anders sein und mir sein neuestes Matchboxauto schenken oder mit Struppi, unserem Dackel, spazierengehen. Nur weiß ich nie, wann er gemein oder wann er okay ist. Wenn ich ihn nur nicht so gern hätte, dann würde ich ihn einfach stehenlassen. Aber kann man seinen allerbesten Freund einfach stehenlassen?

Die Narrenzeit beginnt

Bevor die ernste Fastenzeit beginnt, spielen die Menschen verkehrte Welt. Was sonst richtig und normal ist, wird auf den Kopf gestellt: Der Schüchterne spielt Cowboy, der Herr Direktor Schusterjunge, die Sekretärin Chef, die brave Lisa Hexe, und wer möchte nicht einmal in seinem Leben Prinzessin sein!

Die Narren sind los, und diese Narrenzeit heißt überall anders: *Karneval, Fastnacht, Fasching, Fa-* *senacht, Fasnet.* Fast eine Woche vor Aschermittwoch, nämlich an dem Donnerstag davor, beginnen so richtig die tollen Tage und enden am Aschermittwoch. Dieser Donnerstag hat lustige Namen: *Weiberfastnacht* oder *fetter Donnerstag* oder *schmalziger Donnerstag*. Sie sagen uns schon durch ihre Namen, was da los ist.

In vielen Städten wird auch seit alters her ein König, heute meist ein Prinz, gewählt. Er ist ein

richtiger Spottkönig und regiert von seinem Narrenthron sein närrisches Volk, das viel Unfug redet und treibt. Dummes Zeug reden – das hieß früher *vas naht*. Daher kommt unser Wort *Fastnacht*. Manche Leute sagen: Die lachenden und tanzenden Narren zeigen uns, daß wir Christen Grund zur Freude haben, weil wir wissen, daß wir zu Gott gehören, und es guttut, über sich selbst und andere zu lachen. Deshalb feiern wir Fastnacht. Andere meinen jedoch: Die Narren, Hexen, Teufel und Fratzengesichter erlauben uns, auch einmal unsere nicht so guten Seiten zu zeigen. Sie machen auch deutlich, wie schrecklich das Böse ist. Wir sollen es nur gut anschauen und mitmachen. Dann sind wir froh, wenn der Spuk vorbei ist und wir uns in der Fastenzeit wieder dem Guten zuwenden können. *Carne vale* hieß es früher am Aschermittwoch. Das bedeutet: Abschied von allen Fleischspeisen, Festessen, Feiern und anfangen zu fasten. Daher kommt, so glaubt man, das Wort *Karneval*. Man erzählt, daß die Metzger vor ungefähr 600 Jahren damit angefangen haben, seltsame Mammutwürste auf der Straße zu verkaufen, weil sie noch einmal besonders gut vor der mageren Fastenzeit verdienen wollten. Der Verdienst mußte dann auch für die Fastenzeit reichen. Die Bäcker machten es ebenso mit Waffeln, Krapfen und Pfannekuchen, die bis heute zur Fastnacht gebacken werden.

Wieder andere erinnern uns daran, wie unsere Vorfahren zur Zeit der Germanen die bösen Wintergeister vertreiben und die Wachstumsgeister des Frühlings wecken wollten. Deshalb verkleideten sie sich, trugen furchterregende, fratzenhafte Masken und zogen als vermummte Gestalten und als Faselhänse mit Schellen, Ruten, Knarren, Peitschen los. Sie kämpften gegen Hexen und Dämonen. Solche Gestalten können wir heute besonders noch in Süddeutschland sehen. Wenn wir auch heute keine Wintergeister mehr vertreiben, so sind beim Winterauszug die Maskenzüge geblieben. Vielleicht kämpfen wir unter der Maske und im lustigen Kostüm ein bißchen gegen unsere Schüchternheit oder genießen es, der starke Cowboy zu sein. Es macht doch solchen Spaß! Erzählt wird auch von einem Schifferfest in den Orten am Rhein, wenn das Eis taute, und die Schiffe wieder fahren konnten. Aus Freude darüber wurde ein *carrus navalis*, das ist ein Schiffskarren, durch die Straße gezogen mit vielen Narren im Gefolge. Auch daher kann der Name Karneval kommen. Aus all dem ist die heutige Narrenzeit mit ihren drei ganz besonders tollen Tagen gewachsen: Fastnachtssonntag, Rosenmontag und Fastnachtsdienstag.

Im Karneval

Im Karneval, im Karneval
tut jeder, was er kann.
Der Egon geht als Eskimo,
und Ernst als schwarzer Mann.

Der dicke Ritter Kunibert,
der hat es gleich entdeckt,
daß unter dem Kartoffelsack
des Nachbarn Hansel steckt.

Der Franzl geht als Zauberer
und Fritz ist Polizist,
doch niemand hat bisher erkannt,
wer dort die Hexe ist.

Die Lehrerin ist Hans im Glück,
Klein Ruth spielt Lehrerin
und unsre Marktfrau Barbara
ist Schönheitskönigin.

Bruno Horst Bull

Kinderfastnachtsfest

Da habt ihr viele Möglichkeiten. Einen Riesenspaß macht es, sich mit anderen Kindern wie sonst auch zum Spielen draußen zu treffen. Aber auf einmal ist alles anders. Wer steckt denn hinter dieser Maske? Wer ist denn das im Bärenfell? Und die tolle Hexe da? Uh, vor dem Cowboy heißt es, sich in acht zu nehmen. Da kommt ein ganzer Trupp Indianer und will die niedliche Prinzessin rauben. Ja, da ist allerhand los. Wer möchte denn auch nicht einmal ganz anders sein als sonst? Ihr könnt auch mit den Großen in die Stadt zum Fastnachtszug gehen oder ein Kinderfest feiern. Zu allem gehören Kostüme, Schminken und Masken. Mach mit, wir wollen uns verkleiden!

Einige Schminkvorschläge

Gehört das Schminkgesicht zu deinem Kostüm, mußt du es zuerst anziehen und dir eine Papierserviette oder ein altes Tuch vorbinden. Kommt es dir hauptsächlich auf dein Schminkgesicht an, genügt schon ein Turnanzug dazu oder warme Leggings mit einem weiten dicken Pulli und einer lustigen Kopfbedeckung.

Die Schminkutensilien: alle Make-up-Stifte, die Mutter nicht mehr gebraucht; Faschings- oder Theaterschminke aus dem Geschäft. Wenn du nicht das ganze Gesicht abdecken, sondern nur lustige Formen auftragen willst, kannst du auch Heftpflaster zurechtschneiden, mit Deck- oder Plakafarben bemalen und dann aufkleben.

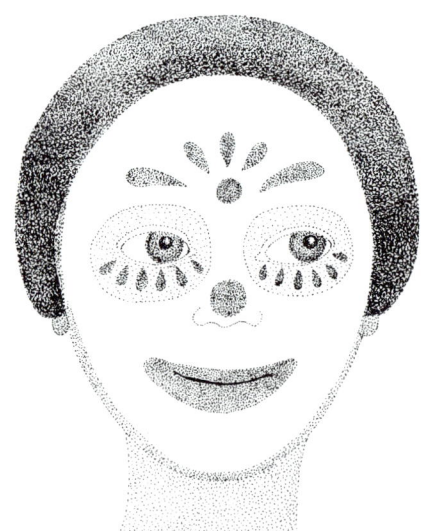

Zunächst mußt du dein Gesicht mit einer Fettcreme schützen. Dann trägst du die weiße Schminke mit den Fingern oder einem Wattebausch auf. Augen und Lippen aussparen! Schau dich immer wieder im Spiegel an, wie du dich verwandelst. Wie fühlst du dich? Wenn du jetzt die Lippen knallrot anmalst, zwei dicke rote Punkte, einen auf die Nasenspitze, einen auf die Stirn setzt, die Augen blau untermalst, bist du ein toller Clown geworden. Mit Herzen, Sternen, Rauten, kleinen Punkten, schwarzen Strichen entstehen andere Clownsgesichter, vielleicht eine ganze Clowngruppe. Viel Fantasie und Freude!

Du kannst dein Gesicht auch braun, grün oder blau anmalen und es nach Herzenslust als Blume, als Pirat, als Schmetterling gestalten. Stell dich immer wieder vor den Spiegel und überlege, wie du weitermalen willst. Das Abschminken später ist kein Problem: Zuerst mit Watte oder einem Kleenextuch abwischen, dann mit Mutters Reinigungsmilch und Gesichtswasser nachwischen, zuletzt mit warmem Wasser und Seife den Rest abwaschen und nach dem Abtrocknen gut eincremen.

Masken auf: Ein Vorschlag von vielen

Einfache Eierschachteln aus Pappe genügen. Weiter brauchst du Kleber, Schere, Gummiband, festes Zeichenpapier, Farbe und Pinsel.

Halbmaske: Sie sitzt wie eine Brille auf der Nase und verdeckt nur Augen und Nase. Du öffnest die Eierschachtel und schneidest die ersten beiden Vertiefungen mit den dazugehörigen Höckern aus. Schneide nun die Gucklöcher so groß aus, daß du gut sehen kannst. Nun geht es fleißig ans Bemalen: weiß – braun – gelb; weiß – rot; lila – grün – schwarz?

Ein paar Halme oder künstliche Haare unter die Nase geklebt, und du hörst dich schon miauen. Durch die Seiten bohrst du ein kleines Loch, ziehst dein Gummiband durch, das du auf der Rückseite verknotest.

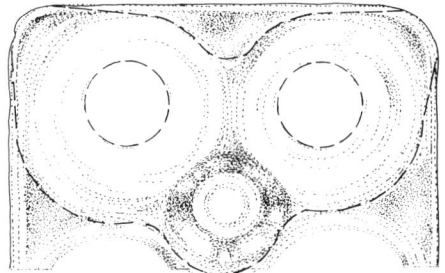 

Vogelmaske: Wieder schneidest du eine Halbmaske wie vorher, nur läßt du ein Stück für eine Schnabelspitze stehn. Nun malst du drei Flügellagen auf dein Zeichenpapier und schneidest sie jeweils aus. Diese werden hintereinander gestaffelt und mit der Augenmaske auf den festen Schachteldeckel geklebt, damit die Gesamtmaske stabil ist. Durch weitere Ideen entstehen immer wieder andere Vogelgesichter. Zum Schluß werden die Augenhöhlen von der Augenmaske her durch den Deckel mit dem Messer ausgeschnitten und das Gummiband befestigt.

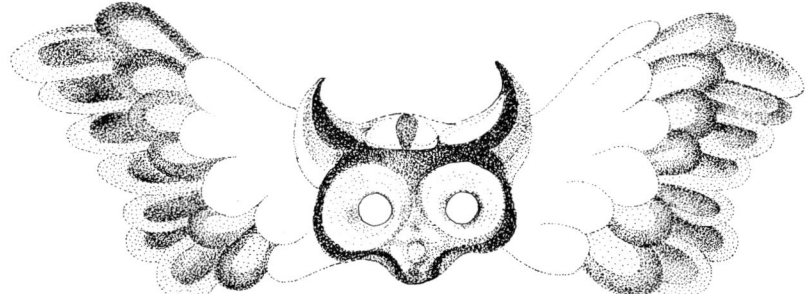

Drachenmaske: Sie bedeckt das ganze Gesicht. Du drehst die Eierschachtel um, so daß die Kuppen oder Höcker nach oben zeigen. Du bastelst mit vier Kuppen. Du schneidest so, daß die Verschlußlasche und die Seitenwand des Deckels dranbleiben. Von den oberen Kuppen schneidest du nur die untere Hälfte für Gucklöcher aus, damit der Drachenblick feueriger wird. Innen nimmst du vorsichtig die Spitzen oder Pyramiden weg. Eine steckst du als Nase zwischen die vier Höcker. Aus der anderen schneidest du Teile als Eckzähne aus, die du jeweils unter die unteren Höcker klebst. Nun kannst du nach Phantasie noch andere Teile ankleben, z.B. sichelförmige Teile, die du auf die Seiten oder oberhalb der Augenkuppen klebst. Dann geht es ans Bemalen. Na, wie sieht ein feuriger Drachen denn aus?

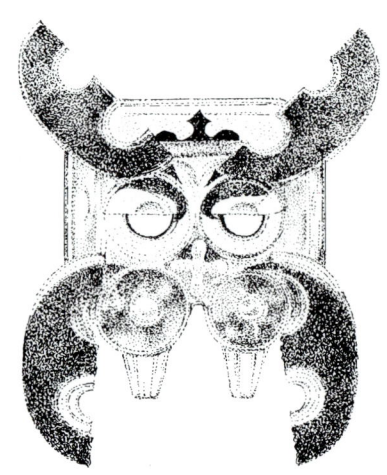

Verkleiden – womit?

Sicherlich findet sich irgendwo eine Restekiste oder ein Schrank mit alten Herrlichkeiten, auch nicht vergessen, bei Oma nachzufragen. Alte Leintücher sind wunderbar um den Körper zu legen und auch zu bemalen, sowohl für den Scheich wie auch die Prinzessin und Japanerin. Letztere braucht noch einen breiten Gürtel, der mit Klebstoff bestrichen und mit Glitzerpuder bestäubt wird; dann wirkt er wie Brokat. Große Badetücher und Vorhänge ergeben wunderbare Umhänge für einen König oder Prinzen zum Beispiel. Und Spitzen, alte Hüte, Stoffreste für Fransen, alte weite Hosen mit bunten Resten für eine Clownshose, Schals, um einen Turban zu drehen.

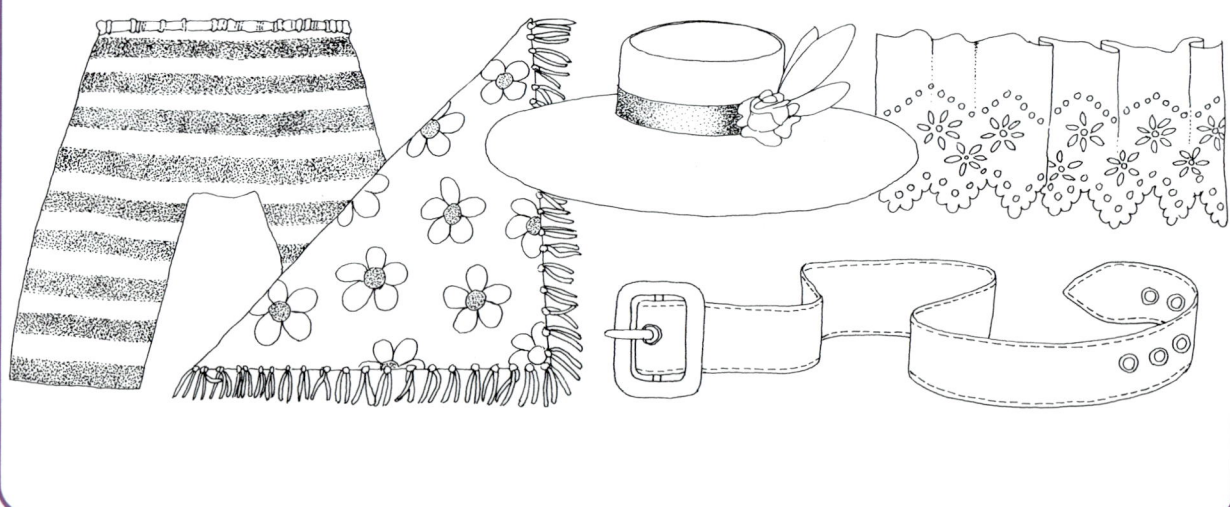

Und die Schuhe nicht zu vergessen: gestöckelt oder vier Nummern zu groß. Weite Röcke mit Fransentuch für die Hexe, ein langes Kleid mit vielen bunten Flicken für die Lumpenprinzessin, vielleicht etwas Pelzähnliches für den gestiefelten Kater. Es muß kein teures Kostüm aus dem Laden sein, die Restekiste macht viel mehr Spaß. Je mehr mitmachen, um so lustiger wird es. Das Verkleiden selbst macht oft am meisten Freude. Und wie du dich dann fühlst in deinem Kostüm!

Fastnacht feiern

Wer hat ein großes Kinderzimmer oder einen Raum im Keller, wo sich herrlich feiern läßt? Der Spaß fängt schon an, wenn's ans Schmücken geht – mit bunten Luftschlangen, Luftballons, Fastnachtsgirlanden und lustigen Sprüchen. Ein kleiner Tisch mit buntem Tuch, Servietten, Tellern und Bechern, dazu: Fastnachtsgebäck, Getränke und kleine Preise. Da sind natürlich Eltern oder große Geschwister als Helfer gefragt.

Als **Fastnachtsgebäck** muß es unbedingt Fastnachtskrapfen oder Waffeln geben, vielleicht auch die Kölner Mutzenmändelchen. Ob Mutter sie backen mag:
225 Gramm Butter schaumig rühren, 1/2 Päckchen Backpulver unter 750 Gramm Mehl mischen. Nun rührt man abwechselnd 8 Eier, das Mehl, 400 Gramm Zucker und 200 Gramm feingeriebene Mandeln untereinander. Aus dem Teig werden mit dem Teelöffel kleine mandelförmige Klößchen abgestochen und in heißem Schmalz gebacken, können danach in Puderzucker gewälzt werden.

Für den großen Hunger kann es auch Würstchen geben, auch eine alte Fastnachtsspeise, vielleicht mit einem Sonnenradbrot, von dem sich alle ein Stück abbrechen dürfen. Zu Fastnacht wird ja auch schon die Frühlingssonne begrüßt.

Fastnachtsgetränk: viel Orangensaft mit wenig Himbeersirup, Zitronensaft und Sprudel mischen, schmeckt einfach köstlich!
In einer Ecke die herrlichen Sachen zum Verkleiden, in der anderen Ecke oder nebenan ein großer Spiegel und ein Schminktisch.
Ja, nun kann es eigentlich losgehen: Alaaf oder Helau!

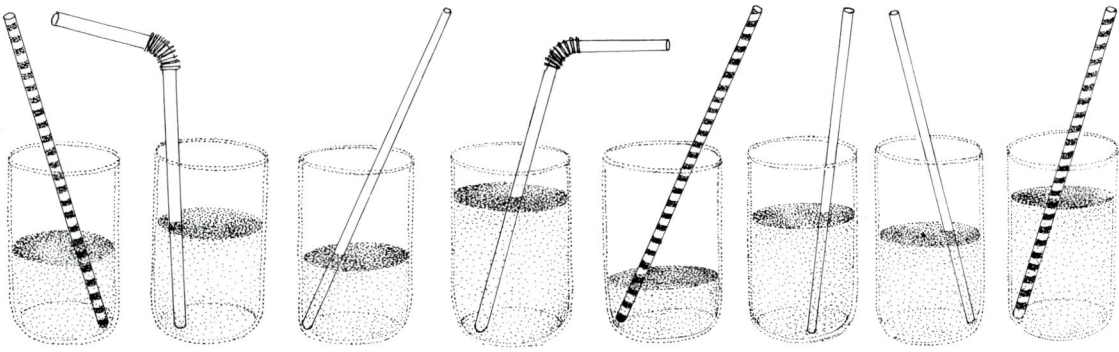

Rums dideldums

Text: Karola Wilke / Melodie: Hans Helmut
Aus: Wolfgang Stumme, Der große Wagen.
Möseler Verlag, Wolfenbüttel

1. Rums di-del-dums, di-del Du-del-sack, heu-te treib'n wir Scha-ber-nack,

heu-te wird Mu-sik ge-macht, ein-mal nur ist Fa-sten-nacht.

2. Rums dideldums didel Fidelbogen,
heute wird durchs Dorf gezogen.
Keiner soll uns Narren kennen,
uns bei unserm Namen nennen.

3. Rums dideldums didel Paukenschlag,
ab morgen zähl'n wir jeden Tag,
bis das alte Jahr verklingt
und die neue Fastnacht bringt.

Denkt euch zu dem Lied eine rumsdideldumsige Musik aus: auf dem Kamm blasen, mit Topfdeckeln klappern, auf eine umgedrehte leere Waschmitteltonne pauken, Nüsse in einer leeren Dose scheppern und so weiter.

Spiele gehören zum Fest

Wenn die Gäste noch nicht verkleidet sind: Je zwei Kinder stehen an einer Startlinie. Am anderen Ende befindet sich ein Korb mit vielen alten Klamotten, Tüchern, Schals und Schuhen. Auf los geht's los! Wer zuerst richtig prima verkleidet ist, hat gewonnen. Ihm oder ihr zu Ehren ertönt das *Rums dideldums*. Dann sind die nächsten dran.

Einer singt ein Lied, alle anderen denken sich ein bestimmtes Tier aus und bewegen sich zu der Musik wie eben dieses Tier. Plötzlich verstummt der Sänger. Alle bleiben so stehen, wie sie sich gerade bewegt haben. Der Sänger muß ein Tier erraten. Hat es geklappt, ist er der nächste Sänger.

Alle Kinder schminken sich ein Clownsgesicht und suchen sich die passenden Kleider dazu aus. Wer legt nun die beste Clownsnummer aus dem Zirkus hin?

Indianertanz, wenn viele Indianer unter den Gästen sind, die anderen klatschen und stampfen: Die Indianer binden sich Glöckchen um Fuß- und Handgelenk, tanzen und singen indianische Laute.

Cowboyreiten: Ein Cowboy muß ein Pferd einfangen. Stellt mit Bewegungen dar, was der Cowboy tut und wie das Pferd sich verhält! Wer ist am besten? Der bekommt eine Fastnachtsrakete: Einer gibt das Kommando 1-2-3, dabei schlagen die andern mit ihren Händen auf einen Tisch oder Stuhl, erst leise, dann immer lauter, bei 3 rufen alle »Huuuuh…«. Mit den Füßen auf dem Boden geht es auch.

Bei der Prinzessin geht es sehr vornehm zu: Alle fassen sich an im Kreis, Prinzessin steht in der Mitte. Singt ein Lied, das ihr kennt, verneigt euch vor der Prinzessin und tanzt ihr zu Ehren 4 Schritte nach rechts, 4 Schritte nach links, 4mal klatschen, dann 4 Schritte vor, 4 Schritte zurück, 4mal klatschen, und zum Schluß wieder eine Verbeugung.

Luftballontanz: Alle tanzen und stoßen dabei Luftballons in die Luft. Achtgeben und flink sein, kein Luftballon darf die Erde berühren.

Pantoffelverstecken: Alle setzen sich dicht nebeneinander in einen Kreis. Dann wird ausgelost, wer den Pantoffel jagen muß. Der Pantoffel wandert unter den hochgestellten Knien so lange im Kreis herum, bis der Jäger ihn entdeckt hat. Dann ist der- oder diejenige Pantoffeljäger, wo der Pantoffel entdeckt wurde.

Zum Schluß ziehen alle mit dem rumsdideldumsigen Lied durch die Straße. Vielleicht regnet es Bonbons für euch, wie es früher Brauch war und es jetzt noch bei den großen Umzügen im Rheinland ist.

Zur Fastnachtszeit, zur Fastnachtszeit,
da gibt's nur Scherz und Fröhlichkeit.
Und wer nicht froh sein mag
beim Schmaus,
der bleibe zu Haus,
der bleibe zu Haus.
Wo sich die Freude blicken läßt,
da halten wir sie heute fest,
denn fröhlich sein in Ehren,
das soll uns keiner wehren.

Volksgut

Räbete, räbete, pläm

Text und Melodie: aus der Schweiz

1. Rä - be - te, rä - be - te, pläm, pläm, pläm, pläm, pläm, pläm, pläm, pläm.
Rä - be - te, rä - be - te, pläm, pläm, pläm. Die Mu - sik ist da.

2. Räbete, räbete, kling, kling, kling, kling, kling, klingeling. Räbete, räbete, kling, kling, kling. Die Musik ist da.

3. Räbete, räbete, tschin, tschin, tschin, tschin, tschin, tschindara. Räbete, räbete, tschin, tschin, tschin. Die Musik ist da.

4. Räbete, räbete, bum, bum, bum, bum, bum, bumbumbum. Räbete, räbete, bum, bum, bum. Die Musik ist da.

Aschermittwoch

Fastnacht ist nun vorbei. Da liegen sie, die Reste von Fastnacht: Konfetti, Luftschlangen, Pappmasken, Halskrausen aus Kreppapier und vieles andere mehr. Wirf das alles einmal nicht zum Altpapier, sondern such dir diesmal mit deiner Familie einen Platz, wo ihr ungefährdet ein kleines Feuer anzünden könnt. Da schichtet die ganze bunte Herrlichkeit aufeinander und macht ein Feuerchen daraus. Du siehst, riechst und spürst: Alles wird von den Flammen zerstört, vergeht und wird zu Asche. Fühlst du, wie schnell etwas vergehen kann? Denk auch an die Blätter im Herbst, wie sie von den Bäumen fallen und im Winter vermodern. Wie traurig sind wir, wenn ein Haustier von uns stirbt und in die Erde gelegt wird. Auch wir Menschen müssen einmal sterben, und unser Körper zerfällt in der Erde.

An all das erinnert uns der Aschermittwoch, der erste Tag der Fastenzeit. Er ist ein großer und ernster Tag. Manchmal sieht es so aus, als ob viele Menschen den Aschermittwoch gar nicht mehr mögen und ihn am liebsten im Kalender überschlagen würden. Sie gehen lieber nicht zur Aschermittwochsfeier in die Kirche. Hier hat der Priester eine Schale mit Asche, die aus den verbrannten Palmzweigen des Vorjahres bereitet wurde. Die Zweige des Jubels wurden verbrannt wie eure fröhlichen Dinge von der Fastnacht. Übrigens, vielleicht kann der Priester eure Fastnachtsasche mit der Palmasche vermischen. Fragt ihn einmal. Er segnet die Asche und zeichnet mit dieser Asche ein Kreuz auf die Stirn von jedem, der zu dieser Feier gekommen ist. Dabei spricht er die Worte, die du jetzt gut verstehst: »Bedenke Mensch, daß du Staub bist und wieder zum Staub zurückkehrst.«

Was die Asche erzählt

Früher waren die Menschen mit der Asche viel vertrauter als wir heute. Wenn sie sehr traurig waren oder sich schuldig fühlten, zerrissen sie ihre Kleider und streuten sich Asche auf den Kopf. Ja, sie setzten sich sogar in die Asche als Zeichen ihrer Trauer oder Schuld. Vor vielen hundert Jahren wurden die Menschen, die schwere Schuld auf sich geladen hatten, Aschermittwoch vor allen Leuten in der Kirche mit Asche bestreut. Dazu mußten sie noch ein sackähnliches Bußkleid anziehen, danach die Kirche verlassen und in einem Vorraum Platz nehmen. Erst am Gründonnerstag wurden sie wieder aufgenommen. Wie ausgestoßen müssen sie sich gefühlt haben! Wir können das heute nicht mehr verstehen.

In früheren Zeiten wurde auch mit Asche gewaschen. Sie war ein Reinigungsmittel. In den Tischen der einfachen Leute waren Eßmulden aus dem Holz herausgeschnitten, aus denen die Menschen aßen. Sie besaßen keine Teller. Anschließend wurden die Mulden mit Asche gesäubert. So konnten die Menschen gut verstehen, daß das Aschenkreuz ein Sinnbild des Reinwerdens ist.

Die Asche ist noch mehr. Sie läßt uns erleben, wie aus ihr neues Leben entstehen kann. Nimm einen Blumentopf, vermische Erde und deine Fastnachtsasche miteinander und säe Kresse oder auch Gras für deine Osternester hinein. Dann kannst du miterleben, wie aus ihr neues Leben hervorwächst.

So ist der Aschermittwoch ein wichtiger Tag, der uns zeigt, wie Versagen und Vergebung, Sterben und Leben zusammengehören.

Der Vogel Phönix

Nun gibt es fürwahr in Indien einen Vogel, der wird Phönix geheißen. Ist aber der Phönix ein noch lieblicherer Vogel als der Pfau; denn die Flügel des Pfau schimmern von Grün und Gold, die des Phönix aber von Hyazinth und Smaragd und kostbarem Edelgestein, und ein Krönlein trägt er auf dem Haupte, und eine Kugel hat er zu seinen Füßen wie ein König.

Aber jeweils alle fünfhundert Jahre macht er sich auf zu den Zedern des Libanon, und da füllt er sich seine Flügel ganz an mit Wohlgerüchen, und dies zeigt er dem Priester der Sonnenstadt an, im neuen Monat. Der Priester geht hin und schichtet auf dem Altar Holz vom Weinstock hoch auf. Der Vogel aber kommt zur Sonnenstadt, vollbeladen mit Wohlgerüchen und stellt sich oben auf den Altar. Das Feuer erfaßt ihn, und er verbrennt.

Und der Priester, wenn er am folgenden Tag den Altar durchsucht, findet einen Wurm in der Asche. Und am zweiten Tag wachsen ihm Flügel, und man findet ihn als ein Vogel-Junges. Am dritten Tag aber findet man, daß er wieder so geworden ist wie ehedem. Und er grüßt feierlich den Priester, fliegt hoch und zieht von dannen nach seiner alten Stätte.

Sage aus Griechenland

Ein Textilbild gestalten

Sammle schöne bunte Wollreste, am besten aufgeriffelte Wolle, die aussieht, als habe sie Dauerwellen. Außerdem brauchst du einen bunten Karton und Kleber.
Nun setze dich ruhig hin und schließe die Augen. Denk an die Geschichte, besonders daran, wie der prächtige Vogel in die Lüfte steigt. Warte so lange, bis du ihn in deiner Fantasie siehst, deinen Vogel Phönix. Dann suche dir die passenden Wollfarben aus und fange an, auf dem Karton die Farbflächen zu legen. Du brauchst die Umrisse mit Bleistift nicht vorzuzeichnen. Dabei nimmst du am besten keine einzelnen Fäden sondern kleine Wollbüschel, damit es nachher wie ein Teppich aussieht. Du kannst immer wieder verschieben, bis dir alles gefällt. Erst dann hebst du die einzelnen Wollflächen vorsichtig an und klebst sie fest. Bestimmt bekommt er einen schönen Platz während der Fastenzeit.

Die Asche unserer Väter

Die Asche unserer Väter ist heilig,
ihre Gräber sind geweihter Boden,
und so sind diese Hügel,
die Bäume,
dieser Teil der Erde uns geweiht.

Ihr müßt eure Kinder lehren,
daß der Boden unter ihren Füßen
die Asche unserer Großväter ist.

Damit sie das Land achten,
erzählt euren Kindern,
daß die Erde erfüllt ist
mit dem Leben unserer Ahnen.

Lehrt eure Kinder,
was wir unsere Kinder lehren:
Die Erde ist unsere Mutter.

Diese Erde ist Gott wertvoll –
und sie verletzen
heißt, ihren Schöpfer verachten.

Indianerhäuptling von Seattle

131

Fastenzeit

Von Fasten hast du schon gehört. Leute fasten, weil sie schlanker werden wollen, oder weil es der Arzt verordnet hat. Fasten macht auch die Seele leicht und frei. Das haben die Menschen immer gewußt und auch deshalb gefastet.

Unsere Fastenzeit dauert 40 Tage. Früher aßen die Erwachsenen nur eine einzige Mahlzeit am Tage, zum Beispiel Gemüse- oder Fischsuppe. Kinder brauchten zu keiner Zeit zu fasten. Auf Fleisch wurde ganz verzichtet – dafür gab es Fisch. Das hat auch eine Bedeutung. Der Fisch ist ein Sinnbild für Jesus. Die Menschen haben sich ein Bild vorgestellt: So wie der Fisch in der Tiefe des Meeres schwimmt und lebendig ist, so hat Jesus in dem tiefen Todesschlaf neues Leben gefunden. Es will auch daran erinnern, wie Jesus einmal Brot und zwei Fische nahm, sie segnete und an die Hungrigen austeilen ließ. Als wichtige Fastentage sind heute nur noch Aschermittwoch und Karfreitag übriggeblieben.

»Warum gerade 40 Tage?« wirst du fragen. In der Bibel meint die Zahl 40 immer, daß eine Zeit des Wartens und des Vorbereitens kommt.

So sollen wir uns in den 40 Tagen auf Ostern vorbereiten. Wir haben große Vorbilder: 40 Tage fastete Jesus in der Wüste und war ganz allein, um sich darauf vorzubereiten, den Menschen von Gott zu erzählen. Auch Moses war 40 Tage allein in der Wüste und ohne festes Essen, um sich auf ein Gespräch mit Gott vorzubereiten. Wir wissen das auch von anderen großen Leuten, daß sie weggingen aus den Orten mit den vielen Menschen und auf die übliche Nahrung verzichteten. Sie wollten das alles für eine Weile loslassen, darauf verzichten, um ganz frei zu werden für etwas Neues.

Da wird es ganz deutlich: Fasten meint nicht nur, auf Essen zu verzichten. Fasten meint viel mehr! Das kennst du doch auch: Das Herz ist oft voll von so vielen Dingen, daß schier gar nichts mehr hineinpaßt. Da tut es gut, die Herzenstür weit zu öffnen und alles Überflüssige hinausflattern zu lassen. Da können auch die Kinder mit dabei sein. Einige Geschichten erzählen dir mehr davon, die dir auch Impulse für die Fastenzeit geben können:

Ein zu dickes Wünschepaket?

Die Geschichte vom Wunsch aller Wünsche

In die fröhliche Stadt der Kinder
kamen drei Zauberer einst:
Der erste hieß Borstenbinder,
der zweite Siebenzylinder
und der dritte Wasdunichtmeinst.
Sie zauberten hier und zauberten dort
manches Stücklein in bunter Gestaltung.
Und die Kinder dankten mit freundlichem
Wort
für die lustige Unterhaltung;
doch manches fragte sich heimlich dabei:
Sind sie gut oder böse, die seltsamen Drei?
Man weiß es oft nicht.

Als der Tag der Abfahrt gekommen,
baten die Zauberer früh,
ehe sie Abschied genommen,
die Kinder zum Marktplatz zu kommen.
Und dies verkündeten sie:
»Wir sind eurer Freundlichkeit eingedenk.
Ihr zolltet den Künsten Verehrung.
Drum bieten wir als Abschiedsgeschenk
eines einzigen Wunsches Gewährung.
Dieser Wunsch, den ihr sagt – sei er groß
oder klein –
wird im selben Moment euch erfüllet sein.«
Was sagst du dazu?
Da berieten die Kinder sich lange,
was am besten zu wünschen sei;
denn wie schlau man's auch immer
anfange,

sobald man das eine erlange,
sei's mit allem andern vorbei!
Darum sprachen sie schließlich zu den drei
Herrn:
»Verzeiht, wenn wir allzuviel wagen!
Unser einziger Wunsch ist: Wir möchten
gern,
daß jeder Wunsch, den wir sagen,
sofort sich erfüllt.« – »Ihr habt es begehrt«,
so sprachen die Drei,
»es sei euch gewährt«.
Da staunst du nun wohl!

Dann zogen sie fort mit dem Wagen.
Die Kinder der Kinderstadt
fingen an, sich voll Neugier zu fragen,
ob ein Spruch, den drei Zauberer sagen,
so mächtige Wirkung hat?
Sie probierten es aus, erst heimlich noch
zwar –
und staunten ganz unaussprechlich:
Jeder Wunsch, den man sagte – ganz gleich,
was es war –
ging sogleich in Erfüllung, tatsächlich!
Und die Kinder riefen voll Übermut:
»Da sieht man's – die Zauberer waren gut!«
Das ist doch ganz klar!

Ihr könnt euch wohl selber denken,
was nun für ein Wünschen begann:
Der wollte ein Auto zum Lenken,

133

der andere zehn Reiseandenken,
der dritte 'nen Hampelmann,
Spielzeug und Kuchen und Eisenbahn,
Samt und Seide und Felle,
Schlittschuhe, Kaugummi,
Kreisel und Kran,
goldene Kronen und Bälle,
Puppen und Bücher und Kram und Trara:
Was man nur wünschte, sofort war es da!
Das möcht'st du wohl auch?

Das war schon ein Jahr so gegangen,
und der Zauber hielt immer noch an!
Die Kinder begannen zu bangen;
denn kann man stets alles erlangen,
verliert man die Freude daran.
Und sie wünschten sich weniger,
Tag für Tag:
Alles kriegen ist unausstehlich!
Und wenn einer sich gar nichts mehr
wünschen mag,
dann macht ihn auch gar nichts mehr
fröhlich.
Die Kinder saßen mit traurigem Blick
unter all ihren Schätzen – im Mißgeschick.
Das glaubst du wohl nicht?

Da schickten sie Fährten-Finder
in die weite Welt hinein
zu suchen Herrn Borstenbinder
und den andern, Herrn Siebenzylinder,
und Herrn Wasdunichtmeinst obendrein,
und sie sollten bestellen:
»Nehmt's wieder, dies Glück!
Unsre Freude ist dadurch verschwunden.«
Doch die Boten, sie kamen einzeln zurück,
hatten nirgends die Dreie gefunden.
Da klagten die Kinder: »Daß Gott uns erlös!
Und jetzt wissen wir's erst:
Die drei waren bös!«
Das denkst du doch auch?

Und Verzweiflung beschlich sie im Stillen.
Da ergriff eins der Kleinsten das Wort:
»Wenn sich all unsre Wünsche erfüllen,
dann wünschen wir einfach mit Willen
die Wünsche-Erfüllung fort!«
Sie befolgten den Rat
und von Stund an war
wieder spannend das Leben und heiter.
Die Kinder waren froh
wie vor Tag und Jahr
und vielleicht gar ein wenig gescheiter.
Nur eine Sache wüßt ich noch gern:
Waren gut oder bös
die drei seltsamen Herrn?
Sag, was meinst du?

Michael Ende

Pfennige der Liebe ansparen

Die Geschichte vom Hamster

Einmal hatte ein Hamster ein Feld mit vielen guten Körnern gefunden. Er hat sich die Backentaschen vollgestopft und ist zu seinem Bau gelaufen und hat die Körner in seine Vorratskammer ausgespuckt. So ist er zehnmal hin- und hergelaufen, dann war die Vorratskammer voll, und der Hamster war müde. Aber er hat gedacht: »Eine Vorratskammer voll Körner ist gut, aber zwei sind besser.« Schnell hat er eine neue Vorratskammer gegraben und ist wieder hin- und hergelaufen und hat Körner und Körner herangeschleppt. Dann war auch die andere Vorratskammer voll, und der Hamster war so müde, daß er kaum noch laufen konnte. Aber er hat gedacht: »Zwei Vorratskammern voll Körner sind gut, aber drei sind bestimmt besser!« Er hat also wieder eine Vorratskammer gegraben und noch mehr und noch mehr Körner geholt. Als dann die dritte Vorratskammer voll war, haben immer noch viele Körner auf dem Feld gelegen. Der Hamster wollte sie alle haben. Jetzt konnte er aber nicht mehr graben, er war zu müde. Er hat die letzten Körner einfach in seine Schlafkammer getragen. Aber auf einmal war es Winter, und alle Hamster sind in ihren Bau gekrochen und haben geschlafen. Nur der eine Hamster konnte nicht schlafen. Bis zum Hals hat er in seinen Körnern gesessen.

Ursula Wölfel

Reich und doch bettelarm

Ein reicher Mann starb und erwachte im Paradies. Ein reich gedeckter Tisch versprach ihm wahrhaft himmlische Freuden. Und alles kostete nur einen Pfennig, so sagte man ihm. Da dachte der Mann daran, wieviel Geld er besaß und freute sich von ganzem Herzen darüber, was er alles kaufen konnte.
Doch als er bezahlen wollte, schüttelte man heftig den Kopf: »Bei uns gilt nur das Geld, das einer auf Erden verschenkt hat.« Nein, verschenkt hatte er nichts auf Erden. Der reiche Mann wurde ganz traurig. Im Paradies war er plötzlich bettelarm. Er hatte keinen Pfennig der Liebe angespart.

Sage aus Asien

Einen Wasserbüffel erlaufen

Es war einmal eine Idee, die hing sich an einen Brief an, der aus Indien kam. Darin wurde über drei Familien berichtet, die durch eine Flutkatastrophe in große Not geraten waren. Diese Familien brauchten dringend Hilfe. Sie brauchten eine Büffelkuh als Arbeitstier, die ihnen gleichzeitig Milch schenkte, aus der sie dann auch Butter machen konnten. So würden sie eine neue Lebensmöglichkeit finden.

Dieser Brief mit der kleinen Idee geriet in eine Schulklasse. Die Kinder erfuhren, daß eine solche Büffelkuh 800 DM kostet. Da fing die kleine Idee an zu wachsen. Sie hieß zum Schluß: »Schüler erlaufen einen Wasserbüffel.« So stand es in der Zeitung.

Und das ging dann so: Ungefähr 100 Schüler und Schülerinnen sowie sieben Lehrer und Lehrerinnen versammelten sich auf dem Schulhof zu einer großen Wanderung. Jeder Teilnehmer und jede Teilnehmerin hatte eine Karte mit, eine Spenderkarte. Zuerst marschierten sie gemeinsam. Alle waren fröhlich. Bei der ersten Rast stellten sie sich im Kreis auf und warfen sich gegenseitig ein Wollknäuel zu, so daß ein dichtes Netz entstand als Zeichen der Verbundenheit untereinander mit der Idee und mit den Familien in Indien. Sie beschlossen, einen Monat auf Coca, Eis und Limo zu verzichten. Das ersparte Geld sollte der Grundstock für ihre Idee sein. Dann beteten sie um ein Wachsen ihrer kleinen Idee.

Anschließend ging es weiter. Nun verteilten sie sich in kleine Gruppen, gingen zu den Leuten, erzählten ihnen von ihrer Idee und verteilten Spenderkarten. Darauf war angegeben, wohin hilfsbereite Menschen Geld für die Büffelkuh schicken konnten. Viele Leute nahmen die Spenderkarten an, viele lehnten auch ab. Ein Bauer fand die Idee super. Er lud die Schüler und Schülerinnen zu seinen Kirschbäumen ein, zum Kirschenschmaus. Das war ein Hallo!

Erst gegen Abend kamen sie wieder an ihrer Schule an, müde, aber glücklich und voller Erwartung, ob ihre kleine-große Idee Wurzeln geschlagen hatte. Und sie hatte: Fast 2.500 DM kamen in den nächsten Wochen zusammen. Wo war die Freude wohl am größten?

Auf die anderen zugehen

Geh mir aus dem Weg

Thomas: Hier komme ich.
Hannes: Das sehe ich.
Thomas: Dann geh mir aus dem Weg!
Hannes: Warum, bitte schön?
Thomas: Weil du mir im Weg stehst.
Hannes: Hier ist doch keine Einbahnstraße,
           also Platz genug.
Thomas: Ich will keine Kurven drehn.
Hannes: Dann bleib, wo du bist.
Thomas: He?
Hannes: He?
Thomas: Geh mir endlich aus dem Weg!
Hannes: Warum bitte schön?
Thomas: Weil ich das will.
Hannes: Ich will aber nicht.
Thomas: Dann bist du mein Feind.
Hannes: Warum bitte schön?
Thomas: Weil du mir nicht aus dem Weg gehst.
Hannes: Und wenn ich dir aus dem Wege
           gehe?
Thomas: He?
Hannes: Ja, he!
Thomas: Dann bist du ein mieser Schwächling.
Hannes: Wir könnten ein Geldstück werfen.
Thomas: Ich hab's ja gewußt. Du bist ein
           Schwächling.
Hannes: Hier hab ich das Markstück, wir
           können anfangen.
Thomas: Ne, lieber verhau ich dich.
Hannes: Und wenn ich dir Platz mache?
Thomas: Dann … dann bist du doch kein
           Schwächling.

Hermine König

Zwei Eisblöcke

Es waren einmal zwei Eisblöcke. Das Verhältnis zwischen ihnen war sehr kühl, was nicht verwunderlich ist. Der eine dachte: Warum kommt der andere nicht näher zu mir? Aber der andere Eisblock konnte nicht gehen und kommen. Da dachte der eine: Wenn der andere auftaut, dann taue ich auch auf. – Aber weil der andere Eisblock nicht von selbst auftaute, taute keiner von beiden auf.

So geschah es, daß keiner auf den anderen zukam und jeder noch mehr in sich selbst vereiste. Nach Monaten – oder war es nach Jahren? – entdeckte der eine Eisblock eines Mittags, als die Sonne strahlte, daß er schmelzen konnte, und er sah, daß er sich zu Wasser verflüssigte und daß er doch noch er selbst war. Auch der andere machte diese wunderbare Entdeckung. Über die ganz alltäglichen Wassergräben flossen sie aufeinander zu. Sie begegneten sich. Zwar spürten sie ihre Kälte noch, aber auch ihre Schwachheit und ihren guten Willen, ihre eigene Not und die der anderen. Sie fanden, daß sie einander nötig hatten und zusammenbleiben müßten.

Da kam ein Kind, und dann noch eins, und noch andere Kinder. Und die ließen kleine Schiffe auf dem großen, starken Wasser fahren. Die Eisblöcke sahen, daß die Kinder glücklich waren. Und diese Freude spiegelte sich wie die Sonne im Wasser.

P. Cornelis

Die ersten Erdbeeren

Als die Erde noch jung und alles anders war, da lebten nur zwei Menschen, ein Mann und eine Frau. Der Mann ging auf die Jagd, die Frau besorgte das Haus, und sie waren glücklich. Nach einem Jahr jedoch trübte sich das Glück, und als zwei Jahre vergangen waren, verschwand es ganz. Kaum waren drei Jahre vorüber, da nahm der Streit kein Ende mehr. Der Frau gefiel dieses Leben nicht. Sie entschied sich fortzugehen, und machte sich auf den Weg nach Osten, wo das Sonnenland lag.

Am Abend kam der Mann von der Jagd zurück und fand das Haus leer. Er rief nach der Frau und suchte sie, doch vergebens. Ihre Spuren sagten ihm, daß sie sich nach Osten gewandt hatte.

Die Frau wanderte ohne Pause immer weiter, und der Mann folgte ihr und rief ihren Namen. Aber sie hörte es nicht und drehte sich nicht um. Der Mann konnte sie nicht einholen. Das sah die Sonne am Himmel. Sie blieb stehen und fragte: »Hast du deine Frau gern, Mann?«

»Ich habe sie gern«, antwortete der Mann.

»Willst du sie wiederhaben?«, fragte die Sonne.

Der Mann bejahte. Da stellte die Sonne ihm die dritte Frage: »Wirst du dich auch weiterhin mit deiner Frau streiten?«

»Das soll nie mehr vorkommen!« gelobte der Mann.

»So werde ich sie anhalten«, sagte die Sonne. Sie blinkte zur Erde hinab, und plötzlich reiften schöne Blaubeeren. Aber die Frau achtete nicht darauf und ging weiter. Die Sonne blinkte ein zweites Mal, da standen reife Himbeeren am Weg. Doch die Frau bemerkte sie nicht und ging weiter. Die Sonne schüttelte den Kopf und blinkte das dritte Mal. Im Gras vor der Frau reiften herrliche rote Beeren. Es waren die ersten Erdbeeren auf der Welt. So schöne Früchte hatte die Frau noch nie gesehen. Sie blieb stehen und bückte sich. Dabei wandte sie das Gesicht rückwärts, und in diesem Augenblick erinnerte sie sich an ihren Mann. Sie setzte sich ins Gras, und je länger sie so dasaß, desto stärker wurde in ihr die Sehnsucht. Da pflückte sie ein Sträußchen Erdbeeren und kehrte um. Auf halbem Weg traf sie ihren Mann. Sie reichte ihm die Erdbeersträußchen, und er nahm sie in seine Arme.

So kehrten der Mann und die Frau in die Heimat zurück. Und sie brachten die Erdbeeren mit, die so süß schmeckten wie jede Versöhnung.

Indianermärchen

Einfach still sein

Ein Baum voller Vögel – ein Fastennachmittag

Jörgs Mutter hat zum Fastennachmittag eingeladen. Da sind nun wirklich alle gespannt: Lukas, Fabian, Tanja, Tina und Anna. Zuerst reden alle durcheinander, wie das so am Anfang ist. Jörgs Mutter hat einen Stuhlkreis aufgestellt. Als nun der eine oder die andere schon einmal Redepause hat, und die Beine nicht mehr so arg zappeln, macht Jörgs Mutter den Vorschlag, hinzuschauen, wie alle dasitzen, krumm, halb neben dem Stuhl, hingefläzt oder aufrecht. Nach großem Gelächter bittet sie, sich so hinzusetzen, daß die Füße den Boden berühren. Unter Tinas Füße legt sie eine Matte, weil sie etwas kleiner ist. Nun beugen sich alle nach vorn und richten sich wieder auf, wie ein gerader Baum, der in die Höhe wächst.

Dann bittet Jörgs Mutter sie, die Augen zu schließen: »Lauscht einmal auf euren Atem, wie er kommt und geht, kommt und geht … Nun horcht, was ihr hören könnt, leise und laute Geräusche! Was dringt alles an euer Ohr?«

Nach einer langen Weile schlägt sie mit einem Klöppel leise auf einen Gong: »Horcht auf den Ton, bis er ganz verklungen ist, was hört ihr?« Dann schlägt sie lauter auf den Gong. Der ganze Raum ist jetzt voll mit dem großen Ton. Alle sitzen da und lauschen.

Wieder nach einer Weile sagt Jörgs Mutter: »Nun spürt euren Atem, wie er kommt und geht, kommt und geht … Jetzt öffnet eure Augen, streckt euch und geht leise und ohne zu sprechen an den großen Tisch.« Dort hat sie Papierbögen und Stifte hingelegt. »Jetzt dürft ihr malen, was ihr gehört habt, vielleicht wie der Ton geklungen hat – wie eine lange Schlange oder wie ein Wellenteich. Vielleicht habt ihr auch einen Vogel gehört oder ein Auto draußen …«

Zum Schluß erzählen die Kinder über ihre Bilder. Tina hat einen Baum voll Vögel gehört: »Ich hab sie auch gesehen, sie waren so herrlich bunt«, sagt sie. Jörg hat lauter braun-schwarze Kreise gemalt. »Der Gong war so dunkel wie ein Abend«, meint er. Annas Bild zeigt eine wunderschöne Katze: »Beim leisen Gong kam sie zu mir gelaufen.« Tanja meint: »Das hätte ich nie gedacht, klasse war das.« Und Fabian: »Bong, ein Nachmittag ohne Fernsehen!« »Aber mit Fastengebäck«, lacht Jörgs Mutter und holt einen Teller mit Brezeln und Krapfen.

Ich ziehe mich zurück

Manchmal macht es mir Spaß, zu lärmen und zu toben.
Aber manchmal ziehe ich mich zurück, wo es ruhig ist.
Da sitze oder liege ich still
und bin ganz bei mir und bei dir, Gott.

Eine Fastenblume als Fastenkalender gestalten

Ihr schneidet aus einem großen bunten Karton eine Blume mit sechs Blütenblättern aus, für jede Fastenwoche eins. In der Mitte ergibt sich ein Kreis. Nun überlegst du für jede Woche ein Bild, das dich jeweils zu Ostern hinführt, zum Beispiel Jesusgeschichten: Jesus segnet die Kinder; Jesus besucht Zachäus, der sein Leben ändert; Jesus heilt den Blinden; Jesus ißt mit seinen Freunden das Abschiedsmahl; das Kreuz Jesu; in die Mitte malst du die strahlende Ostersonne.

Oder: Die Herzenstür öffnen – und was alles raus kann; Pfennige der Liebe ansparen – mit anderen teilen; auf andere zugehen; ich sitze still da und lausche – mithelfen, die Umwelt schützen; dich über Kinder in der Dritten Welt informieren.

Überlege, was dir am meisten Spaß macht: mit Filzstiften oder Wasserfarben zu malen oder buntes Illustriertenpapier in kleine Stücke zu reißen und damit deine Figuren zu legen und zu kleben. Zu Beginn einer jeden Fastenwoche gestaltest du ein Bild, das dich durch die Woche begleiten soll. Ostern ist dann aus deiner Fastenblume eine leuchtende Osterblume geworden.

Fastenbrezel

Wer kennt keine Brezel! Je südlicher wir in unserem Land fahren, je mehr Brezeln sind zu entdecken. Es gibt Orte und Städte, die sogar ein Brezelfest feiern.

Vor etlichen hundert Jahren wurde sie jedoch nur in der Fastenzeit gebacken, und sie hieß deshalb auch *Fastenbrezel*. Der Teig wurde zu einer Rolle ausgeformt, an den beiden Enden umeinander geschlungen und rechts und links angedrückt. Sie sollte an das Leiden Jesu erinnern und erhielt deshalb ein kleines Kreuz in der Mitte.

An unseren Brezeln heute ist kein Kreuz mehr zu entdecken. Aber in der Fastenzeit kann sie uns auch heute noch ein Zeichen sein.

Mittfasten – Winteraustreiben

Der vierte Fastensonntag hat den schönen Namen »Freue dich«. Ein gutes Stück Fastenzeit ist vorüber, und wir dürfen schon ein wenig vorausschauen auf die Freude des Auferstehungsfestes Ostern.

An diesem Freudensonntag wurde immer schon auch das Ende des Winters gefeiert. Du merkst es bestimmt, die Sonnenstrahlen sind bereits ein bißchen wärmer geworden. Manchmal schieben sich zwar noch die dunklen Wolken vor, und der Wind bläst uns ganz schön kalt ins Gesicht. Aber wir lachen darüber. Wir wissen ja, der Frühling ist nicht mehr zu vertreiben. Ja, lieber Winter, geh fort bis zum Nordpol hin und halte deinen Sommerschlaf!

Unsere Freude über den kommenden Frühling, sie ist uralt. Immer schon haben sich die Menschen gefreut, wenn die dunkle, kalte Jahreszeit endlich vorbei war. Wenn du bedenkst, daß es in früheren Zeiten auch noch keine Zentralheizung und kein elektrisches Licht gab, da war die Freude bestimmt vielmals größer als heute bei uns.

Deshalb fand an vielen Orten ein *Winteraustreiben* statt: Einer wurde durch ein Los zum Winter bestimmt und in Lumpen gehüllt, ein anderer zum Frühling und mit knospenden Zweigen umwickelt. Manchmal wurden die Zweige noch geschmückt mit bunten Bändern, goldenen Nüssen und Zierfrüchten. Kinder mit Weidenruten, auf denen eine Brezel, ein Apfel und ein ausgeblasenes Ei steckte, zogen hinter ihnen her. Zum Schluß bildeten sie einen Kreis. Dann begann der Kampf zwischen Winter und Frühling, und alle halfen dem Frühling durch Zurufe, den Winter aus dem Ort zu jagen.

Manchmal trug der Winter auch ein Strohkleid und eine Strohkrone auf dem Kopf, der Frühling einen Blumenkranz. Wenn der Winter sich wehrte, warf er mit Häcksel und Asche um sich, der Frühling mit den ersten Blumen. Wenn der Winter besiegt war, wurden sein Strohkleid und seine

Strohkrone verbrannt. Die Asche wurde auf die Felder gestreut. So war es früher, und so ist es auch heute noch an manchen Orten. Und es wundert dich bestimmt nicht, daß in den Wohnungen dann der *Frühjahrsputz* begann, um auch hier vor Ostern den Winter mit Lappen und Schrubber hinauszufegen. Das tun die Mütter auch heute noch.

O wir schauen schon hinein

Text und Melodie: mündlich überliefert

1. O wir schau-en schon hin-ein   in den O - ster-son-nen-schein. Lae - ta - re, lae - ta - re!

2. Hören schon den Vogelsang und den festlichen Gesang. Laetare, laetare.

3. Christus ist der Sonnenschein. Liebe Sonne, komm und schein! Laetare, laetare.

4. Nun ist wieder alles still, weil die Erde warten will. Laetare, laetare.

Übersetzung: Laetare = Freue dich!

Tag des heiligen Joseph
19. März

Joseph, der Zimmermann aus Nazareth war Marias Mann. Von ihm wird in der Bibel wenig berichtet. Das ist schade. Man möchte gern mehr über ihn wissen. Es wird nur von ihm in der Weihnachtsgeschichte erzählt, wie er für Maria und das Jesuskind gesorgt hat. Dann erfahren wir noch, wie er und Maria den zwölfjährigen Jesus mit auf die Wallfahrt zum Tempel in Jerusalem mitgenommen haben, danach nichts mehr.

Was für ein Vater war er wohl, als Jesus ein Kind war? Was hat Jesus von ihm gelernt? Sicher den Beruf des Zimmermanns. Worüber mögen sie wohl gesprochen haben? Ich könnte mir denken, daß Joseph viel über Gott erzählt hat. Als Jesus nämlich erwachsen war, fühlte er sich Gott so nahe. Er nannte ihn liebevoll »Abba«, das heißt »Papa«. Wenn er einen Vater gehabt hätte, der sich kaum um ihn gekümmert hätte, wäre das bestimmt anders gewesen. Vielleicht hat Jesus auch von ihm gelernt, vor Schwierigkeiten nicht davonzulaufen. Ich glaube, Joseph war ein großartiger Vater.

Gott, unser Vater

Ich kann dich mir gar nicht richtig vorstellen.
Jesus hat dich »Abba« genannt,
das heißt ganz liebevoll »Papa«.
Jesus hat uns gesagt,
daß wir dich auch so nennen dürfen:
lieber Vater.
Weißt du, da spüre ich viel besser,
daß ich dein Kind bin,
daß ich dir ganz vertrauen kann.
Das macht mich so froh.

Frühlingsbeginn

Am 21. März ist es dann soweit: Der Frühling ist endgültig da, egal ob die Sonne scheint oder noch ein paar Schneeschauer übers Land fegen. An diesem Tag sind Tag und Nacht gleich lang, genauso wie beim Herbstbeginn am 23. September. Die Tage werden nun länger, so bleibt es auch länger hell. Die Sonne wird wärmer, und überall wird es mit jedem Tag ein bißchen grüner. Dabei kannst du eine Entdeckung machen, wie unendlich viele Grüntöne der Frühling in seinem Farbkasten hat. Schau einmal genau hin. Dann kannst du Frühling spielen, ein Blatt Papier nehmen und all die Grüntöne malen.

Frühling

Herr Jänner, Herr Feber,
ade, ade!
Es geht zum Märzen,
es taut der Schnee!

Die Bäch' und die Flüss'
haben hohe Zeit!
Sie brausen's, wir singen's:
es ist soweit.

Herr Jänner, Herr Feber,
noch einen Vogelschrei lang,
dann tanzt am Himmel
die Sonne blank:

Frühling!

Jörg Roth

Frühlingsgärtlein

Vielleicht wohnst du in der Stadt und hast gar keinen Garten, in dem du beobachten kannst, wie der Frühling kommt. Dann kannst du doch dein eigenes Frühlingsgärtlein anlegen. Mutter hat bestimmt eine Tonschale oder zwei. Die kannst du mit Erde füllen und Samen hineinsäen: Gras, Kresse, Frühlingsblumen. Alles mußt du regelmäßig gießen. Zunächst mußt du ein bißchen Geduld haben. Aber dann wirst du dich wundern, wie sich dein kleiner Garten bis Ostern Tag für Tag verändert und dir den Frühling bringt.

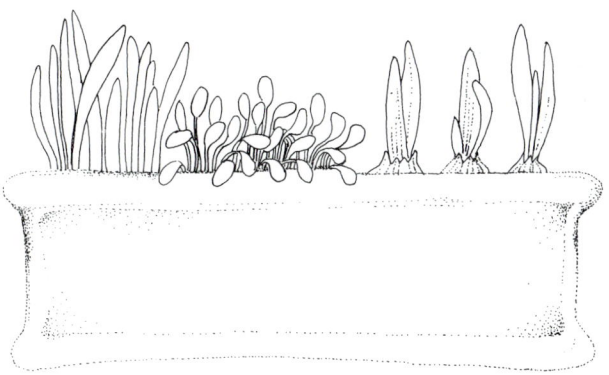

Du kannst auch Blumenzwiebeln in die Erde stecken und ihr Wachsen beobachten. Gebrauche nicht nur deine Augen, sondern auch deine Nase. Du kannst den Frühling sehen, riechen und auch schmecken.

Sonnenrad

Für den Tag des Frühlingsanfangs wurde früher ein Sonnenrad aus Hefeteig gebacken, um die Sonne zu begrüßen. Jede Familie überlegte sich, wie sie das Rad gestalten wollte. Das wäre doch schön, es auch heute wieder zu tun und es in froher Runde aufzuessen. Bestimmt schmecken wir die Wärme der Sonne mit.

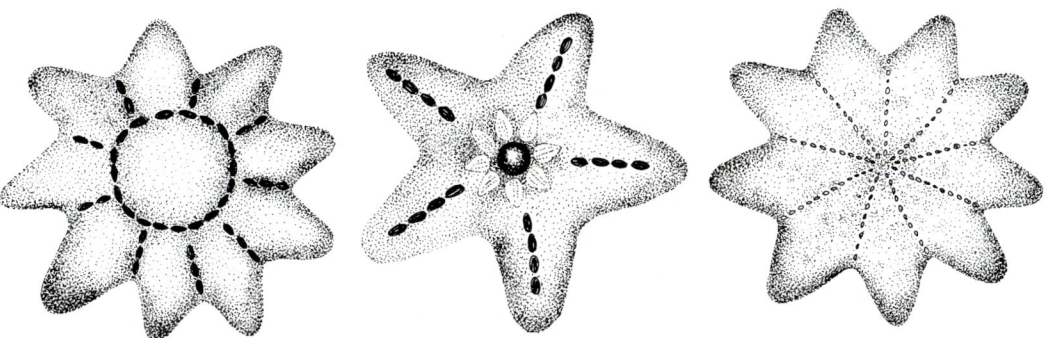

Fest Maria Verkündigung

24. März

Zu Beginn des Frühlings wird ein ganz altes Fest gefeiert. Es ist schon über 1500 Jahre alt. Es erzählt davon, wie Maria erfuhr, daß sie die Mutter Jesu werden sollte. Der Evangelist Lukas hat die Geschichte aufgeschrieben, ungefähr 70 Jahre nachdem Jesus gelebt hatte. Maria war verlobt mit dem Zimmermann Joseph. Maria war noch sehr jung. Da – eines Tages geschah es. Maria schaute plötzlich mit den Augen ihres Herzens einen Engel, den Engel Gabriel. Der Name Gabriel bedeutet: Gott ist stark. Der Engel sagte: »Gegrüßet seist du, Maria, Gott ist mit dir.« Maria erschrak. Der Engel beruhigte sie: »Du brauchst dich nicht zu fürchten. Du wirst ein Kind bekommen, einen Sohn. Den sollst du Jesus nennen. Er wird Sohn Gottes genannt werden.« Maria spürte die Nähe Gottes. Sie war immer noch erschrocken und hatte viele Fragen. Aber sie lief nicht davon. Sie spürte bis in ihre Fingerspitzen, daß Gott bei ihr war. Sie vertraute ihm und seiner großen Kraft. Sie wußte auf einmal ganz genau: »So ist es gut.« Sie sagte: »Es soll so sein, Gott, wie du es willst!« Da war der Engel verschwunden.

Früher säten die Bauern genau an diesem Tag Getreide in die Erde zum Zeichen, daß jetzt neues Leben zu wachsen beginnt.

Ein ganz altes Gebet erzählt von dieser Verkündigung:

Gegrüßet seist du, Maria.
Der Herr ist mit dir.
Du bist gebenedeit unter den Frauen,
und gebenedeit ist die Frucht deines Leibes,
Jesus!

Die große Woche oder auch Karwoche

So wird die Woche vor Ostern genannt. In *Karwoche* hat sich das alte Wort *kara* versteckt, das *Sorge oder Kummer* bedeutet. Es ist die Woche, in der wir an das Leiden und Sterben von Jesus erinnert werden. An ihrem Ende aber wird Ostern gefeiert: Jesus ist nicht im Tod geblieben.

Palmsonntag

Die Karwoche beginnt mit dem *Palmsonntag*. Es ist der Tag, an dem wir Christen den Einzug Jesu in Jerusalem feiern. Der Evangelist Markus hat darüber berichtet.

Die Jünger brachten einen jungen Esel zu Jesus, legten ihre Kleider auf das Tier, und er setzte sich darauf. Und viele breiteten ihre Kleider auf der Straße aus; andere rissen Zweige von den Büschen und streuten sie auf den Weg. Die Leute, die vor ihm hergingen und die folgten, riefen: Hosianna! Gesegnet sei er, der da kommt im Namen des Herrn. Und er zog nach Jerusalem hinein.

Du kannst es dir bestimmt vorstellen, wie es da in Jerusalem zugegangen ist. Wir kennen das doch, wie die Menschen herbeiströmen, wenn sie jemand sehen und ehren wollen, den sie für einen ganz Großen halten. Am liebsten hätten sie Jesus zum König gemacht.

Diesen Jubeleinzug haben die Menschen schon immer gefeiert. Daraus ist die *Palmprozession* entstanden. Die Menschen tragen Palm- und Ölzweige in den Händen. Die Palmen waren für sie heilige Zweige, mit denen ein König geehrt wurde, und Jesus sollte ja auch ihr König sein. Die Ölzweige waren ein Zeichen des Friedens, daß Jesus den Frieden bringen wollte. Oft wurde später sogar ein Palmesel aus Holz mitgezogen, damit es so ähnlich war wie damals in Jerusalem. Da nun bei uns in Deutschland keine Palmen wachsen, wurden sie einfach durch andere Zweige ersetzt: Buchsbaum, Wacholder, Weidenkätzchen, Haselzweige, Tanne und Stechpalme. Aber die Menschen haben eine solche Freude dabei gehabt, daß sie angefangen haben, richtige *Palmbuschen* zu gestalten. Da ist Fantasie gefragt: Vor der Prozession werden die Palmzweige und die kleinen und großen Palmbuschen gesegnet.

Es gibt kleine einfache Palmbuschen. Dazu steckt man auf einen Haselstock ein Palmsträußchen auf, das mit bunten Bändern geschmückt wird. Auf die Spitze kann man noch ein buntes Ei stecken. Tja, und dann gibt es die kunstvollen großen Palmbuschen, die bis zu sechs Meter groß sein können. Sie werden oft mit der ganzen Familie hergestellt. Nach altem Brauch gehören immer von jedem drei dazu: drei Wacholderzweige, drei Stechpalmen, drei blühende Haselkätzchen, drei Buchszweige usw. Sie werden prächtig geschmückt mit bunten Eiern, Bildbroten, farbigen Bändern, gefärbten Holzspänen, Früchten, roten Beeren und noch anderem, was schön aussieht.

Nach der Prozession und dem feierlichen Gottesdienst werden die Zweige und die Buschen nach Hause getragen. Da finden sie an manchen Orten ihren Platz außen am Haus und unter dem Dachfirst. Zweige werden ans Kreuz gesteckt, auch in die Felder und Wiesen. Viele bringen die Palmzweige auch zum Friedhof zu den Gräbern ihrer Toten. So bitten die Menschen um den Segen Jesu.

Jesus zieht in Jerusalem ein

Text und Melodie: Gottfried Neubert
Aus: 111 Kinderlieder zur Bibel
Christophorus-Verlag, Freiburg / Verlag Ernst Kaufmann, Lahr

1.–6. Je - sus zieht in Je - ru - sa - lem ein, Ho - si - an - na!

1. Al - le Leu - te fan - gen auf der Stra - ße an zu schrein:

Ho - si - an - na, Ho - si - an - na, Ho - si - an - na in der Höh',

Ho - si - an - na, Ho - si - an - na, Ho - si - an - na in der Höh'!

2. Jesus zieht …
Seht, er kommt geritten, auf dem Esel sitzt der Herr.
Hosianna …

3. Kommt und legt ihm Zweige von den Bäumen auf den Weg!

4. Kommt und breitet Kleider auf der Straße vor ihm aus!

5. Alle Leute rufen laut und loben Gott, den Herrn!

6. Kommt und laßt uns bitten – statt das »Kreuzige« zu schrein:
:Komm Herr Jesu, komm Herr Jesu, komm Herr Jesu auch zu uns! :

»Hosianna« auch gruppenweise im Wechsel singen! (I/II)

149

Palmsonntagssegen

Es war wieder einmal Palmsonntag in einem Dorf. Die Menschen waren nicht so fröhlich wie sonst an diesem Fest; denn es war Krieg. Viele mußten hungern, weil es immer weniger zu essen gab.

Nach dem Gottesdienst ging ein Bauer langsam über seine weiten Felder. An der Hand hielt er seine Tochter Elisabeth. In der anderen Hand trug das Mädchen Palmzweige. An jedem Feldrand blieb der Bauer stehen, und Elisabeth durfte ein kleines Zweiglein in die Erde stecken. Der Vater sprach ein kurzes Gebet, dann gingen sie weiter. Langsam stiegen sie eine Anhöhe hinauf. Von hier aus konnten sie weit über das Land schauen. Ganz fern am Horizont glitzerte ein Fluß im Sonnenlicht. Elisabeths Augen suchten die Stelle, wo der Himmel die Erde berührte. Plötzlich sagte der Vater zu ihr: »Steck ein Zweiglein in die Erde, und dann darfst du ein Gebet sprechen.« Zuerst fiel Elisabeth so schnell kein Gebet ein. Doch dann sprach sie laut: »Lieber Gott, ich danke dir, daß alles, was ich hier sehe, meinem Vater gehört.« Stolz schaute sie ihren Vater an. Der aber betete weiter: »Und hilf uns, damit wir niemand vergessen, der Hunger hat und das Korn und die Kartoffeln braucht, die hier wachsen. Deshalb schenke den Feldern deinen Segen.« Dann gingen sie weiter, der Vater und die kleine Elisabeth an seiner Hand.

»Palmsonntag, Palmsonntag!«

In Westfalen gab es früher einen hübschen Brauch für Kinder. Die Palmbuschen wurden mit Vögeln aus Hefeteig, Brezeln, Süßigkeiten und Früchten geschmückt. Nach dem Gottesdienst wurden sie im Haus versteckt. Die Kinder mußten sie suchen. Wer sie fand, rief: »Palmsonntag! Palmsonntag!« und durfte als erster mit dem Plündern beginnen. Es war sicher ein bißchen wie mit dem Adventskalender, um den Kindern die Zeit bis Ostern nicht so lang werden zu lassen. Wer hat denn Lust auf einen Palmsonntagsbuschen?

Palmsonntagsmärchen

Der Holzstall, wo der Igel hauste, war schon alt und verfallen, aber niemand mehr kümmerte sich darum. Nur die Bretter seines Fußbodens waren noch heil, und darunter hatte er sein Nest. Es war mit zwei Eingängen versehen. Der eine führte dicht unter der Türschwelle hinein, den brauchte er, wenn er im Herbst das abgefallene Laub für sein Winterbett holte. Die Füße in der Luft, wälzte er sich so lange darauf herum, bis er seine Stacheln ganz voll Blätter gespießt hatte. Reich beladen kam er dann wie ein winziges Wägelchen damit nach Hause gerollt.

Die Schwelle, unter der er sich gerade noch durchzwängen konnte, kämmte ihm seine Last aus dem Fell. Danach verfügte er sich durch den zweiten Gang hinaus, kehrte wieder zurück und schob sie auf seinem Schlafplatz zusammen.

Es ärgerte ihn aber in jedem Herbst, daß er überhaupt schlafen mußte. Er hatte darum auch schon ein paarmal versucht, sich wach zu halten. Aber er konnte gegen seine Igelsnatur nicht an. Immer länger mußte er gähnen, und seine kleinen schwarzen Augen fielen ihm jedesmal von selber wieder zu, so angestrengt er sie auch aufsperrte. Zuletzt mußte er sich doch in sein Schicksal ergeben. Erst wenn die Maulwürfe draußen ihre Hügel aufwarfen, wurde er wieder wach. Dann hatte er den Winter abermals verschlafen.

Es hatte aber seinen besonderen Grund, warum ihn das verdroß. Neben dem Holzstall nämlich wuchs ein Weidenbusch, mit dem er zuweilen lange Gespräche führte. Meistens geschah es im Herbst, wenn der Wind die dürren Blätter wispern und lispeln macht, bevor sie zur Erde fallen. Um diese Zeit fühlte sich die Weide besonders zu Unterhaltungen aufgelegt. Am liebsten erzählte sie dann von ihren Vorfahren, auf die sie sich viel zugute tat. Vorfahren hatte der Igel zwar auch. Es gab sehr schöne Überlieferungen in seiner Familie, von gewaltigen Kämpfen mit den giftigen Kreuzottern, oder wie sie den Fuchs überlistet hatten, der ihr grimmigster Feind war. Aber er mußte zugeben, daß es gegen die Geschichten der Weide nicht viel bedeutete.

Ihre Vorfahren nämlich waren vor vielen hundert Jahren dabeigewesen, als der Heiland auf dem Esel in die Stadt Jerusalem eingeritten kam. Da hatten sie mit den sterngoldenen Kätzchen an den Zweigen an seinem Wege gestanden, gerade in voller Blüte. Das hatte den Heiland sehr erfreut. Er hatte den Weiden darum verliehen, daß sie zur Erinnerung an seinen Einzug hinfort alle Jahre um diese Zeit erblühen sollten, bis an der Welt Ende. Das war eine hohe Ehre für die Weiden, und sie taten es seither Jahr um Jahr getreulich.

Den Igel aber ärgerte es jedesmal, daß von seinen Vorfahren damals keiner dabeigewesen war, und er nannte die Weide bei sich ein eingebildetes Ding. Schließlich konnte er ja nichts dafür, daß es in dem Heiligen Land keine Igel gegeben hatte. Darum sagte er, das sei alles ganz hübsch anzuhören, aber er für seine Person könnte sich unter diesem Einzug doch nichts Rechtes vorstellen. Ob es denn wirklich so wichtig gewesen sei, daß nun gerade die Weiden auch heute noch um diese Zeit blühen müßten?

Er sagte das aber jedesmal erst dann, wenn die Weide mit ihrer Geschichte zu Ende war. Denn eigentlich hörte er sie für sein Leben gern, obwohl er nur ein stachliger kleiner Igel war und nicht viel damit zu tun hatte. Aber diese Geschichten sind eben von ganz besonderer Art und gehen die Welt am meisten an von allen übrigen Geschichten, die auch überliefert sind.

»Nichts Rechtes vorstellen«, wisperte die Weide empört, »unter dem Einzug des Heilands nichts Rechtes vorstellen! Dann hast du am Ende auch von der Heiligen Nacht noch nie etwas gehört, mit der damals alles angefangen hat?«

»Nein«, raunzte der Igel, »nie etwas gehört.«

»Aber wenn die ganze Welt ihr Andenken feiert, alle Jahre«, sagte die Weide, »dann wird es ja schließlich etwas zu bedeuten haben, du winziger Nichtwisser du.«

»Wann feiern sie es denn?« fragte der Igel.

»Mitten im Winter«, antwortete die Weide.

»Im Winter«, sagte der Igel, »drum. Im Winter da schlafe ich in meinem Winterbett, wie sich das gehört. Ich werfe ja schließlich mein Kleid nicht ab und friere nackend im Wind herum wie du mit deinen Vorfahren und deinen Geschichten. Ich liege still in meinem Speck, bis wieder vernünftiges Wetter ist.«

Es war nicht alles richtig, was er da behauptete. In dem Holzstall nämlich, dicht unter dem Giebel, wo es noch trocken war, wohnten auch zwei Käuzchen. Mit ihnen stand sich der Igel besonders gut. Im späten Jahr, wenn er schon zu schläfrig war, um noch auf die Jagd zu gehen, brachten sie ihm öfter ein paar Mäuse mit. Zum Dank dafür knackte er ihnen welche von den Nüssen aus seinen Vorräten auf. Sie machten sich nicht viel daraus, doch aus Höflichkeit knabberten sie wenigstens daran herum. Dabei hatten sie ihm auch von der Heiligen Nacht erzählt, die nun bald kommen würde. Sie freuten sich immer schon das ganze Jahr darauf. Sie kamen dann vor die Fenster geflogen, wo die Lichter an den Christbäumen brannten, und schauten hinein. Vor allem aber lauschten sie dem Gesang. Der sei besonders schön, sagten sie, schöner als alles, was es sonst zu erleben gebe, und vom Gesang verstünden sie etwas, da sie sich selber in diesem Fach versuchten. Dabei waren sie von ihren nächtlichen Flügen her allerhand gewöhnt. Beispielsweise sahen sie hoch aus den Lüften den Mond, wie er die Wasser in der Tiefe golden aufblinken machte, als glänzten lauter Gestirne auch unten auf der Erde. Dergleichen bekam niemand sonst zu sehen. Es sei aber alles nichts, sagten sie, gegen diese Lichterbäume und den Gesang.

»Abgesehen natürlich«, fügte das eine Käuzchen hinzu, »von dem Christkind selber. Das haben wir auch schon gesehen in der Waldnacht. Auf einem goldenen Schlitten saß es, von Hirschen gezogen, und Sterne leuchteten ihm auf den Weg. Wir erwähnten es nur nicht gleich, weil diese erbärmlichen Füchse und Wiesel und Marder es ja leider auch zu sehen kriegen in dieser Nacht.«

Der Igel hätte das Christkind auch gerne einmal betrachtet, ganz abgesehen von seiner neugierigen Gemütsart. Er dachte sich aus, was der Weidenbusch wohl sagen würde, wenn er ihm davon erzählte. Aber wie gesagt, es wollte ihm mit dem Wachbleiben im Winter nie gelingen. Eines Morgens im Frühjahr, als er zum ersten Male wieder vor seine Türe trat, fand er die Weide sogar schon mit samtenen Kätzchen prangen. Da hatte er auch noch länger als sonst geschlafen.

»Sieh einer an, Frau Weide«, sagte er, »du hast dich ja schon prächtig herausgeputzt. Du scheinst es ziemlich eilig zu haben.«

»Du jedenfalls nicht, du Schlafmütze«, erwiderte sie, »aber unsereiner weiß auch, wozu es gut ist.«

»Unsereiner«, schnuffelte der Igel, »ich höre immer unsereiner. Es ist mir ja recht, daß du nicht mehr aussiehst wie ein Reiserbesen. Aber wozu es sonst gut sein sollte, das weißt du wohl selber nicht.«

»Ich vergaß es, dir zu erzählen«, sagte die Weide. »Es ist unsereinem auch ein Segen verliehen. In den Zweigen mit den Blüten ist er verborgen. Darum werden die Burschen aus dem Dorf nun bald kommen und sie sich abschneiden.«

»Immer besser«, sagte der Igel, »da bin ich froh, daß es bei mir nichts abzuschneiden gibt.«

»Ich freue mich darüber«, antwortete die Weide. »Es ist ja auch eine hohe Ehre dabei. Sie hängen die Zweige von uns in die Stuben und stecken sie auf die Äcker, weil sie dem Unwetter und dem Feuer wehren. Die Kinder ziehen auch durch die Gassen damit und singen dazu. Du solltest es dir einmal ansehen, denn schließlich kannst du fort von hier. Aber bei dir ist ja am Tage auch meistens noch Winter, du kleiner Faulpelz.«

»Es hat jeder seine Zeiten«, murmelte der Igel und begab sich in seinen Bau zurück. Fortan aber wollte es ihm doch keine Ruhe lassen, was der Weidenbusch ihm gesagt hatte. Als er nicht lange danach in aller Frühe schon die Glocken läuten hörte, machte er sich auf und wanderte in das Dorf, immer unter den Büschen und dicht an den Zäunen dahin, denn er mochte nicht gesehen werden.

Es glückte ihm auch recht gut, denn die Leute standen überall vorne an den Straßen und warteten auf etwas, das da kommen sollte. Keiner gewahrte ihn, wie er in ihrem Rücken an den Häusern entlang getrippelt kam, genau und säuberlich auch um jede Ecke herum, wie das seine Art war, obwohl es ihn manchen Umweg kostete. Als er bei der Kirche angelangt war, ging dort gerade die Türe auf, Gesang ertönte, und die Orgel scholl heraus. Geschwind machte er sich auf einen Holzstoß, der an seinem Wege stand, und da sah er die jungen Burschen schon die Dorfstraße heranschreiten. Sie trugen die blühenden Zweige in den Händen, von denen die Weide erzählt hatte. Manche hatten dicke Buschen davon auf hohe Stangen gesteckt, die waren goldenbunt aufgeziert, und sie trugen sie wie Fahnen vor sich her. Aber dann zeigte sich noch etwas. Ein Esel kam jetzt unter der Kirchentür zum Vorschein, ein richtiger grauer Esel. Aber er schritt nicht einher, sondern stand still auf einem kleinen Wagen mit bemalten Rädern, auf dem ließ er sich von den Burschen ziehen. Auf dem Esel aber saß ein schöner Mann in einem langen Gewand mit offenen Haaren. Der saß auch ganz still, nur seine Hand hielt er erhoben, und wo sie ihn vorüberzogen, da verneigten sich die Leute und nahmen die Hüte ab, und laut erscholl ihr Gesang. Es war kein anderer als der Heiland, wie es die Weide berichtet hatte, bei seinem Einzug in Jerusalem, der Igel erkannte ihn sogleich. Eilends krabbelte er von seinem Holzstoß herunter und kam zwischen den Menschen hindurch auf die Straße geschossen, um ihn ganz aus der Nähe zu sehen. Weil der Zug sich aber indessen weiter fortbewegte, so gelangte er gerade in die Lücke zwischen dem Wagen und dem Pfarrer, der ihm an der Spitze der Prozession nachfolgte. Dort reihte er sich ein, als gehöre er auch dazu. Die Leute aber sahen den Igel wohl, wie er so klein und artig hinter dem hölzernen Heiland auf dem Esel dahinstiefelte. Sie stießen einander an und zeigten auf ihn, aber sie hörten mit ihrem Gesang nicht auf, und keiner verließ seinen Platz. So ist es gekommen, daß der Igel den Einzug des Heilands am Palmsonntag mitgemacht hat. Als sie aber durch das ganze Dorf gezogen waren und sich zuletzt wieder der Kirche näherten, da dachte er, daß es nun an der Zeit wäre, sich wieder davonzumachen. Ganz plötzlich schlug er darum einen Haken und rollte wie eine dicke graue Kugel zwischen den Füßen der Zuschauer hindurch und war verschwunden, ehe sie es sich versahen.

Er ist dann auch ungefährdet wieder zu seinem Holzstall gekommen und hat dem Weidenbusch alles erzählt, was ihm begegnet war und wie er den Heiland mit eigenen Augen gesehen, von dem sie ja nur aus ihren Geschichten wußte. Die Weide aber ärgerte sich nicht, wie er es immer getan, sondern sie freute sich. Er mußte ihr immer wieder alles genauestens berichten, und das tat er gerne.

»Man hat nun auch etwas mitgebracht«, sagte er zum Schlusse, »was man einmal seinen Kindern erzählen kann, verstehst du? Sie stehen dann nicht so armselig da, wie ich immer dagestanden bin, um es dir zu bekennen.«

Das Allerfeinste aber, fügte er hinzu, wäre der Esel gewesen. »Nun, das ist ja ganz natürlich«, sagte er, »weil er den Heiland tragen durfte. Er war so fein, daß er gar nicht selber auf seinen Füßen geschritten ist, sondern stand auf einem Wagen und ließ sich ziehen.«

Von da an freute sich der Igel immer schon auf den Herbst, wenn die Weide wieder besonders zu ihren Geschichten aufgelegt sein würde, und die Weide freute sich auf das, was der Igel ihr dann erzählte, obwohl sie es inzwischen schon viele Male mitangehört hatte. Diese Geschichte aber ist immer schöner geworden, je öfter er sie vortrug, das läßt sich denken.

Paul Alverdes

Gründonnerstag

Der Gründonnerstag ist einer der drei wichtigsten Tage in der Karwoche. An diesem Tag hat Jesus mit seinen Freunden das Abschiedsmahl gehalten. Noch einmal waren sie alle zusammen, Jesus, seine Freunde, die so lange seine Schüler waren. Vielleicht waren auch seine Freundinnen dabei. Ich könnte es mir denken, weil sie ja auch immer bei ihm waren. Leider ist davon nichts aufgeschrieben.

Sie essen gemeinsam das jüdische Passahmahl mit dem Passahlamm, wie es damals üblich war. Dann liegt nur noch das Brot auf dem Tisch, und ein Krug mit Wein steht da.

In diesem Augenblick sagt Jesus ihnen, daß er ein Geschenk für sie habe, damit sie ihn nicht vergessen, wenn er weggehe, daß er so für immer bei ihnen bleibe. Er nimmt das Brot und bricht es, nimmt auch den Wein und dankt Gott dafür. Er sagt ihnen: »Ich bin da im Brot, das alle Menschen satt machen will, im Wein, der den Durst löscht, der euch Freude gibt. Ich bin da für euch, im Brot, im Wein. Ich schenke euch mein Leben, Fleisch und Blut für euch. Macht es später genauso in meinem Namen: Eßt das Brot und trinkt den Wein. Tut es zu meinem Gedächtnis. Dann bin ich bei euch.«

Alle aßen und verstanden doch nicht recht, was geschah. Sie spürten, daß es eine geheimnisvolle Stunde war. Aber ihr Freund und Lehrmeister war ja noch bei ihnen. In den nächsten Tagen, als er nicht mehr bei ihnen war, da wurde ihr Herz langsam wach. Da begriffen sie das große Geschenk, das er ihnen gemacht hatte.

Ein altes Lied erzählt davon:

Beim letzten Abendmahle

1. Beim letzten Abendmahle, die Nacht vor seinem Tod, nahm Jesus dort im Saale, Gott dankend Wein und Brot.

2. Nehmt, sprach er, trinket, esset,
das ist mein Fleisch, mein Blut,
damit ihr nie vergesset,
was meine Liebe tut!

3. Dann ging er hin, zu sterben
aus liebevollem Sinn,
gab, Heil uns zu erwerben,
sich selbst zum Opfer hin.

Samuel erlebt ein Pascha-Fest

Die gläubigen Juden feiern bis auf den heutigen Tag das Paschafest. Sie freuen sich, daß Gott ihre Vorfahren bei einer Plage in Ägypten geschont hat, sie später aus der Gefangenschaft Ägyptens befreite und ihnen auch heute nahe ist.

Der kleine Samuel hat heute seinen großen Tag. Er kann es kaum abwarten, bis sich am Abend die ganze Familie im Gasthaus um den großen Tisch versammelt. Großvater hat schon im Tempelhof das Osterlamm geschlachtet. Nun wird es in der Küche für das Festessen zubereitet. Samuel darf zusehen, wie die Frauen den großen Tisch im Gästehaus festlich decken.

Auf Silberschalen wird das Lammfleisch hereingebracht. An jedem Platz stehen Schüsseln und kostbare Becher für den Wein. Oben am Tischende steht der Sessel Großvaters wie ein Königsthron, ihm gegenüber der siebenarmige Leuchter und der Korb mit dem ungesäuerten Brot. Samuel weiß, das erinnert an den Auszug aus Ägypten. Da hatten die Israeliten keine Zeit mehr, Brot und Sauerteig zu backen. So blieb das Brot für die große Reise ungesäuert.

Schon kommen die ersten Gäste. Feierlich begrüßen sie den Großvater. Er ist ja der Gastgeber. Jedem zeigt er seinen Platz rund um den Tisch. »Wo ist denn Samuel?« fragt Großvater. »Er hat ja heute seinen Ehrentag!« Da entdeckt er ihn hinter dem Vorhang. Samuel wird ganz rot. Aber Großvater nimmt ihn an der Hand und führt ihn auf den Ehrenplatz, ihm gegenüber an den großen Tisch.

Dann nimmt der Großvater den Becher Wein, hebt ihn hoch und spricht ein Tischgebet. Samuel ist ganz aufgeregt. Er weiß, wenn Großvater den Becher zum zweiten Mal hebt und ihn segnet, dann ist sein großer Augenblick gekommen. Samuel ist nämlich der Jüngste am Tisch. Er darf dann Großvater vor der ganzen Familie fragen, warum sie Jahr für Jahr das hohe Pascha-Fest feiern. Doch vorher bricht Großvater noch das Brot in Stücke und teilt es aus. Alle essen davon. Samuel fragt dann endlich mit heller Stimme: »Warum feiern wir heute ein so großes Fest?«

Feierlich nimmt Großvater die Schriftrolle und erzählt die Geschichte von der wunderbaren Rettung seines Volkes durch Gott. Er erzählt die Geschichte der Israeliten, die vor vielen Jahren in Ägypten gefangen waren:

Pharao, der König der Ägypter, wollte unsere Vorfahren, die Israeliten, nicht laufen lassen. Da beteten unsere Vorfahren zu Gott, und Gott schickte viele Plagen, um Pharao und seine Ägypter zu ängstigen. Jedoch das rührte sie nicht. Ein Engel Gottes kam zu unseren Vorfahren. Der sagte, sie sollten ein Lamm schlachten, zu Gott beten und es essen. Mit dem Blut sollten sie ihren Türpfosten anstreichen. Das taten alle unsere Vorfahren am Ostertage, als es dunkel wurde. Der Engel kam und strafte die Ägypter fürchterlich. An den Häusern unserer Vorfahren ging er vorbei. Noch in der Nacht liefen alle Israeliten zusammen und verließen von Moses angeführt das Land. Pharao zog ihnen bald mit Soldaten nach. Aber Gott rettete unsere Vorfahren und damit unser ganzes Volk. Viele Soldaten des Pharao ertranken in den Fluten des Roten Meeres.

»Ja, Gott ist mächtig. Er hat sein Volk lieb. Darum hat er es gerettet, und nun dürfen wir hier wohnen«, sagte der Großvater.

»Alleluja« antworten die Gäste und essen von dem Lammfleisch. Danach hebt Großvater den Segenskelch. Das erinnert an das letzte Pascha-Fest in Ägypten. Alle Gäste trinken. Samuel hat gar nicht gemerkt, daß sie schon über drei Stunden feiern, so gut gefällt ihm das Pascha-Fest. Nun ist er etwas traurig, daß Großvater bereits das große Lob- und Danklied anstimmt:

»Dies ist der Tag,
den der Herr uns geschenkt hat.
Wir wollen jubeln, uns über ihn freun.

Mein Gott bist Du, Dir will ich danken.
Mein Gott, Dich will ich rühmen.

Danket dem Herrn; denn er ist gut.
Ja, immer schenkt er seine Freundschaft.«

(Aus Psalm 118)   Karl Heinz König

Lebendiger Gründonnerstag

Julia darf in den Osterferien ihre Oma besuchen. Darauf freut sie sich sehr; denn ihre Oma hat immer Zeit für sie und weiß soviel zu erzählen. So will Julia am *Gründonnerstag* wissen, warum dieser Tag so heißt. »Mutti erzählte mir, daß ihr früher immer eine Suppe gegessen habt, in die ihr lauter grünes Zeug geschnippelt habt. Kommt der Name daher?« Oma lachte: »Grünes Zeug – Mutti meinte wohl unsere Kräutersuppe. Die können wir meinetwegen heute kochen: Lauch kommt hinein und Brennessel, Brunnenkresse, Löwenzahn, Kerbel, manchmal auch Schafgarbe, Schnittlauch, Petersilie und Basilikum: Neunerlei soll es nach altem Brauch sein.«

»Du liebe Zeit, das kenne ich ja alles gar nicht«, ruft Julia.

»Einiges finden wir im Garten«, beruhigt Julias Oma, »das zeige ich dir. Das übrige können wir auf dem Markt kaufen. Ein paar kleine Kartoffeln kommen auch noch hinein. Du wirst sehen, wie gut die Suppe mit dem vielen *grünen Zeug* schmeckt. Diese Kräuter sind gesund und auch heilkräftig. Das wissen die Menschen schon immer. Gerade am Gründonnerstag erinnern uns die Kräuter daran, wie gut es Gott mit den Menschen meint, nämlich, daß so kräftigende und heilende Kräuter für uns wachsen.«

»Ob das noch viele Menschen wissen?« meint Julia.

»Das wäre schade, wenn das alles vergessen würde. Übrigens haben die Menschen immer gerne am Gründonnerstag Pflanzen in die Erde gesät oder gepflanzt, weil sie davon einen besonderen Segen erwarteten. Waren es doch die Tage, an denen auch Jesus tot in die Erde gelegt und von Gott auferweckt wurde. Du siehst, die Menschen taten das alles nicht gedankenlos, sondern sie spürten dem Geheimnis des Wachsens aus der dunklen Erde und ihres Lebens nach.«

Julia hatte gut zugehört: »Das war aber sehr viel, was du mir da erzählt hast. Nur eins weiß ich jetzt. Das macht doch mehr Sinn, als sich einfach in einem Schnellrestaurant einen Hamburger hineinzuschieben.« Aber der Großmutter fällt noch etwas ein. Gründonnerstag wird noch mehr *Grünes* gegessen, Lauchkuchen oder Krapfen, die mit Kräutern oder Spinat gefüllt werden oder auch Kartoffelpüree mit dem ersten zarten Spinat oder mit Brennesselspitzen.

Julia kann sich nun aussuchen, was sie am Gründonnerstag essen will. Krapfen mag sie nicht, nein, die Kräutersuppe, die will sie probieren. Und daß sie mithelfen darf beim Schnippeln, das ist doch klar.

Grein-Donnerstag

Als die beiden so schnippeln, fällt Julias Oma noch mehr zum Gründonnerstag ein.
»Weißt du Julia, andere Menschen meinen, der Gründonnerstag habe eine andere Bedeutung. Ganz früher durften nämlich die Menschen, die etwas schrecklich Böses getan hatten und Sünder genannt wurden, während der ganzen Fastenzeit nicht am Gottesdienst teilnehmen – als Zeichen, daß sie das Böse bereuten und gutmachen wollten. Du kennst es vom Aschermittwoch: Sie streuten auch Asche auf ihren Kopf. Das alles war eine harte Strafe; denn zu der damaligen Zeit gingen noch alle Christen zum Gottesdienst. So wußten die Menschen genau, wer die großen Sünder waren.«
»Wie schrecklich, Oma«, rief Julia erschrocken.
»Ja, wir können uns das heute gar nicht mehr vorstellen«, fuhr die Oma fort. »Und es ist auch heute gottlob nicht mehr möglich. Aber damals war es so. Und diese *Greinenden*, wie man sie nannte, wurden am Gründonnerstag oder Greindonnerstag wieder in die Gemeinde aufgenommen.«
Julia holte tief Luft: »Daß ein Tag soviel bedeuten kann, das hätte ich nie gedacht.«
Oma sieht das nachdenkliche Gesicht von Julia und greift schnell nach ihrem kleinen Weidenkorb.
»Komm Julia«, ruft sie fröhlich, »wir schauen einmal nach, wie viele Eier unsere zwei Hühner heute gelegt haben. Weißt du, Gründonnerstagseier sollen besonders kräftig sein und Glück bringen. Das werden dann unsere schönsten Ostereier.«

Von den Glocken, die fliegen können

Julia will wissen, ob das stimmt, daß die Glocken am Gründonnerstag nach Rom fliegen. »Oma, das ist doch Blödsinn, was sich da die Leute erzählen.« »Ja, weißt du Julia, richtiger Blödsinn ist es nicht gerade. Es steckt schon ein Sinn dahinter. Die Menschen, die sich diese Geschichte ausgedacht haben, wollten etwas Wichtiges damit ausdrücken. Heute am Gründonnerstag verstummen die Orgel und die Glocken in der Kirche. Sie verstummen, weil damals Jesus gefangengenommen wurde und die Sache schlimm ausging. Alles Schöne, alles Fröhliche verstummte vor Entsetzen. Das wollten die Menschen erzählen, damit es nicht vergessen wurde. Und um es ganz deutlich zu machen, haben sie sich ausgedacht, die Glocken seien sogar weggeflogen. In vielen Orten zogen die Meßdiener dann mit Ratschen aus Holz um die Kirche und schepperten laut. In manchen Orten kannst du das auch heute noch hören. »In der Osternacht kommen die Glocken wieder«, so erzählten es sich die Menschen früher ganz geheimnisvoll und warteten auf Ostern. Übrigens sind die Meßdiener früher – und an manchen Orten auch heute noch – mit den Holzratschen von Haus zu Haus gezogen und haben Eier für Ostern erbeten.

Gründonnerstag und das Liebesessen

Während die Kräutersuppe so vor sich hinköchelt, sagt Oma zu Julia, daß sie am Abend zum Gottesdienst gehen wollen. Die Gemeinde hat dann zum *Liebesessen* eingeladen. Julia schaut Oma verständnislos an: »Was ist das denn? Das hat ja sicher wieder was zu bedeuten.« »Richtig, kluges Kind«, lacht die Oma. »Hast du noch Lust zuzuhören?« »Na klar, Oma, nun will ich auch alles wissen.«

Und Oma erzählt: »Du kennst ja die Geschichte vom letzten Abendmahl. Um den Freunden ganz deutlich zu machen, wie sehr er sie liebte, hat Jesus ihnen nach dem Essen die Füße gewaschen, was sonst nur eine Dienerin oder ein Diener tat. Die Freunde wollten es zuerst nicht zulassen. Aber er sagte ihnen: »Nun begreift doch endlich. Das ist ein Zeichen meiner Liebe. Alles, was ich für euch und die anderen Menschen getan habe, soll euch zeigen: So ist Gott. Gott liebt euch wirklich. Dafür stehe ich mit meinem Leben ein.« Da merken wir, Liebhaben ist die schönste Sache der Welt, aber nicht die einfachste.

Ja, so ist der Gründonnerstag ein richtiger Liebestag geworden. In vielen katholischen Gemeinden bleiben deshalb die Menschen nach dem Abendgottesdienst im Pfarrsaal zusammen. Sie essen gemeinsam, und dieses Essen wird *Liebesessen* genannt, weil es zeigen soll, wir sind als Freunde Jesu füreinander da. Wir wollen es wenigstens versuchen. Wer kann, bringt etwas mit, damit es ein richtiges gemeinsames Essen wird. Die Tische werden mit den Palmzweigen geschmückt. Für dieses festliche Essen möchte ich ein Brot backen zur Erinnerung an Jesu Brot, das er uns ja an diesem Tag geschenkt hat.

Unser Brot

Als Korn gesät,
als Ähren gemäht,
gedroschen im Takt,
gesiebt und gesackt,
dann hurtig und fein
gemahlen vom Stein.
Geknetet und gut
gebräunt in der Glut,
so liegt's duftend und frisch
als Brot auf dem Tisch.
Laßt uns, eh wir's brechen,
den Segen erst sprechen.

Volksgut

Karfreitag

Nun ist fast Ostern. Aber zunächst müssen wir einen traurigen Tag erinnern: Karfreitag. Für die evangelischen Christen ist er seit alters her ein sehr hoher Feiertag. Es ist ein schlimmer Tag. Jesus wurde gefoltert und durch ein Urteil des römischen Statthalters Pontius Pilatus hingerichtet. Uns ist das heute nicht mehr fremd. Wir sehen die Bilder täglich im Fernsehen, wie Menschen gequält und getötet werden. Wir wissen, wie grausam das ist. Jesus hat immer wieder gesagt: Gott will das nicht, das Leid und die Qual. Ihr sollt einander achten und nicht Feinde werden. Macht Frieden! Und dieser Jesus wurde als Unruhestifter gekreuzigt.

So ist Karfreitag ein Tag des Klagens, ein Leidensfreitag. An diesem Tag denken die Menschen auch an alle, die verfolgt werden, die gequält und getötet werden. Wir denken an die Worte Jesu: Ich bin bei euch alle Tage. Jesus kennt die Angst, er kennt die Not, er will bei denen sein, die leiden. Er weiß, das Leid und der Tod sind nicht stärker als das Leben. Er zeigt uns Ostern.

Zur Todesstunde Jesu feiern die katholischen Christen den Karfreitagsgottesdienst. Es wird die Leidensgeschichte vorgelesen und das Kreuz auf besondere Weise geehrt. Die Christen ziehen am Kreuz vorbei und machen zum Zeichen der Verehrung eine Kniebeuge. In manchen Gemeinden heften sie dabei einen Zettel ans Kreuz, auf dem ihre Sorgen und Bitten stehen. Es ist für sie ein Trost, daß sie mit ihrem Kummer nicht alleine sind. In der Osternacht werden die Zettel dann im Osterfeuer verbrannt.

Kreuzgeschichten

Nicht nur große Künstler haben die Leidensgeschichte gemalt, auch die Kinder verehren Jesus mit ihren Darstellungen.

So hat Gero ein Kreuz gemalt. Er wollte auf seine Weise das Kreuz verehren. Er hat einen Bogen Zeichenpapier vor sich gelegt, daneben Pinsel, Farbkasten und ein Gefäß mit Wasser hingestellt. Dann hat er eine Weile still dagesessen und an Jesus gedacht. So ist sein Bild entstanden:

Vielleicht hast du Lust, draußen im Frühling Äste zu suchen, an denen gerade die ersten Blättchen grün ausschlagen. Wenn du zwei nicht zu dicke Äste schneidest und zu einem Kreuz bindest, wirst du es sehen können: aus dem winterstarren Ast wächst es wieder, aus dem Tod kommt das Lebendige. Du kannst Ostern schon spüren.

Dasselbe Erlebnis hast du, wenn du in ausgehöhlte dünne Baumstämmchen bunte blühende Primeln pflanzt.

Du kannst eine Knetmasse nehmen und ein Kreuz formen. Das läßt du dann hart werden. Du kannst es sicher in deinem Zimmer aufhängen.

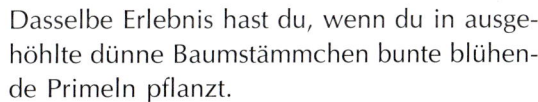

In der Familie könnt ihr einen *Kreuzweg* gestalten. Ihr reißt aus Zeitungspapier viele kleine Papierstückchen und sortiert sie ein wenig nach hellen und dunklen Farbtönen. Legt euch Klebstoff zurecht. Dann nehmt ihr je einen Bogen Papier und legt die Papierfetzchen locker darauf, so wie ihr euch das vorstellt, was ihr darstellen wollt. Dann erst wird festgeklebt. Den Hintergrund könnt ihr noch mit schwarzer Farbe ausgestalten. Es kann jeder oder jede ein Bild gestalten, oder ihr macht gemeinsam ein Bild.

Das *Kreuzbrot:* Auch am Karfreitag darf das Bildbrot nicht fehlen. Am Fastentag gibt es Brötchen aus Hefeteig, unter den ein bißchen Zimt und ein paar Rosinen verknetet werden. Wenn sie schön rund gerollt und noch einmal gegangen sind, wird die Oberfläche in Form eines Kreuzes eingeschnitten, dann mit geschlagenem Eigelb bepinselt und gebacken. Da mußt du in der Frühe mit der Mutter oder sonst jemand aufstehen, um das Trauerbrot zu backen. So ist es seit jeher üblich.

Das seltsame Kreuz

In Frankreich an der Meeresküste ertranken einmal in einem Jahr viele Fischer, die zum Fischen ausgefahren und vom Sturm überrascht worden waren. Tage später fand man die Toten, die zusammen mit den Trümmern ihrer Boote an den Strand gespült worden waren. Da war die Trauer groß in dem kleinen Fischerdorf, und neun Tage, so erzählt man sich, trugen die Menschen die Särge mit ihren lieben Toten zum Friedhof. Eines Morgens nun entdeckten ein paar Kinder eine Gestalt, die auf den Meereswellen schaukelte. Sie liefen ins Dorf und holten ein paar Männer. Die fuhren hinaus aufs Meer und entdeckten eine Jesusfigur, die aus hartem Holz geschnitzt und bunt bemalt war. Es war ein altes Kreuz. Die Stirn Jesu war von der Dornenkrone umgeben, und die Hände und Füße waren durchbohrt. Aber die Kreuzesbalken fehlten und auch die Nägel. Die Männer brachten die Figur zum Pfarrer. Der sagte: »Es ist ein schönes Kreuz. Vor allem freue ich mich, daß Jesus mit ausgebreiteten Armen zu uns gekommen ist, als wolle er uns sagen, wie sehr er Mitleid mit uns Trauernden hier im Dorf hat.«

Sofort bestellte er beim Zimmermann ein schönes Kreuz aus gutem Eichenholz. Als es fertig war, wurde die Jesusfigur mit ganz neuen Nägeln daran befestigt. Nun wurde das Kreuz in die Kirche getragen. Am nächsten Morgen war der Schrecken groß. Die Jesusfigur hatte sich von dem neuen Holzbalken gelöst und lag auf dem Altar. Es wurde nun überlegt, ein schöneres Kreuz herstellen zu lassen. Die armen Fischer des Dorfes spendeten Geld von dem wenigen, was sie hatten. Endlich wurde die Jesusfigur auf einem wunderschönen Kreuz aus schwarzem Edelholz befestigt.

Aber o Schreck – am nächsten Morgen lag der Körper wieder auf dem Altar. Nun wurde ein noch kostbareres Kreuz geplant, und der Pfarrer erhielt von überall her große Spenden, denn die Geschichte von dem seltsamen Kreuz hatte sich rasch verbreitet in der ganzen Gegend. So erhielt der Pfarrer viel Geld und sogar kostbaren Schmuck. Mit Hilfe aller dieser Kostbarkeiten arbeitete ein Goldschmied in zwei Jahren ein kostbares Kreuz aus Gold und Edelsteinen. In einer großen Feier wurde das Kreuz gesegnet.

Nun waren alle gespannt. Aber Jesus, der nicht Gold und Edelsteine gesucht hatte, war am nächsten Morgen nicht mehr am goldenen Kreuzesbalken. Aus Angst, ihn weiterhin zu kränken, ließen die Fischer die Jesusfigur nun auf dem Altar liegen.

Aber dann geschah etwas. Ein Junge, der immer ein wenig verwirrt war und Dinge erzählte, die keinen Zusammenhang hatten, kam eines Tages zum Pfarrer gelaufen und rief: »Ich hab das richtige Kreuz gesehen, unten am Strand, das richtige Kreuz …« Der Pfarrer dachte nicht wie sonst: »Ach der arme Kerl, was träumt er sich wieder zurecht«. Er hatte das Gefühl, gleich mitgehen zu müssen. Er nahm auch noch ein paar Männer mit. Tatsächlich fanden sie dort auch zwei mit Nägeln behauene Bootsplanken, die das Meer lange mit sich herumgetragen hatte. Es waren Wrackstücke eines Bootes, die so zusammengefügt waren, daß sie ein Kreuz bildeten. Die Männer lachten, daß der verwirrte Junge das Ganze für ein richtiges Kreuz gehalten hatte. Aber der Pfarrer lachte nicht und ließ die Planken in die Kirche tragen.

Dann hob er den Gekreuzigten vom Altar, legte ihn auf die kreuzförmigen Planken und nagelte die Figur mit den rostigen Nägeln fest. Dann richtete er das Kreuz auf.

Und das Wunder geschah. Von diesem Kreuz, das aus dem Meer kam, löste sich der Körper nicht ab. So, als wolle Jesus sagen: Ich will auf dem Holz bleiben, auf dem die Menschen gestorben sind und auf dem sie bestimmt vor ihrem Tod nach mir gerufen haben. Ich will bei den Unglücklichen sein.

nacherzählt, nach Anatole France

Die Trauerweide

Als Jesus den Kriegsknechten zur grausamen Geißelung übergeben wurde, rissen einige von ihnen von einem Weidenbaum schlanke Zweige ab und banden diese zu einem Rutenbündel zusammen. Damit schlugen sie dann den wehrlosen Jesus. Der Weidenbaum war darüber sehr traurig. Es war ihm sterbensweh, daß die Unholde den Herrn so grausam mißhandelt und mit seinen Zweigen ihm so bittere Schmerzen bereitet hatten.

Von tiefer Trauer gebeugt, ließ er seine Zweige niederhängen, und nie mehr richtete er sie empor.

Volksgut

Karsamstag

Der Karsamstag erinnert an die Grabesruhe Jesu. Wahrscheinlich war das Grab eine in einen Felsen geschlagene Grabkammer. Man nannte es schon früh das *Heilige Grab*. Durch alle Jahrhunderte bis heute sind die Menschen zum *Heiligen Grab* nach Jerusalem gepilgert. An vielen Orten wurde an Karfreitag ein Heiliges Grab nachgebildet. Dort knieten dann die Menschen und beteten. Heute wird manchmal das Kreuz in eine Seitenkapelle oder vor die Stufen des Altares gelegt und mit Frühlingsblumen geschmückt.

Wir denken schon daran, morgen ist Ostern. Jesus ist nicht im Tod geblieben. Geschichten und auch die Natur verraten uns oft mehr von dem Geheimnis, als wir es sonst sagen können.

Von der Verwandlung des Tagpfauenauges

Im Frühling, wenn der Schnee geschmolzen ist, und die allerersten Veilchen blühen, sucht Mutter Tagpfauenauge leckere Brennesselspitzen auf, um ganz dicht beieinander Hunderte von winzigen Eiern darauf abzulegen. Nach kurzer Zeit kriechen kleine Räupchen aus den Eiern. Diese beginnen nun zu futtern, daß es eine wahre Freude ist. Eigentlich müßte man sie kauen hören in ihrer Eßhöhle. Sie fressen und fressen. Von Tag zu Tag werden sie dicker und immer dicker. Unaufhörlich heißt es: fressen, wachsen, fressen, wachsen. Dann auf einmal sucht sich jede Raupe ein eigenes Blatt aus. Jetzt sieht es aus, als ob sie zaubern könnte: Sie spritzt feine Fäden aus sich heraus und wickelt sich ganz darin ein. Wie eine Puppe schaut sie aus, und so heißt sie nun auch. Bald sieht sie aus wie ein vertrocknetes Blatt. Wie tot schaut es aus. Aber innen, da geschieht es. Da verwandelt es sich gewaltig. Da will etwas Neues werden. Und dann geschieht es: Plötzlich reißt die Haut der Puppe auf, und du kannst nur noch staunen: Heraus kommt ein wunderschöner Schmetterling, das Tagpfauenauge, schimmernd und herrlich bunt in seinen Flügeln. Zuerst zittert er noch. Dann breitet er seine Flügel aus und schwebt davon. Zurück bleibt die alte Haut, die zerrissen am Blatt hängt.

Die Tulpe

Dunkel
war alles und Nacht.
In der Erde tief
die Zwiebel schlief,
die braune.

Was ist das für ein Gemunkel,
was ist das für ein Geraune?
dachte die Zwiebel, plötzlich erwacht.
Was singen die Vögel da droben
und jauchzen und toben?

Von Neugierde gepackt,
hat die Zwiebel einen langen Hals gemacht
und um sich geblickt
mit einem hübschen Tulpengesicht.

Da hat ihr der Frühling entgegengelacht.

Josef Guggenmos

165

Vom Eiwunder

Hast du schon einmal beobachten können, wie ein kleines Küken aus dem Ei schlüpft? Vielleicht könntest du auf einem Geflügelhof nachfragen, wann Küken schlüpfen. Deine Eltern fahren bestimmt mit dir hin. Du hast schon oft ein Ei in der Hand gehabt. Du kennst das Eigelb und Eiweiß. Aber nun erlebst du, daß aus all dem etwas Neues geworden ist, von außen nicht zu sehen. Es ist ein so einmaliges Erlebnis, wenn plötzlich ein winziges, zartes Schnäbelchen von innen gegen die Schale pickt und das kleine Etwas sich immer mehr aus der Schale befreit. Dann steht es da das Küken – wie ein Wunder.

Du kannst sicher gut verstehen, daß das Ei als ein Zeichen für die Auferstehung gesehen wurde. So wie das Küken sich aus der harten Schale befreit, wurde Jesus von der harten Schale des Todes befreit zu einem neuen Leben.

Da ist es kein Wunder, daß seit alters her zu Ostern die Eier als Zeichen der Auferstehung gefärbt, verziert und verschenkt wurden. Ganz früher wurden sie nur rot gefärbt. Das sollte vielleicht an das Blut Jesu erinnern oder auch an seine Liebe zu den Menschen. Vor ungefähr 300 Jahren nannte man sie zum ersten Mal Ostereier und fing an, sie zu verstecken.

Der Karsamstag ist nun ein richtiger Eierfärbe- und Kuchenbacktag. Deshalb wurde er früher auch *Kuchenbackensamstag* genannt. Die Vorfreude auf das kommende Osterfest ist überall spürbar. Viele Vorbereitungen werden getroffen, um das eigentlich schönste Fest im Jahr schön und fröhlich zu gestalten.

Eierfärben

Da kannst du schon mithelfen: Du sammelst Gräser, kleine Frühlingsblumen und Kräuter. Diese reibst du ganz vorsichtig mit Eiweiß, Speiseöl oder auch ganz dünn mit Pelikanol ein und legst sie behutsam auf die vorher gereinigten Eier. Nun umwickelst du die Eier, eins nach dem anderen, mit einem alten dünnen Damenstrumpf. Mit einem Faden wird er jeweils fest abgebunden. Nun kannst du die Eier in die gewünschten vorbereiteten Farbbäder legen, bis die Eier schön farbig geworden sind. Du nimmst sie heraus und entfernst Strumpf und Pflanze. Dort, wo die Pflanze war, ist keine Farbe hingekommen und somit ein Muster entstanden. Wenn die Eier erkaltet sind, kannst du sie mit einem Stückchen Speck schön glänzend reiben.

Du kannst bunte, dünne Wachsplatten nehmen und daraus mit einem spitzen Messer Buchstaben derjenigen Namen ausschneiden, die zu deiner Familie gehören. Die drückst du dann auf ungefärbte oder auch hell gefärbte Eier. Du kannst sie außerdem noch mit Blättern oder anderen Mustern verzieren, ein schönes kleines Ostergeschenk für jeden. Schön werden die Eier auch mit Naturfarben: Rot werden sie mit dem Saft der roten Beete; grün, wenn ihr ins kochende Wasser Brennessel- und Efeublätter steckt; braun, wenn das Wasser mit Zwiebelschalen oder Malzkaffee gekocht wird, gelb, wenn ihr dem Wasser Safran, das Gewürz Kurkuma und Kümmel zufügt.

Bei ausgeblasenen Eiern müßt ihr vorsichtiger sein: Ihr nehmt sie entweder zwischen Daumen und Zeigefinger oder steckt eine Stricknadel durch die Eierlöcher und stopft ein bißchen Knete um die Nadel am Loch. Dann könnt ihr bequem pinseln oder zeichnen. Zum Schluß könnt ihr sie mit Haarspray oder Klarlack besprühen, damit sie schön glänzen. An einem Bindfaden befestigt ihr ein Stückchen Streichholz, das ihr vorsichtig durch das Loch ins Ei schiebt, so, daß es sich querlegt. Nun könnt ihr die Eier an schöne Zweige oder an einen grünen Kranz hängen. So habt ihr einen Osterstrauß oder einen Osterkranz. Der Kranz ist ein Sinnbild des Sieges, und Jesus hat ja den Tod besiegt. Da gehört der Osterkranz unbedingt zu Ostern.

Die Speisenweihe

Hast du schon einmal am Ostersonntag ein Körbchen mit Eiern, dem Osterbrot und einem gebackenen, mit Puderzucker bestreuten Osterlamm mit in den Ostergottesdienst genommen? Für jeden in der Familie kommt ein buntes Ei hinein. Das Osterlamm erinnert an das Passahmahl, das Jesus mit seinen Jüngern gegessen hat, wobei ein Lamm gegessen wurde, allerdings nicht aus Kuchen, sondern aus Fleisch. In vielen Gegenden ist es üblich, daß dieses Essenskörbchen gesegnet wird. Es kommt dann zu Hause auf den Frühstückstisch. Die Eierschalen wurden früher aufbewahrt und später in den Garten oder auf die Felder gestreut, damit alles gut wachsen sollte.

Das Ostergeheimnis

Es war nach dem letzten schlimmen Krieg in Deutschland. Viele Väter waren in den Kämpfen getötet worden, wie auch heute, wo immer es Krieg gibt. Gregor war mit seiner Mutter und den beiden Schwestern zu Verwandten in ein Dorf gekommen, weil ihr Haus weit weg in einer Stadt von Bomben zerstört war. Alles, was sie besaßen, hatten sie verloren. Wie glücklich waren sie gewesen, als sie endlich im Dorf eine kleine Wohnung gefunden hatten. Aber sie waren jetzt arm. Gregor und seine Schwestern hatten nur geschenkte Kleider. Die Mutter mußte schwer in einer Fabrik arbeiten. Abends kam sie ganz müde nach Hause. Gregor und seine Schwestern halfen, die beiden Zimmer in Ordnung zu halten.

Dann kam der Karsamstag. Bisher hatte es die Mutter immer geschafft, von dem wenigen, was sie hatten, ein Osterbrot zu backen. Aber in diesem Jahr hatte sie keine Eier bekommen. Deshalb schickte sie Gregor zu einem Bauern, der außerhalb des Dorfes wohnte. Vielleicht hatte er noch welche. Auch um ein wenig Milch sollte Gregor bitten.

Gregor machte sich schweren Herzens mit der Milchkanne auf den Weg. Es war nicht leicht, immer um etwas zu bitten und vielleicht doch nichts zu bekommen. Endlich kam Gregor zum Bauernhof. Die Bäuerin war gerade dabei, den Hof zu fegen. »Na, guten Tag, Gregor, morgen ist Ostern. Dann muß alles schön sauber sein. Was willst du denn bei mir?« »Ach bitte schön, meine Mutter möchte so gerne ein Osterbrot backen für uns, aber sie hat keine Milch und keine Eier«, sagte Gregor tapfer. »Drei Eier, sagt die Mutter, würden reichen.«

Die Bäuerin ging mit Gregor in die große Küche. »Na, dann warte mal hier und gib mir deine Milchkanne. Die Milch muß ich in der Milchküche holen.« Als die Bäuerin hinausgegangen war, sah Gregor einen Korb mit vielen Eiern. »Und wir haben gar keine«, dachte er wütend. Die können morgen Ostereier essen, soviel sie wollen.« Rasch griff er in den Korb und steckte zwei Eier in seine Hosentasche. »Für die Mama«, dachte er. Als er gerade noch zwei Eier in die andere Tasche stecken wollte, kam die Bäuerin zurück. Gregors Gesicht wurde rot wie eine Tomate. Die Bäuerin sagte kein Wort. Sie stellte die Kanne mit Milch auf den Tisch und packte langsam und sorgfältig drei Eier ein. »Ob sie nichts bemerkt hat?« überlegte Gregor. Er legte das Geld auf den Tisch und wollte schnell fort. Da sagte die Bäuerin: »Gregor, du hast doch noch Geschwister. Kommt doch gleich mal alle drei zu mir und helft mir beim Aufräumen und Fegen des Hofes. So gehören die Eier in deinen Hosentaschen euch. Dann habt ihr sie redlich verdient und noch weitere dazu. Was meinst du, wie euch die Ostereier dann schmecken!«. Gregor stand stocksteif da und brachte kein Wort heraus. Die Bäuerin griff in einen anderen Korb, in dem schon gefärbte Eier lagen. Sie nahm eins heraus, ein schönes leuchtend rotes. Sie teilte es in zwei Hälften und gab eine Gregor. »Komm, wir probieren schon einmal, wie sie schmecken. Und davon erzählen wir niemand. Das ist unser Ostergeheimnis.« Sie strich ihm über die Haare und sagte fröhlich: »Also bis gleich, Gregor!«

Lebendiges Osternest

Wenn du ungefähr 14 Tage vor Ostern Getreidekörner, Gras- oder Kressesamen in eine kleine Schale mit Erde säst, kannst du wieder eine österliche Wandlungsgeschichte erleben: Aus den kleinen Körnern in der dunklen Erde sprießen junge Halme hervor, und du erhältst ein lebendiges Osternest für die bunten Ostereier.

Jesus hat einmal gesagt: Wenn das Weizenkorn nicht in die Erde fällt und stirbt, dann bleibt es allein. Wenn es aber stirbt, bringt es reiche Frucht. Jesus meint: Wenn das kleine Korn in die dunkle Erde gelegt wird, dann kann es sich verwandeln, dann kann aus ihm eine kleine Pflanze hervorsprießen, an deren Halm eine Ähre wächst mit vielen Körnern.

Osternester aus Teig

Aus fertigem Hefeteig kannst du Osternester formen. Du formst zwei Rollen, die du umeinander drehst und an den Enden zusammenfügst, und zwar so, daß in der Mitte genau Platz für ein Ei bleibt. Du steckst ein rohes Ei hinein, das mit gebacken wird. Nach dem Backen kannst du das Ei durch ein buntes austauschen. Aus den weißen kann dann zu Ostern ein Eiersalat gemacht werden. Genauso schön sieht es aus, wenn das Osternest aus drei Teigrollen geflochten und dann wie vorher zusammengefügt wird. Beim Osterfrühstück bekommt dann jeder ein solches Osternest.

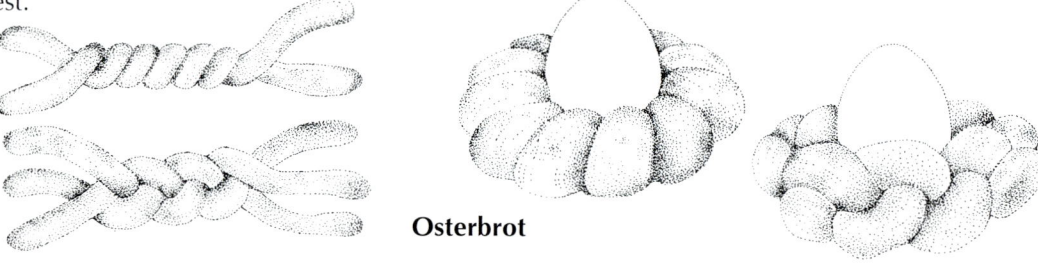

Osterbrot

Das älteste Bildbrot, das wir kennen, ist der Osterfladen. Er war und ist ein Sinnbild für die Sonne. Beim Backen des Hefeteigs ist wieder die Mutter gefragt oder sonst jemand, der sich mit dem Hefeteig auskennt. Eier gehören zum Osterfladen und Mandeln, ja und Safran, Safran macht den Kuchen gelb. Bevor der etwas flach ausgewellte Fladen in den Backofen kommt, werden lauter Pünktchen so eingestichelt, daß es wie Sonnenstrahlen aussieht. Übrigens gingen die Menschen früher in der Osternacht auf einen Berg oder Hügel und aßen dort vor Sonnenaufgang den Osterfladen. Das kann man nachmachen. Der Osterfladen schmeckt sicher genausogut beim Osterfrühstück.

Spaß macht es auch, eine Osterhenne aus dem Hefeteig zu formen, die ein Ei trägt oder natürlich Osterhasen. Da ist deiner oder eurer Fantasie keine Grenze gesetzt.

Auch die Brezel, verfeinert mit Mandeln, gehört zum Osterbrot wie auch das Sonnenrad als Zeichen für die wiederkehrende Sonne und den auferweckten Jesus.

Osterbaum

Das wird ein Werk für alle, die Lust haben mitzumachen. Einige backen ein schönes kleines Sonnenrad; andere bemalen zwölf ausgeblasene Eier als Zeichen für die Freunde Jesu, vielleicht auch einige mehr für die Mutter Jesu und die Freundinnen; die restlichen basteln den »Baum« aus vier Stäben, die als Baum zusammengefügt und mit Buchsbaum umwickelt werden. Dann wird der Baum unten in eine mit Sand gefüllte Vase mit schmaler Öffnung gesteckt. Nun werden die Eier und das Sonnenrad aufgehängt. Er kann auf dem Frühstückstisch stehen.

Osterkerze

Ihr nehmt dicke, nicht zu hohe Kerzen. Dazu braucht ihr noch bunte Wachsplatten und ein scharfes kleines Messer, damit ihr aus den Wachsplatten Formen herausschneiden könnt. Aber Vorsicht mit dem Messer! Die kleinen Wachsplättchen haften von selbst auf der Kerze, wenn ihr sie gut andrückt. Nun überlegt euch schöne Motive, die zu Ostern passen: z.B. Jesusworte: Ich bin das Brot (ein Brot oder Ähren); Ich bin der Weinstock (Weinreben mit Trauben); Ich bin der Weg (einen Weg mit Pflanzen); Ich bin Anfang und Ende (A und Z unseres Alphabets mit dem Kreuz in der Mitte). Dir fällt bestimmt noch mehr ein. Eure fertige Kerze könnt ihr in eine Schale mit Ostergras stellen. Oder ihr füllt einen kleinen Glasteller mit Wasser und legt Frühlingsblumen um die Kerze herum. So habt ihr ein schönes Ostergeschenk und eine österliche Familienkerze.

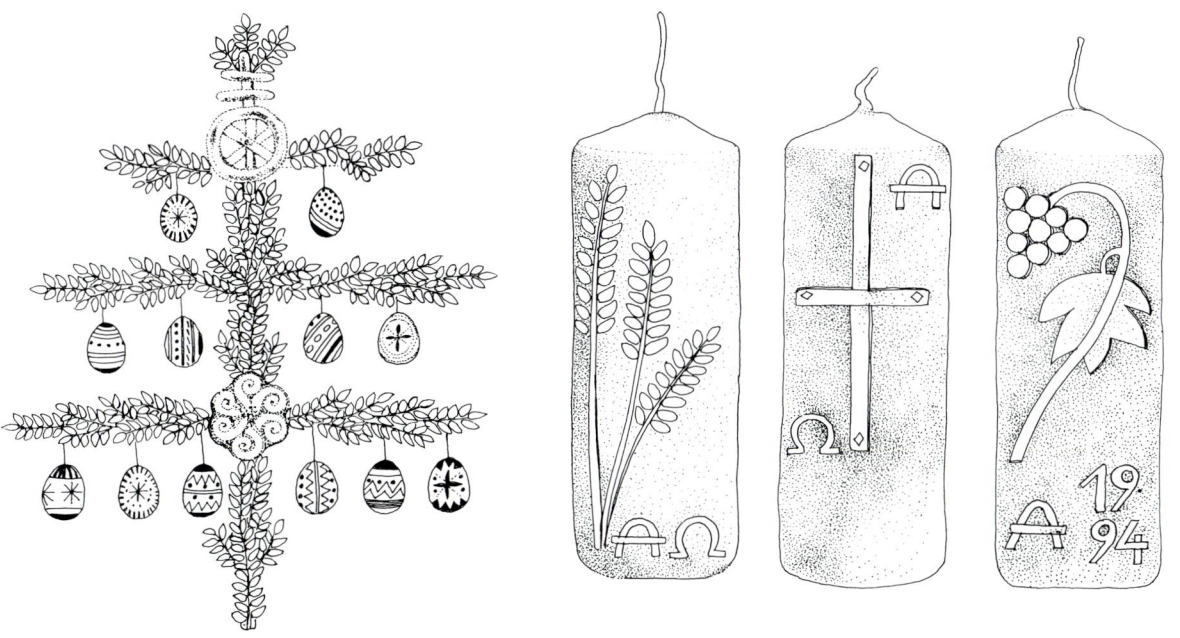

Ostern

*Die ganze Welt jetzt
fröhlich ist*

Ostern

Von der großen Osterfreude

Stell dir einmal vor, ein dir lieber Mensch ist gestorben. Du bist tieftraurig und eigentlich durch nichts zu trösten. Du verstehst das alles gar nicht. Nichts ist mehr wie vorher. Und dann kommt plötzlich jemand zu dir gelaufen und sagt: Dein Freund lebt. Das kannst du bestimmt nicht fassen. Das ist auch wie ein Schrecken für dich. So ähnlich werden auch die Freunde von Jesus reagiert haben, als sie hörten: Jesus lebt. Ja, das ist Ostern: Jesus lebt. Er ist nicht im Tod geblieben. Gott schenkt neues Leben. Von dieser Freude erzählen die Ostergeschichten in der Bibel. Eine davon will ich dir erzählen.

Maria Magdalenas Osterfreude

Maria von Magdala war zu Tode betrübt. Niemand konnte sie trösten. Jeder Mensch ist traurig, wenn jemand, den man sehr liebhat, auf einmal stumm ist und tot daliegt. Ganz wenig kann man nur noch für ihn tun: seinen Körper waschen, ihn in ein schönes Totengewand kleiden und seinen Sarg mit Blumen schmücken. Das Herz ist voll Trauer, denn alle Geschenke der Liebe machen ihn nicht wieder lebendig.

So ging es auch Maria von Magdala. Am liebsten wäre sie bestimmt vor der Grabkammer von Jesus sitzen geblieben. Ich kann mir vorstellen, daß sie dann die Freunde und Freundinnen und die Mutter von Jesus suchte, um mit ihnen zu trauern und über Jesus zu sprechen, was sie alles mit ihm erlebt hatten. Das tat gut, und alle fühlten, daß sie mit ihrem Schmerz nicht allein waren. Maria Magdalena wußte: Nichts ist mehr wie vor wenigen Tagen. Das große Glück, Jesus gefunden zu haben, war zerbrochen wie ein Glas. Er hatte ihr soviel von Gott erzählt. Wie sollte sie jetzt alleine nach Gott suchen? Jesus, ihr liebster Lehrer und Freund, war tot.

Ganz früh am Morgen, als es noch gar nicht richtig hell war, hielt sie es nicht mehr aus. Sie lief zum Grab. Vielleicht hat sie gedacht: Am besten ist es da für mich, wo Jesus begraben liegt. Viele Menschen, die einen Toten begraben haben, kehren an sein Grab zurück. Sie wollen ihm nahe sein.

Als Maria Magdalena dann zum Grab kam, sah sie, daß der Grabstein vor dem Felsengrab weggewälzt war. Aufgeregt lief sie zu den Freunden zurück und rief: »Man hat den Herrn aus dem Grab weggenommen.« Die Freunde Petrus und Johannes liefen mit ihr zum Grab. Als sie das leere Grab sahen, gingen sie wieder fort. Maria aber blieb. Sie war ganz durcheinander. Sie weinte. Wo war Jesus? Nun hatte sie auch keinen Ort mehr, wo sie dem toten Freund nahe sein konnte.

Plötzlich sah sie zwei Männer am Grab sitzen, die zu ihr sagten: »Frau, warum weinst du?« »Man hat meinen Herrn weggenommen, und ich weiß nicht, wohin sie ihn gebracht haben.« Sie weinte immer noch und drehte sich um. Da stand plötzlich ein Mann vor ihr. Maria meinte, es sei der Gärtner. Aufgeregt fragte sie ihn: »Hast du meinen Herrn weggenommen? Dann sag mir bitte, wohin du ihn gelegt hast.« Da sagte der Mann nur ein Wort: »Maria!« Maria Magdalena blieb das Herz fast stehen. Mit dem Ohr ihres Herzens verstand sie sofort: Das ist Jesus! Sie rief: »Meister!« Auf einmal war alles gut. Ihr Herz jubelte vor Freude. »Liebster Meister«, rief sie, eilte zu ihm hin und wollte seine Hände nehmen. Aber Jesus sagte zu ihr: »Maria, halte mich nicht fest. Geh zu meinen Freunden und sag' ihnen, daß du mich gesehen hast, und daß ich bald zum Vater gehe.«

Sicher war Maria so glücklich wie noch nie in ihrem Leben. Sie wußte nun sicher: Jesus lebt. Er hatte es ihr zuallererst mitgeteilt. Sie durfte es den anderen sagen. Sie hatte ihn verstanden, was er damit meinte: Halte mich nicht fest. Jesus kann man nicht festhalten, ehe man nicht selbst durch den Tod gegangen ist.

Vom Evangelisten Johannes kennen wir Maria Magdalenas Osterfreude. So wissen wir auch, daß Jesus lebt und uns auch begegnen will, wenn wir wie Maria Magdalena lernen, mit dem Herzen zu hören und zu sehen.

Ostern feiern

Ostern ist das älteste und höchste Fest. Es wird seit der Zeit der Apostel, also schon fast 2000 Jahre gefeiert. So wichtig war den Christen immer die Botschaft: Jesus ist nicht im Tod geblieben. Gott hat ihm neues Leben geschenkt. Nun brauchen wir auch keine Angst mehr vor dem Sterben zu haben. Da bist du sicher mit mir einer Meinung: Das ist wirklich ein Grund zur Freude und zum Feiern.

Ostern wird jedes Jahr am Sonntag nach dem ersten Frühlingsmond gefeiert. Deshalb wechselt das Datum auch jedes Jahr. Ungefähr 300 Jahre nach der Auferstehung Jesu wurde das so festgelegt. Woher der Name *Ostern* kommt, wissen wir nicht genau. Vielleicht von einer alten germanischen Göttin, die *Ostera* hieß und als Frühlingsgöttin verehrt wurde. Andere meinen, Ostern stamme von einem alten deutschen Wort *östra* ab, das den Sonnenaufgang im Osten meint. So glaubten die Menschen früher auch, daß die Sonne am Ostermorgen aus Freude über den auferstandenen Jesus mehrmals am Horizont emporhüpfe. Wie beim Weihnachtsfest wollten die Menschen sagen: Jesus ist unsere Sonne.

Aus einem alten Osterlied

Es ist Ostern!
Laßt uns mit Freude einander umarmen!
Es ist Ostern!
Die Erlösung von Schmerzen und Tod!

Aus dem Grab wie aus dem Palast hervorleuchtend
hat Christus die Frauen mit Freude erfüllt,
da er sagte:
»Verkündigt es den Jüngern!«
Es ist der Tag der Auferstehung.
Laßt uns durchstrahlt werden vom Jubel
und einander umarmen!
Laßt uns Bruder und Schwester sagen
auch zu denen, die uns nicht mögen!

Verzeihen wir uns alles um der Auferstehung willen
und rufen wir:
»Christus ist auferstanden vom Tode,
durch seinen Tod hat er den Tod überwunden!«

Hört ihr's läuten?

Text: Gerhard Tauchelt / Melodie: Herbert Beuerle
© Strube Verlag, München

1. Hört ihr's läu-ten? Läu-ten, läu-ten, läu-ten laut in al-len Lan-den?

Heu - te ist Je-sus Christ auf - er - stan - den, auf - er - stan - den!

2. Hört ihr's singen? Singen, singen, singen laut in allen Landen? Heute ist Jesus Christ auferstanden, auferstanden!

3. All ihr Menschen! Freut euch, freut euch, freut euch laut in allen Landen! Heut ist Jesus Christ auferstanden, auferstanden!

Zur Osterzeit

Die ganze Welt, Herr Jesus Christ,
zur Osterzeit jetzt fröhlich ist.

Jetzt grünet, was nur grünen kann,
die Bäum' zu blühen fangen an.

So singen jetzt die Vögel all.
Jetzt singt und klingt die Nachtigall.

Der Sonnenschein jetzt kommt herein
und gibt der Welt ein' neuen Schein.

Die ganze Welt, Herr Jesus Christ,
zur Osterzeit jetzt fröhlich ist.

Friedrich von Spee

179

Osterfeuer und Osterkerze

Das Feuer ist von den Menschen seit jeher verehrt worden. Das Feuer macht warm, macht die Dunkelheit hell, es schenkt Leben. So war das Feuer immer auch ein Zeichen für die Sonne, die erwärmt und Leben schenkt. Deshalb entzündete man auf den Bergen die Frühlingsfeuer, um die Frühlingssonne zu begrüßen: Das Kalte und Erstarrte des Winters sollte verbrennen, das Warme, das Helle, das neue Leben kommen. Auch heute werden in einigen Gegenden noch mit Stroh umwickelte Holzräder zu Tal über die kahlen Felder gerollt. Da kannst du verstehen, daß die Christen Feuer und Sonne zum Sinn-Bild machten für Jesus, der uns das neue Leben geschenkt hat. Er ist nicht im Tod geblieben. Nun wissen wir: Auch uns wird neues Leben geschenkt werden. So beginnt die Feier der Osternacht in der Kirche mit einem *Osterfeuer* vor der Kirche. Vielleicht hast du es schon einmal erlebt, wie das Feuer plötzlich die Dunkelheit erhellt und Wärme ausstrahlt. Du kannst es spüren: Jetzt ändert sich etwas. An dem Feuer wird dann die *Osterkerze* angezündet. Sie ist festlich geschmückt. Immer sind der erste und der letzte Buchstabe des griechischen Alphabets – *Alpha und Omega*, das bedeutet: *Anfang und Ende* – mit schönen Wachsbuchstaben auf die Kerze aufgedrückt. Das soll bedeuten: Jesus Christus ist Anfang und Ende der Welt. Dann siehst du noch fünf rote Wachsnägel. Sie erinnern uns an die fünf Wunden Jesu am Kreuz. Die Osterkerze wird gesegnet und dann in den dunklen Kirchenraum getragen. Dabei wird ein österliches Jubellied gesungen: *Lumen Christi*. Das bedeutet: *Licht Christi!* Wenn die Osterkerze durch die dunkle Kirche getragen wird, verstehen wir, was Jesus gemeint hat, als er einmal gesagt hat: »Ich bin das Licht der Welt.« Er wollte das Dunkle in der Welt hell machen. Nun sollen wir es tun, sein Licht in die Welt tragen. Deshalb werden an der Osterkerze andere kleine Osterkerzen angezündet, die die Menschen mitgebracht haben oder in der Kirche bekommen. Wie schön ist es, dieses Osterlicht mit nach Hause zu nehmen und es zum Mittelpunkt des österlichen Frühstückstisches zu machen. Weil die kleine Kerze nicht allzulange brennt, könnt ihr auch mit ihr die Osterkerze der Familie entzünden, die ihr in der Karwoche gestaltet habt. Auch bei den anderen Mahlzeiten kann das Osterlicht brennen. Ihr könnt ein Osterlicht zum Familiengrab bringen. Tod und Leben gehören ja zusammen. Das tun die Menschen seit alters her. Auch alte Leute freuen sich über eine Osterkerze, wenn sie nicht mehr selber am Gottesdienst teilnehmen können.

Die große Osterkerze in der Kirche steht auf einem eigenen Leuchter und wird bis zum Fest Christi Himmelfahrt bei jedem Gottesdienst angezündet. Am Tag Christi Himmelfahrt ist nämlich die Osterzeit zu Ende.

Osterwunsch

Ich wünsche euch zum Osterfest
daß ihr mit Freuden seht,
wie alles, weil's der Himmel will,
wahrhaftig aufersteht.

Das Dunkle weicht, das Kalte schmilzt,
erstarrte Wasser fließen,
und duftend bricht die Erde auf,
um wieder neu zu sprießen.

Wir alle müssen eines Tag's
von dieser Erde gehn.
Wir werden, wenn der Himmel will,
wie Ostern auferstehn.

Eva Rechlin

Osterwasser

Wir können uns unser Leben ohne Wasser gar nicht vorstellen. Keine Pflanze würde wachsen, kein Tier könnte leben und auch kein Mensch. Alles lebt vom Wasser. Das Wasser säubert uns, es stillt unseren Durst. Wir können uns im Wasser tummeln, wenn es heiß ist, und es heilt uns bei ganz bestimmten Krankheiten. Es ist unser *Wasser des Lebens*, aber es kann auch genausogut zum Wasser des Todes werden. Die schrecklichen Sturmfluten und Überschwemmungen erzählen uns da schlimme Geschichten. Das Wasser besitzt so eine gewaltige Kraft. Vielleicht haben die Menschen früher das Wasser mehr geachtet als wir heute. Es kam ja auch nicht ständig und bequem aus dem Wasserhahn geströmt. Nein, sie mußten es aus dem Brunnen schöpfen, und nicht selten war kein Wasser mehr da. So fühlten die Menschen die Segenskraft des Wassers. In der Osternacht gingen die Mädchen schweigend zum Brunnen oder zu einer Quelle, um sich verschwenderisch mit viel Wasser zu waschen. Sie glaubten, so immer jung und schön zu bleiben. In der Osternacht wird das Osterwasser geweiht, das uns sagen will, Jesus ist lebendiges Wasser für uns. Viele Menschen nehmen vom Osterwasser mit nach Hause. Sie bewahren es in einer kleinen Schale auf. Sie segnen damit ihre Wohnung, ihre Kranken und alle, die für längere Zeit das Haus verlassen. Sie beten dabei um Heilung und Schutz.

Osterjubel

Wie freuen sich die Menschen, wenn dann im Ostergottesdienst das feierliche *Auferstehungslied* gesungen wird und kurz danach auch das *Ehre sei Gott in der Höhe*. Dann fangen die Glocken wieder an zu läuten, und die Orgel klingt mächtig durch die Kirche. Ja, dann weiß es wirklich jeder: Jetzt ist Ostern. In vielen Gemeinden wünschen sich die Menschen in der Kirche: Gesegnete Ostern!

Das Osterlachen

Du wirst erstaunt fragen: »Was ist das denn?« Ja, du kennst es nicht. Dabei war es ein so schöner Brauch. Der Priester erzählte früher in der Osterpredigt lustige Geschichten, daß alle darüber lachen mußten. Damit wollte er zeigen, daß Ostern ein Fest der Freude ist und wir allen Grund haben, uns zu freuen. In dem Gottesdienst bleibt es leider heute in der Regel ernst. Aber sicherlich wird bei euch gelacht an den Osterfeiertagen, besonders bei den lustigen Spielen.

Der Osterhase

Daheim ist es dann endlich soweit: Ostereiersuchen. Was der *Osterhase* eigentlich mit Ostern zu tun hat, weiß niemand genau. Wohl ist er schon seit 400 Jahren als *Eierbringer* bekannt. Der Hase ist im Frühling das erste Tier, das Junge bekommt. So ist er zum Sinn-Bild des Lebens geworden. Es kann auch daher kommen, weil die bäuerlichen Arbeiter früher ihrem Herrn für das Stückchen Land, das sie hatten, zu Ostern Eier und Hasen als Pacht bringen mußten. Immerhin: Bis heute bauen die Kinder mit viel Freude ihre Osternester oder suchen unter Sträuchern und in allen Ecken in der Hoffnung, viele bunte Eier zu finden. Ich hoffe, du doch sicherlich auch! Manche Kinder legen sogar Hasenfutter zum Nest.

Lied des Osterhasen

Man nennt mich Osterhase,
Warum? Das weiß ich nicht.
Ich stecke meine Nase
so gern ins Osterlicht.

Vielleicht, daß man mich deshalb
den Osterhasen nennt.
Ich lauf, und weiß nicht, weshalb
die Sehnsucht mit mir rennt.

Ich schieße Purzelbäume.
Ich flieg durchs grüne Land.
Ich spränge auf die Bäume,
wär ich dazu imstand.

Ich wünsch mir, wo die Saat steht,
hellgrün und warm besonnt,
ein riesiges Salatbeet
bis an den Horizont.

Man nennt mich Osterhase.
Warum? Das weiß ich nicht.
Doch steck ich meine Nase
so gern ins Osterlicht.

James Krüss

Der geheimnisvolle Osterhase

Maria und der kleine Peter liefen am Ostermorgen ganz früh in den Garten. »Ob wir schon Ostereier finden?« fragte der kleine Peter. »Vielleicht«, rief Maria und schaute unter den Forsythiensträuchern nach. »Nanu«, rief sie, »was sehe ich denn da?« »Och, ein Osterei, ein richtiges Osterei«, schrie Peter. »Siehst du, das erste habe ich gefunden.« Und er legte es behutsam in sein Körbchen.

»Bist ein schönes Osterei!« Peter war ganz zufrieden.

Maria war schon weitergegangen in die Ecke, wo die Narzissen blühten. »Schau, da sehe ich etwas Rotes zwischen den grünen Blättern«, rief Maria fröhlich. »Nicht nur ein rotes«, jauchzte der kleine Peter und legte flugs ein rotes und ein gelbes und ein grünes Ei in sein Körbchen. Maria schaute zu den Tannen hinüber, Peter natürlich auch. »Im Moos, da sieht es ganz bunt aus.« Schneller als seine große Schwester war er dort und sammelte die bunten Ostereier in sein Körbchen… »Och, jetzt ist mein Korb schon schön schwer.« Peter schielte zu Marias Korb, der noch ganz leer war. Die Schwester lief gerade zu den Johannisbeersträuchern. Da kullerte ihr plötzlich ein rotes Ei vor die Füße. »Nanu, ein rotes Ei«, staunte sie und legte es in ihren Korb. Schon wieder rollte etwas vor ihre Füße. »Nanu, noch ein buntes Ei!« Da lächelte der kleine Peter geheimnisvoll. Noch ehe Maria an den Johannisbeersträuchern angekommen war, rollte ein drittes Ei mitten in die gelben Butterblumen, genauso gelb wie sie. »Wer ist denn nun hier der Osterhase?« rief Maria fröhlich. »Och, weiß ich doch nicht«, sagte der kleine Peter. Dann liefen sie gemeinsam zu den Sträuchern und sammelten noch vier Eier auf. Munter stapften sie danach zurück durch den Garten zum Osterfrühstück.

Has, Has, Osterhas

Has, Has, Osterhas,
wir möchten nicht mehr warten!
Der Krokus und das Tausendschön,
Vergißmeinnicht und Tulpe stehn,
schon lang in unserm Garten.

Has, Has, Osterhas,
mit deinen bunten Eiern!
Der Star lugt aus dem Kasten raus,
Blühkätzchen sitzen um dein Haus,
wann kommst du Ostern feiern?

Has, Has, Osterhas,
ich wünsche mir das Beste:
ein großes Ei, ein kleines Ei,
dazu ein lustiges Dideldumdei.
Und alles in dem Neste.

Paula Dehmel

Der Ostervater

Tanja freut sich. Endlich sind Osterferien, und das Osterfest steht vor der Tür. Täglich wartet Tanja auf den Paketmann von der Post. Zu Ostern schickt ihr der Vater immer ein Riesenpaket, viel größer als zu Weihnachten. Oft sind lustige Sachen darin, die Tanja sonst nie bekommt und süße Schleckereien wie Marzipanhasen und Marzipaneier. Marzipan mag Tanja schrecklich gern. Der Vater wohnt nicht mehr bei ihr und der Mutter, schon lange nicht mehr. Er besucht sie auch selten, weil er so weit weggezogen ist und schrecklich viel Arbeit hat. So sagt er immer am Telefon.

Dann ist das Osterfest plötzlich da. Tanja hat kein Paket bekommen. Der Vater hat auch keinen Brief geschrieben, er hat auch nicht angerufen. Dann will Tanja auch kein Osterfest. Der Vater hat nicht an sie gedacht. Tanja hat keine Lust aufzustehen. Traurig zieht sie die Decke über den Kopf. Sie denkt an das Osternest, das die Mutter immer für sie versteckt am Ostermorgen. Das Osternestsuchen macht jetzt auch keinen Spaß. Aber was ist, wenn die Mutter genauso traurig ist? Was denkt sie, wenn Tanja ihr Osternest nicht haben will? Langsam steht Tanja auf. Sie schluckt die Tränen tapfer hinunter. Sie geht langsam ins Wohnzimmer. Der Frühstückstisch ist schon gedeckt mit Osterglocken, gebackenen Osternestchen, in denen ein buntes Ei steckt. Mitten auf dem Tisch neben den Osterglocken steht ein großer Marzipanhase. Die Mutter nimmt Tanja in die Arme und sagt: »Frohe Ostern!« Da muß Tanja doch weinen. Sie will schnell zum Balkon laufen, um ihr Osternest zu suchen. Da klingelt es. »Wer ist das denn?«, ruft Tanja. »Vielleicht der Osterhase«, meint die Mutter. »Du machst Witze«, ärgert sich Tanja und geht zur Tür, um zu öffnen. »Frohe Ostern«, schallt es ihr entgegen, und vor ihr steht tatsächlich ein Osterhase, Tanjas Vater. Er hat sich Hasenohren angeklebt und einen Osterhasenschnurrbart. Er steht da mit einem riesengroße Osternest in den Armen. »Papa, mein Osterhase!« Tanja weiß nicht mehr, soll sie lachen oder weinen. Die Tränen laufen auf alle Fälle über ihre Backen. Jetzt ist wirklich Ostern geworden. Der Vater ist da, wenigstens heute. Das Osterfrühstück dauert ganz lange. Zwischen dem Kicken der Eier gibt es soviel zu erzählen.

Willkommen Ostertag

Was soll denn das bedeuten,
Schneeglöckchen hübsch und fein?
Wir wollen nichts, wir läuten
ja nur den Frühling ein.

Bald wird es Sonntag werden,
und vor Gottes Altar
steigt aus dem Schoß der Erden
der Blumen bunte Schar.

Die grünen Augen brechen
dann auf in Busch und Hag,
und alle Blüten sprechen:
Willkommen Ostertag!

Hoffmann von Fallersleben

Bertrams Tagebuch

Eine Ostergeschichte

In Gelsdorf war ein schon recht betagter Lehrer, der seinen Schulkindern dann und wann aus einem zerschlissenen, dicken Schreibbuch teils absonderliche, teils ganz vernünftige Aufzeichnungen vorlas – wie es ihm jeweils gerade passend erschien.

Das dicke Schreibbuch war ein Tagebuch. Ein junger Mensch hatte darin von seinem zehnten Lebensjahr an alle seine Gedanken und Erlebnisse aufgeschrieben, hin und wieder sogar ein Gedicht oder eine selbsterdachte kleine Geschichte und Beobachtungen von Menschen und Tieren. Die Gelsdorfer Schulkinder nannten es »Bertrams Tagebuch«, weil der Lehrer ihnen gesagt hatte, daß der eifrige Tagebuchschreiber Bertram heiße, Bertram Weener, und dieser Name stand auch in sorgfältig hingemalten, großen Druckbuchstaben auf der ersten Seite.

Die erste Eintragung in dem Tagebuch lautete: »Am zehnten August neunzehnhundertsiebenunddreißig. Ich will ein Tagebuch führen und alles aufschreiben, was ich denke und erlebe und sehe, und meine Gedanken sollen das Wichtigste und Beste sein, damit etwas Gutes von mir zurückbleibt, wenn ich alt bin und sterbe.«

Bertrams Erlebnisse unterschieden sich kaum von den Erlebnissen anderer Kinder. Trotzdem lauschten die Gelsdorfer Schulkinder den Vorlesungen aus seinem Tagebuch, als wären das die großartigsten Abenteuergeschichten. Bertram konnte nämlich erzählen und denken, und er warf manche Fragen auf, die den Gelsdorfern tagelang durch die Köpfe gingen, über die sie sich mit ihrem Lehrer unterhielten, untereinander stritten und diese ihren Eltern weitererzählten. Dabei wußte niemand, wer dieser Bertram eigentlich in Wirklichkeit war. Zuerst hatten die Kinder im Dorf herumgehorcht und gefragt, ob jemand einen Bertram Weener kenne. Aber niemand hatte je von ihm gehört, und der alte Lehrer war in dieser Sache lange Zeit nicht zum Sprechen zu bringen. Er erklärte nur: »Bertram ist einer von uns.«

Das verstanden die Kinder zunächst nicht. Erst mit der Zeit bewahrheitete sich diese Behauptung ganz von selber: Bertram wurde einer der Ihren. Sie lernten ihn gründlich aus seinem Tagebuch kennen, besser, als hätte er mit ihnen die Schulbank gedrückt. Er dachte über dieselben Dinge nach wie sie auch, allerdings mit dem Unterschied, daß er weiter dachte als sie, daß er sich mühte, seine Fragen selbst zu beantworten und allen Dingen auf den Grund zu gehen. Die Gelsdorfer Kinder gelangten mit der Zeit dahin, ihren Bertram zu bewundern und zu lieben, sie eigneten sich seine Gedanken und Träume an, und sie sprachen von ihm, als wäre er hier in Gelsdorf und nirgends anders aufgewachsen, um ihnen ein leuchtendes Vorbild zu sein.

Kurz vor Ostern las der Lehrer ihnen aus Bertrams Tagebuch eine Aufzeichnung vor, die sich mit dem Osterfest befaßte. Da stand: »Am Osterfest 1941. Vater ist heute morgen mit mir in die Kirche gegangen. Der Pfarrer predigte von der Auferstehung des Herrn. Ich habe sehr aufmerksam zugehört, weil ich endlich hinter das Geheimnis kommen wollte. Es ist ein Geheimnis, daß jemand stirbt und doch weiterlebt. Ich bin nur der Sohn von Herrn Friedrich Weener. Ich muß über das alles mal gründlich nachdenken.« Die Gelsdorfer Schulkinder hörten sich das an und versanken danach in nachdenkliches Schweigen, als müßten sie ihrem Bertram nun beim Nachdenken helfen. Aber da sie Bertram ja längst gut genug kannten, hob plötzlich eines von ihnen den Finger und fragte den Lehrer: »Wie geht es denn weiter? Wenn er nachdenken wollte, hat er seine Gedanken doch sicher auch aufgeschrieben!«

Der Lehrer nickte.

»Gewiß tat er das«, sagte er, »Bertram hat tatsächlich eine Antwort auf solche Fragen gefunden, allerdings viel später. Aber wenn ich sie euch verraten will, muß ich sein Geheimnis lüften.« Die Kinder saßen regungslos vor Spannung in ihren Bänken. Jetzt mußte es kommen, jetzt sollten sie womöglich endlich erfahren, wer Bertram in Wirklichkeit war!

»Und um sein Geheimnis zu lüften«, fuhr der Lehrer fort, »müßt ihr alle mit mir einen ganz bestimmten Weg gehen. Ich werde euch zu Bertram führen. Und wenn wir bei ihm sind, sollt ihr selbst beurteilen, ob er tot ist oder lebendig.«

Das war wahrhaftig eine seltsame Rede, mit der die Kinder nichts weiter anzufangen wußten, als sich die Köpfe über ihren verborgenen Sinn zu zerbrechen.

Am Ostersonntag, als der Lehrer sie endlich zu Bertram bringen wollte, fehlte kein einziges. Der Lehrer ging seiner Schar voran. Er führte sie zum Dorf hinaus und weiter durch das Nachbardorf, eine halbe Stunde etwa von der Bahnstrecke entlang und bog dann ab auf Wälder zu.

Keins von den Kindern wagte zu sprechen. Dabei war es ein Tag wie zur Freude geschaffen: der Frühling war mit unzähligen bunten Blumen eingezogen, keine Wolke stand am Himmel, und der Wind strich schwach und warm herbei. Sie gingen am Waldrand entlang, eine gute Stunde beinah, es war wie ein Klassenausflug, und die Kinder dachten insgeheim, daß jetzt sicher bald ein wunderschönes Haus, wenn nicht gar ein Schloß auftauchen würde, in dem ihr Bertram wie ein verzauberter Prinz wohne.

Aber da kamen sie auch schon an eine Biegung, und die ganze Schar blieb jählings wie erstarrt stehen: vor ihnen wuchs ein kleines hölzernes Kreuz aus der Erde, und davor wölbte sich ein Hügel, ein Grab, wie jeder sofort erkannte. In das Kreuz war ungelenk ein Name geschnitzt: Bertram Weener.

Es dauerte eine ganze Weile, bis die Kinder begriffen, was das zu bedeuten hatte. Sie standen hier also vor seinem Grab, vor dem Grab ihres Bertram. Sie konnten sich einfach nicht vorstellen, daß er dort tot unter dem kleinen Hügel liegen sollte. Sie starrten auf sein Grab und dachten an alles, was in seinem Tagebuch stand, was sie von ihm wußten – und sie kannten ihn doch so gut, und jedes hatte sich längst ein ganz bestimmtes Bild von Bertram gemacht! Aber nicht einmal die Mädchen mußten weinen, als sie jetzt sein Grab sahen und begreifen mußten, was das bedeutete. Sie schüttelten nur ungläubig die Köpfe und beugten sich dem Kreuz zu, um den Namen wieder und wieder zu lesen.

»Hier habe ich ihn damals gefunden«, sagte der Lehrer endlich, »das war an einem der letzten Kriegstage, nachdem in diesen Wäldern blutige Kämpfe getobt hatten. Er war schwer verwundet und mußte noch eine Weile gelebt haben.

Als ich ihn fand, lag er in seiner Soldatenuniform hier auf der Erde und war tot. Seine rechte Hand umklammerte sein Tagebuch, in der linken hielt er noch den Bleistift. Er kann höchstens achtzehn Jahre gewesen sein, als er starb.«

Aber die Kinder schüttelten immer noch ungläubig die Köpfe, und schließlich fragte eins, was Bertram denn zuletzt noch in sein Tagebuch geschrieben habe? Der Lehrer, der das Buch bei sich hatte, schlug es auf und blätterte bis zu der Seite, auf der Bertrams letzte Gedanken aufgezeichnet waren, und er las den Kindern vor. »Ich habe keine Angst mehr. Ich werde sterben und doch weiterleben in Gottes Ewigkeit. Das glaube ich, und mir ist, als wüßte ich es auch.« Das war Bertrams letzte Botschaft.

Als der Lehrer das Buch wieder zuschlug, flüsterten die Kinder plötzlich eifrig miteinander. Und dann liefen sie auseinander, in den Wald und in die Wiesen, um wenig später mit Händen voll Anemonen, Leberblümchen und Himmelsschlüsselchen zurückzukehren. Sie streuten die Blumen auf Bertrams Grab, bis es ganz davon bedeckt war. Als sie danach noch eine Weile still herumstanden, sagte plötzlich eines von ihnen – und die anderen nickten dazu mit den Köpfen: »Er hat ja auch recht, er ist gar nicht tot. Wir wissen es doch schließlich auch – und sogar ganz genau.

Eva Rechlin

Osterblumen

Hast du sie schon entdeckt, die vielen Gänseblümchen? Früher haben die Menschen sie sehnsüchtig erwartet. Schon bald nach den Schneeglöckchen haben sie sich durch die Erdkruste geschoben und zeigen uns, daß nichts in der dunklen Erde bleibt. So wurden ihnen viele Jahrhunderte lang Heilkräfte zugesprochen. Uns schmeckt heute ein frischer Frühlingssalat mit Gänseblümchen besonders gut. Es ist lustig, wie viele Namen sie haben: Gänseblümchen, weil sie mit den Gänsen verglichen wurden, die oft auf einem Bein stehen; oder in Schweden Priesterkragen, wegen des weißen Blütenkragens; oder Tagesauge in England und kleine Margerite, das heißt kleine Perle in Frankreich.

Dann sind da die leuchtenden Schlüsselblumen. Bestimmt pflückst du einen dicken Strauß davon. Sie werden auch Himmelsschlüssel oder Primeln genannt. Du darfst sie aber nicht mit den Gartenprimeln verwechseln. Früher haben die Menschen sie ganz ehrfürchtig gepflückt, wenn es Neumond war. Dann sollten sie besonders heilkräftig sein. Ja, und das Mädchen, das die ersten Schlüsselblumen vor Ostern fand, sollte noch im selben Jahr Hochzeit feiern –, kein Wunder, daß die Schlüsselblumen auch Heiratsschlüssel hießen. Auch die ersten Veilchen entdeckst du. Ihre Blütenblätter sind violett und erinnern so an die Leidenszeit Jesu. In einer Geschichte über das Veilchen können wir lesen, daß die ersten Veilchen am Fuße des Kreuzes aufgeblüht seien. Nicht zu vergessen die prächtigen Osterglocken, die jetzt überall in den Gärten blühen.

Ostersprüche

Ich schenke dir ein Osterei.
Wenn du's zerbrichst,
so hast du zwei!

Ich gebe dir ein Osterei
als kleines Angedenken.
Und wenn du es nicht haben willst,
so kannst du es verschenken.

Eia, eia, Ostern ist da!
Fasten ist vorüber,
das ist mir lieber.
Eier und Wecken
viel besser schmecken.
Eia, eia, Ostern ist da!

Mein Vater kaufte sich ein Haus.
An dem Haus da war ein Garten.
In dem Garten war ein Baum.
In dem Baum da war ein Nest.
In dem Nest da war ein Ei.
In dem Ei da war ein Dotter.
In dem Dotter war ein Osterhase.
Paß auf, der beißt dich in die Nase!

Stieb, stieb, Osterei,
ich bitte um ein Kakel-Ei.
Gibst du mir kein Kakel-Ei,
stieb ich dir den Rock entzwei.

alle Volksgut

Osterhas, Osterhas,
leg uns recht viel Eier ins Gras,
trag sie in die Hecken,
tu sie gut verstecken,
leg uns lauter rechte,
leg uns keine schlechte,
lauter bunte, unten und oben,
dann wollen wir dich bis Pfingsten loben.

Viktor Blüthgen

Osterspiele

Eierschieben

Eierschieben, Eierschieben,
das wird heute groß geschrieben.
Eins, zwei, drei, vier, fünf, sechs, sieben,
wenn die Sache klappt!
Mal ein Kuchen,
mal ein Ei,
Apfelsinen auch dabei.
Eins, zwei, drei, vier,
fünf, sechs, sieben
hab ich schon
geschnappt!

Sieben bunte Eier liegen in der Reihe. Wer sie mit verschränkten Armen vorwärtsschieben kann, ohne, daß sie wegkullern, erhält einen Preis.

Striezen

Einige verstecken sich mit einem Korb voller bunter Ostereier unter einer Decke. Ihr macht so einen runden Buckel, daß es ausschaut wie ein aufgeplustertes Huhn. Wenn ihr fertig seid, dürfen die anderen hereinkommen. Die schlagen dann auf den Deckenberg und rufen: Striez, striez! Dann gackert ihr unter der Decke wie ein Huhn, und heraus kullert ein buntes Ei. Da müssen die anderen aufpassen, wo es herauskommt und wohin es rollt. Wer hat es ergattert? Und schon geht es weiter: Striez, striez! – bis keine Eier mehr im Korb sind. Na, wer hat die meisten erwischt?

Eier verteilen

Die Spieler und Spielerinnen sitzen im Kreis. In der Mitte steht ein Teller mit bunten Ostereiern. Auf ein Zeichen hin flüstert jede oder jeder der Person auf der rechten Seite ins Ohr, welches Ei in welcher Farbe sie gerne schenken möchte: rot oder gelb zum Beispiel. Dann nennen alle die Farbe. Wurde eine Farbe nur einmal genannt, darf der- oder diejenige das Ei wegnehmen.

Eierkullern

Es kann im Freien an einem kleinen Hang, notfalls auch drinnen an einem schräg gestellten Brett gespielt werden. Die Eier werden nacheinander hinuntergerollt. Dabei wird versucht, mit dem eigenen Ei die anderen Eier zu treffen. Wer eins getroffen hat, bekommt es.

Eierkicken

Jeweils zwei Spieler nehmen ein Osterei in die Hand und kicken die Eier mit den Spitzen gegeneinander. Wer dabei das Ei des oder der anderen eindrücken kann, erhält dieses Ei. Aber selbstverständlich nur, wenn das eigene heil geblieben ist.

Eierbaum

Auf dem Boden werden mehrere Eier in der Form eines Baumes ausgelegt, also Stamm und Äste. Dann rollen die Mitspielerinnen und Mitspieler aus etwa fünf Metern Entfernung eine Murmel in Richtung Eierbaum. Wer getroffen hat, erhält das Ei.

Eierwettlaufen

Wer mitspielt, legt sich ein Osterei auf einen Suppenlöffel. Auf ein Zeichen laufen oder gehen alle zu einem bestimmten Ziel hin und zurück. Wer zuerst am Ziel ist – natürlich mit dem Ei, hat gewonnen und erhält einen Preis.

Ein Oster ABC

A lle Vögel bauen schon,

B auen ihre Nester.

C rocus, Primeln und Narzissen,

D as erfreut die Herzen.

E iner will sogar gesehn

F rühlingshasen braun und schön,

G roße, kleine, dicke, dünne

H uschten durch die Felder.

I da meint: die Osterhasen,

J osef lacht mit langer Nase.

K räht der Hahn, er weiß es besser.

L ange haben seine Hennen

M anches Osterei gelegt.

N aturbraun und ockergelb

O sterbunt – da pinseln viele auf der Welt.

P ünktlich dann am Ostermorgen

Q uicklebendig, ohne Sorgen

R ennen alle Kinder los,

S uchen fleißig hinterm Busch

T ausend bunte Eier

U nterm Baum und in dem Haus

V asen lassen sie nicht aus.

W agen dann ein Eierspiel.

X aver schreit: Ich krieg nicht viel.

Y psilon, das Fest ist aus.

Z u Bett gehn alle: Hennen, Hasen, Kind und Maus.

Hermine König

Maifeiertag

1. Mai

Überall ist der Frühling nun da. Die Menschen freuen sich darüber. Sie feiern ein Fest. Das Maifest ist uralt: Jedes Jahr wurde der Hochzeitstag des germanischen Frühlingsgottes mit der Erdgöttin, die nun aus der Winterstarre befreit war, gefeiert. An manchen Orten wird auch heute noch eine Maikönigin gewählt, aber die Menschen wissen oft gar nicht mehr warum.

In manchen Dörfern laufen die Kinder in den Wald, holen grüne Zweige und schmücken damit das Haus oder die Wohnung. Ein Zweiglein kommt an die Haustür, ein anderes vielleicht in die Vase. Jeder soll spüren: Der Mai ist da. Vielleicht macht es dir sogar Spaß, mit deinen Freunden oder Freundinnen auch wie die Kinder und Jugendlichen früher Maizweige zu holen. Damit könnt ihr von Haus zu Haus gehen. Ihr klingelt, bietet einen kleinen Zweig an und ruft oder singt fröhlich:

Der Mai, der Mai, der lustige Mai

Aus dem Siebengebirge

1. Der Mai, der Mai, der lu-sti-ge Mai, der kommt her-an-ge-rau-schet. Ich ging in den Busch und brach mir ei-nen Mai, der Mai, und der war grü-ne.

1.– 2. Tra la-la, tra-la-la-la-la-la, der Mai, und der war grü-ne.

2. Der Mai, der Mai, der lustige Mai erfreuet jedes Herze.
Ich spring in den Reih'n und freue mich dabei
und sing und spring und scherze.

Früher bekamen die Kinder etwas dafür, einen *Heischelohn*, ob heute vielleicht auch noch?
An vielen Orten wird der Mai mit einem Maibaum begrüßt, der im Wald geholt wird. Er wird mit bunten Bändern, einem bunten Kranz, Zeichen der Handwerker und manchmal auch mit Eiern geschmückt. Bestimmt dürft ihr dabei helfen. Dann wird der Baum in der Mitte des Dorfes aufgestellt. Seine Bänder flattern im Frühlingswind. Der Mai wird also fröhlich begrüßt. Die Menschen freuen sich, daß nun alles grünt und blüht. Die Erwachsenen versammeln sich zum Maitanz oder daheim mit Freunden zur Maibowle.

Maibowle auch für Kinder

Die ersten frischen Erdbeeren kleinschneiden und zuckern, mit Fruchtsaft, Himbeersirup, Zitronensaft und Sprudelwasser mischen. Nun wird dem schönen Mai zugeprostet.

Maria Maienkönigin

In diese Freude über das neue Wachsen und Blühen ringsum paßt es, daß genau in diesem Monat an Maria, die Mutter Jesu, besonders gedacht wird. Sie hat Jesus geboren, der uns durch sein Leben, Sterben und Auferstehen ein neues Leben geschenkt hat. Deshalb haben die Menschen sie seit alters her liebevoll Maienkönigin genannt. Ein Lied, das schon 150 Jahre alt ist, erzählt davon:

Maria Maienkönigin,
dich will der Mai begrüßen.
O segne seinen Anbeginn
und uns zu deinen Füßen.
Maria, dir empfehlen wir,
was grünt und blüht auf Erden.
O laß es eine Himmelszier
in Gottes Garten werden.

Guido M. Görres

Eine Maria-Geschichte

Wir wissen nicht, wie Maria als Kind gelebt hat. Es wird erzählt, daß ihre Eltern Joachim und Anna hießen. Sie waren einfache Leute. Sie lebten in Israel. Marias große Geschichte beginnt, als sie ein junges Mädchen war. Der Evangelist Lukas hat sie aufgeschrieben. Du kennst sie vom Fest Maria Verkündigung (auf Seite 146). Sie erhielt plötzlich eine Botschaft von Gott: Du wirst ein Kind bekommen, einen Sohn. Du sollst ihn Jesus nennen. Er wird der Sohn Gottes sein. Sie vertraute Gott. Sie sagte: »Ja!«
Kurze Zeit später besuchte Maria ihre Kusine Elisabeth. Dazu mußte sie einen langen mühsamen Weg über die Berge gehen. Elisabeth war auch schwanger. Ihr Kind sollte Johannes heißen. Ob die beiden werdenden Mütter ahnten, daß ihre Kinder kein leichtes Leben haben würden? Einige Monate später mußte Maria mit ihrem Mann Joseph nach Bethlehem reisen und ihr Kind unterwegs zur Welt bringen, nicht in einem Haus oder sogar in einem Krankenhaus, nein, in einem Stall. So erzählt es Lukas. Du kennst die Weihnachtsgeschichte (auf Seite 84). Ja, fliehen mußte sie sogar mit ihrem Kind in ein fremdes Land, weil der damalige König es töten wollte. Dort war sie eine Ausländerin. Das war bestimmt nicht

leicht für sie, bis sie zurückkehren konnten nach Nazareth.

Dann erfahren wir in der Bibel nichts mehr über das Kind und seine Familie in Nazareth, bis Jesus 12 Jahre alt war. Als die Familie nach Jerusalem zum Osterfest pilgerte, war Jesus am liebsten mitten unter den gelehrten Männern im Tempel. Unbemerkt blieb er sogar dort, als seine Eltern mit vielen anderen Leuten sich auf den Heimweg machten. Als seine Eltern ihn nach langem Suchen fanden, machte er ihnen klar, daß er ihre Vorwürfe nicht verstand. Er sagte ihnen, daß er ein größeres Zuhause bei Gott gefunden habe. Die Eltern verstanden überhaupt nicht, was er meinte. Bestimmt kam er ihnen ein bißchen fremd vor.

Danach hören wir nichts mehr über Joseph. Man nimmt an, daß er früh gestorben ist. Nun mußte Maria alle Probleme alleine lösen, das war sicher nicht einfach.

Von Jesus erzählen die biblischen Schriftsteller erst wieder, als er 30 Jahre alt war. Er hatte seinen Heimatort bereits verlassen und zog als Wanderprediger durch das Land. Du kannst dir vorstellen, daß seine Mutter sich Sorgen gemacht hat. Jesus hatte seinen Beruf aufgegeben. Er lebte von dem, was die Menschen ihm gaben. Er war obdachlos. Er hatte keine Zeit mehr für einen üblichen Beruf.

Er wollte den Menschen von Gott erzählen und wie dieser sich das Leben der Menschen vorstellt. Maria hörte seltsame Geschichten über ihren Sohn: Er sei mit Betrügern zusammen, esse bei ihnen, kümmere sich um verrufene Mädchen und achte auch die Gesetze seiner jüdischen Religion nicht immer. Ich stelle mir vor, daß es Maria nicht leicht gefallen ist, das alles zu verstehen. Einmal reiste sie zu ihm und versuchte, ihn zur Rede zu stellen. Wie weh muß es ihr getan haben, als er sie zurückwies. Er sagte ihr, daß er Wichtigeres zu tun habe, als sich nach ihren Vorstellungen zu richten. So geht es den Eltern oft, wenn Kinder ihre eigenen Wege gehen. Aber Maria hat Jesus nicht aufgegeben. Aus der Ferne begleitete sie ihn mit ihren guten Wünschen.

Als Jesus dann angeklagt und hingerichtet wurde, war sie ganz nahe bei ihm. Sie stand unter dem Kreuz. Seine Freunde waren feige davongelaufen. Nur einer stand bei ihr und einige Freundinnen von Jesus. Als er vom Kreuz abgenommen wurde, hielt Maria sicherlich ihren toten Sohn auf ihrem Schoß, bevor er begraben wurde. Nach seinem Tod blieb sie bei seinem Freundeskreis. So erfuhr sie auch, daß Gott Jesus nicht im Tod gelassen, sondern ihm ein ganz neues Leben geschenkt hatte.

Wann und wo Maria gestorben ist, wissen wir nicht. Am 15. August feiern wir das Fest, daß Maria nun bei Jesus, bei Gott im Himmel ist.

An Maria denken

Seit alters her wird Maria als Mutter von Jesus verehrt. Besonders die Menschen, die Kummer haben oder in großer Not sind, beten zu ihr. Sie suchen die Mutter, die tröstet, die ermutigt, die Hoffnung gibt:

An Maria denken gibt Mut, auf Gott zu vertrauen, wie sie es in ihrem Leben getan hat.

An Maria denken hilft uns, wie sie auf den Willen Gottes aufmerksam zu werden.

An Maria denken hilft, vor Schwierigkeiten nicht davonzulaufen.

An Maria denken hilft, zu Menschen zu stehen, auch, wenn es Mißverständnisse gibt.

An Maria denken hilft uns, wie sie auf ihren Sohn zu hören: »Sie bewahrte alle seine Worte in ihrem Herzen« steht in der Bibel geschrieben.

Überall auf der Welt gibt es Kirchen, die ihren Namen tragen;

gibt es viele Maler, die ein Marienbild gemalt haben, obwohl niemand weiß, wie sie ausgesehen hat;

gibt es viele Dichter und Komponisten, die ein Gedicht, eine Geschichte oder ein Lied über sie geschrieben haben;

gibt es viele Mariengebete;

gibt es im Jahr viele Festtage zu ihrer Verehrung.

Ich denke gern an dich, Maria

Maria, du bist die Mutter Jesu.
Eine Mutter kann ich mir gut vorstellen,
ich habe auch eine Mutter.
Du hast für Jesus gesorgt,
bis er erwachsen war.
Du hast ihm nicht das Haus verboten,
wenn er Dinge tat, die du nicht verstandest.
Du hast versucht zu verstehen, was er meinte,
anstatt mit ihm zu schimpfen.
Du hast gemerkt, es ist wichtig,
was mein Sohn macht.
Vielleicht hast du gespürt: Wo er ist,
da fühle ich mich in Gottes Nähe.
Du hast schreckliche Dinge erlebt,
als dein Sohn getötet wurde.
Wie hast du das alles ausgehalten?
Du hast bestimmt gejubelt,
als du hörtest: Jesus lebt.
Da wußtest du: Mein Gott ist treu.
Du kennst das, wie es ist, ganz traurig zu sein.
Du kennst das, wie es ist, ganz glücklich zu sein.
Es tut mir gut, an dich zu denken.
Ich weiß, du verstehst mich.
Ich kann mit allem zu dir kommen.
Du bist eine Mutter.

Die liebe Frau der Indios, die Hoffnung gibt

Es war zur Zeit, als das heutige Mexiko von den Spaniern erobert wurde. Die Spanier waren Christen und wollten die Indios, die ihre eigenen Götter verehrten, zu Christen machen. Die Spanier waren grausam, nahmen den Indios ihr Land und ihre Schätze weg, zerstörten ihre kostbaren Tempel und töteten viele Menschen. Da konnten die Indios nicht glauben, daß der Gott dieser Menschen ein guter Gott sei.

Einer von den Indios war Juan Diego. Eines Tages streifte er durch die Berge, als etwas Seltsames geschah. Juan Diego hörte einen Gesang wie von vielen wundersamen Vögeln. Ihr Gesang entzückte ihn und erfüllte sein Herz mit tiefer Freude. Plötzlich sah er auf der Spitze eines Berges eine Frau von großer Schönheit. Ihre Kleider glänzten wie die Sonne, und die Berge warfen ihre Strahlen golden zurück. Er sah, wie ein Regenbogen das ganze Land umspannte, so daß alle Pflanzen aussahen, als ob sie goldene Blätter und Dornen hätten. Die Frau sprach zu Juan Diego. Sie bat ihn, zum christlichen Bischof zu gehen. Juan Diego solle ihm sagen, Maria, die Mutter des wahren Gottes, wünsche, daß an diesem Ort ein Tempel gebaut werden solle. In ihm wolle Maria, die Mutter der Indios, allen Bewohnern dieses Landes ihre Liebe und ihren Schutz schenken. Sie wolle ihre Klagen anhören und ihnen in ihrem Leid nahe sein.

Als Juan Diego das alles dem Bischof erzählte, glaubte ihm dieser kein Wort. Traurig ging der Indio fort. Da bat Maria ihn, an einer Stelle der Wüste, wo nichts wachsen konnte, Rosen zu pflücken. Juan Diego ging in die Wüste, entdeckte die Rosen und pflückte sie. Er trug sie in seinem Mantel zum Bischof. Dort schlug er seinen Mantel auf, und die Rosen fielen zu Boden. Da war es dem Bischof, als ob er auf dem Mantel das Bild Marias erblickte. Nun ließ der Bischof die Kirche an dem genannten Ort, der Guadelupe hieß, bauen. Hier spürten die Indios in ihrem Herzen die Liebe Marias zu ihnen. Ihr vertrauten sie, ihrer »Lieben Frau von Guadelupe«. Hier fanden sie auch die Kraft, Christen zu werden. Seit dieser Zeit kommen die Indios immer wieder nach Guadelupe, klagen vor dem Bildnis Marias. Dort schauen sie Maria an, wie sie auf einer schwarzen Mondsichel steht, mit einem blauen Sternenmantel bekleidet. Ihr Haar ist schwarz wie ihre Augen, braun ihre Haut –, wie eine Indiofrau schaut sie aus.

Auch heute herrschen noch immer Armut und Unterdrückung, und die Indios holen sich Kraft bei Maria, dagegen anzugehen. Da knien sie vor ihrer »Lieben Frau«, die sie hoffen läßt, daß ihr Leben einmal besser wird.

Nach einer Legende erzählt

Der Tänzer Marias

Es war um das Jahr 1150, als ein seltsam gekleideter Mann vor der großen Eingangspforte eines französischen Klosters stand. Seiner bunten Kleidung nach gehörte er zu den Spielleuten, die in der damaligen Zeit den Leuten auf den Marktplätzen lustige Tanzstücke vorführten. Auch unterhielten sie die Menschen mit vielen lustigen Scherzen. Das Wams des Spielmannes hatte alle möglichen Farben und war mit vielen Flicken besetzt. Kein vernünftiger Mensch hätte einen solchen Rock angezogen. Nur die Kinder fanden das toll.

Nun stand er mit einem schmalen Bündel in der Hand, in dem alles zusammengeschnürt war, was er besaß, vor der Klosterpforte. Der Klosterbruder, der die schwere Pforte öffnete, war ganz erstaunt, einen Straßentänzer zu sehen. Dieser bat darum, ein Klosterbruder werden zu dürfen. Der Klosterbruder ging mit ihm zum Abt, der das Kloster leitete. Der Abt nahm den Tänzer auf und gab ihm den Namen: Bruder Robert. Nun mußte er wie die anderen Brüder vom frühen Morgen bis zum späten Abend arbeiten. Nur zu ganz bestimmten Zeiten des Tages wurde die Arbeit unterbrochen. Dann trafen sich die Klosterbrüder zum Gebet. Da Bruder Robert keinen Beruf erlernt hatte, war es nicht leicht, die richtige Arbeit für ihn zu finden. Überall stellte er sich ungeschickt an. Die Maurerbrüder schickten ihn in die Schreinerei. Dann kam er in die Schneiderei, in die Küche, in den Stall, auf die Felder. Aber überall wollte man ihn auf die Dauer nicht haben. Da er aber immer pünktlich zum gemeinsamen Gebet in die Kirche kam, liebenswürdig und hilfsbereit war, durfte er bleiben. Aber Bruder Robert wurde von Tag zu Tag verzagter. War er denn zu gar nichts nütze? Er war zwar immer zum Beten in der Kirche. Aber er verstand die gelehrten Gebete der Mitbrüder nicht, weil sie in der lateinischen Sprache gebetet wurden.

Eines Tages kniete er in der kleinen Kapelle vor dem Marienbild. Er war ganz allein. Da fing er plötzlich an, mit seinen eigenen Worten zu beten. Er flehte zu Maria, sie solle ihm doch helfen, richtig zu beten. Als er Maria so anschaute, da wußte er es plötzlich. Etwas hatte er doch auch gelernt. Er konnte tanzen. Überglücklich fing er an, vor Marias Bild zu tanzen. Er hüpfte hin und her und drehte sich wirbelnd im Kreis. Er tanzte so schön und mit soviel Freude, wie er es noch nie getan hatte. Zuletzt lag er erschöpft und glücklich auf dem Boden. Nun schlich er jeden Abend ganz allein in die Kapelle und tanzte vor dem Marienbild. Einmal wurde er von zwei Mitbrüdern beobachtet, ohne daß er es bemerkte. Es gefiel ihnen so gut, daß sie jeden Abend wiederkamen und sich versteckten.

Eines Tages gingen sie zum Abt und erzählten ihm, was sie gesehen hatten. So versteckte sich der Abt mit ihnen in der Kapelle. Als Bruder Robert zu tanzen anfing, schüttelte er seinen Kopf. Aber dann wurde er von dem Tanz so ergriffen, daß er niederkniete und seine Hände faltete. Er hatte verstanden, daß dieser Tanz ein wunderbares Gebet war. Bruder Robert beendete seinen Tanz mit einigen rasenden Wirbelsprüngen. Dann lag er erschöpft vor dem Marienbild. Als er sich nach einer Weile noch nicht erhoben hatte, trat der Abt leise vor. Er beugte sich nieder und berührte Bruder Robert an der Schulter. Dann drehte er ihn vorsichtig um. Er sah, daß er tot war. Er segnete ihn und sprach: »Singe und tanze, lieber Bruder, von nun an ganz in der Nähe Marias, zu ihrem Lob bis in alle Ewigkeit.«

Nach einer Legende erzählt

Wie eine Blume ihren Namen bekam

Es hatte einmal ein Fuhrmann seinen Karren, der mit Wein schwer beladen war, festgefahren, so daß er ihn trotz aller Mühe nicht wieder flottbringen konnte. Nun kam gerade die Gottesmutter des Weges daher, und als sie die Not des armen Mannes sah, sprach sie zu ihm: »Ich bin müde und durstig, gib mir ein Glas Wein, und ich will dir deinen Wagen freimachen«. »Gerne«, antwortete der Fuhrmann, »aber ich habe kein Glas, worin ich dir den Wein geben könnte«.

Da brach die Muttergottes ein weißes Blümchen mit roten Streifen ab, das Feldwinde heißt und einem Glas sehr ähnlich sieht und reichte es dem Fuhrmann. Er füllte die Blume mit Wein, und die Muttergottes trank ihn, und in dem Augenblick wurde der Wagen frei, und der Fuhrmann konnte weiterfahren. Das Blümchen heißt bis auf den heutigen Tag Muttergottesgläschen.

Volksgut

Muttertag

Der Mai ist ein richtiger »Müttermonat«. Wir verehren nicht nur Maria, die Mutter Jesu. Wir feiern auch unsere Mutter, nämlich am zweiten Sonntag im Mai: Dann ist Muttertag. Vergessen kann das eigentlich niemand. Alle Schaufenster weisen uns darauf hin.

Weißt du eigentlich, woher der Muttertag kommt? Du wirst staunen. Schon vor 300 Jahren gab es einen Muttertag, zuerst in England, dann später auch in Amerika. Hier lebte eine Frau, die Anna Jarvis hieß und in Philadelphia wohnte. Sie schlug vor, einen Muttertag zu feiern. Die so wichtige Arbeit der Mütter sollte mehr geachtet werden. Wenn jemand Schreiner, Apotheker oder Ärztin ist, dann wird seine oder ihre Arbeit als wichtig anerkannt. Er wird ja auch dafür bezahlt. Aber der Beruf, Mutter zu sein und die Arbeit für die Familie zu tun, wurde meist nicht ernst genug genommen. Darauf sollte der Muttertag hinweisen. Es wurde sogar eine Internationale Muttertagsgesellschaft gegründet. In immer mehr Ländern wurde in der nachfolgenden Zeit der Muttertag gefeiert, seit 1922 auch bei uns in Deutschland.

Was geschieht nun meistens am Muttertag? Die Mutter bekommt in vielen Familien das Frühstück ans Bett gebracht, oder der Vater und die Kinder haben den Frühstückstisch festlich gedeckt. Die Kinder schenken vielleicht ein Bild, sagen ein Gedicht auf und bemühen sich den Tag über, besonders aufmerksam zu sein. Der Vater schenkt auch einen wunderschönen Blumenstrauß und lädt die Familie zum Essen ein, damit die Mutter nicht kochen muß. Vielleicht macht die Familie auch einen Ausflug.

Angebotskiste: Muttertagsideen

Du nimmst mit Vater und Geschwistern einen großen bunten Karton. In die Mitte klebt ihr ein Foto der Mutter. Dann sucht Zeitungen und Illustrierte zusammen und schneidet Bilder und Textzeilen aus, die zur Tätigkeit der Mutter passen, ein Foto von einer bügelnden Frau oder Küchenarbeiten, eine Frau mit Kinderwagen, 70-Stundenwoche, eine Verkäuferin, eine Frau am Herd, die Mutter einmal berufstätig und einmal im Haushalt der Familie. Das alles klebt ihr bunt gemischt um das Foto. Ihr könnt auch mit Wachsmalkreide dazwischenschreiben, was euch Passendes dazu einfällt. Ihr werdet bald merken: Was das für ein Tag ist, der Tag der Mutter! Zum Schluß die Überschrift: Sucht sie passend für eure Mutter aus.

Ihr erarbeitet mit dem Vater einen Monatsplan. Ihr überlegt, welche Arbeiten ihr schon verantwortlich übernehmen könnt. Das tragt ihr Tag für Tag auf dem Plan ein. Klappt der Monatsplan, kann er im nächsten Monat fortgeführt werden. Vielleicht wird ein Jahresplan daraus.

Eine Familienkonferenz bei Kaffee und Kuchen: Jede und jeder darf sagen, was ihr oder ihm in der Familie gut gefällt und was nicht. Vielleicht ist es ein wichtiges Thema: Wieviel freie Zeit hat jeder und jede? Muß die Mutter Überstunden machen? Wie können wir das ändern?

Ein Konzert für Mutters Ehrentag mit selbstgebastelten Instrumenten vorbereiten: Eine kleine Blechdose läßt sich schnell finden. Dahinein kommen kleine Steine oder Münzen oder Körner, und schon ist eine oder sind mehrere Rasseln fertig. Die leere Waschmitteltonne wird zur dunklen Trommel. Du nimmst den Deckel ab oder schneidest ihn heraus. Dann klebst du etwa 10 cm unterhalb des Randes ein doppelseitiges Klebeband, das auf beiden Seiten klebt. Nun legst du eine rund ausgeschnittene feste Plastikfolie über die Tonne und drückst sie rundum an der Klebefolie fest. Die Plastikfolie mußt du stramm ziehen. Nun kannst du das Trommeln üben. Du wirst bald merken, daß der Ton sich verändert, je nachdem, wo du schlägst, in der Mitte oder zum Rand hin.

Alle in der Familie bekommen einen Luftballon in die Hand. Zu dem bekannten Lied »Viel Glück und viel Segen« tanzen alle und werfen dabei immer wieder die bunten Luftballons in die Luft. Das wird ein Spaß, und die Mutter kommt sicher nicht aus dem Lachen heraus.

Fernsehschau: Ein großer Pappkarton wird euer Fernsehapparat. Ihr schneidet ein großes Loch als Mattscheibe heraus. Nun malt ihr euren Fernseher an, damit er ganz echt aussieht. Wer ist Nachrichtensprecher oder Sprecherin und berichtet über das Familienleben der letzten Woche? Wer macht eine Reportage über den Alltag der Hausfrau? Dann folgen noch Werbesprüche. Und den Familienwetterbericht nicht vergessen. Der Vater, eine Tante oder ein Onkel helfen bestimmt dabei. Es macht Spaß.

Wie man Muttis schnell zum »Kochen« bringt

Eine Woche aus dem Haus:
Hu, wie sieht die Küche aus!
Töpfe, Pfannen und Bestecke
wuchern wild in jeder Ecke.
Küchenfliesen grau und speckig,
Küchenhandtuch kaffefleckig.
Essigflasche unverkorkt,
Reibe – »unbekannt« verborgt.
Abfallkorb zum Bersten voll.
Nicht ein Ding, wo es sein soll.
Weinbespritzt die Damasttücher.
Aus den Ritzen krabbeln Viecher!
Gläser, Teller, Untertassen
türmen sich in nassen Massen.
Kurz: ein Abwasch von drei Wochen!
das bringt Muttis schnell zum »Kochen«.

Mascha Kaléko

Einmal ganz andere Geschenkideen

Mutter zum Eisessen einladen vom Taschengeld;

Ein Gebet für die Mutter überlegen, es schön aufschreiben und mit einem bunten Rand schmücken;

Eine kurze Geschichte erfinden und für die Mutter aufschreiben;

Der Mutter einen Brief schreiben, was du ihr schon lange einmal sagen wolltest;

Ein ganz persönliches Bild der Mutter malen: Die Mutter muß sich vor dem Muttertag auf eine lange Tapetenrolle legen. Dann bittet ihr sie, die Augen zu schließen und nicht zu blinzeln. Ihr fahrt mit einem dicken Wachsmalstift um den Körper der Mutter herum, so daß ihr den Umriß bekommt. Die Mutter darf dann aufstehen, ohne die Augen zu öffnen. Ihr rollt die Tapete dann schnell zusammen. Für den Muttertag malt ihr das Bild wunderbar aus. Die Mutter freut sich bestimmt riesig.

Wenn du Geschwister hast, kannst du mit ihnen und dem Vater einen Mai-Laubbogen binden aus Zweigen und Blumen, der mit bunten Bändern geschmückt wird. Mit ihm wird die Mutter empfangen; sie muß durch ihn hindurchschlüpfen.

Zum Muttertag

Der erste wünscht dir Gut und Geld.
Der zweite, daß man zu dir hält.
Der dritte, daß du Freude hast
und manchmal einen lieben Gast.
Der vierte wünscht dir sehr viel Glück
und niemals Not und Mißgeschick.
Der fünfte wünscht gesunden Mut.
Das, meint er, wär' das höchste Gut.
Der sechste spricht: Bleib stets gesund,
dann wird schon alles richtig laufen.
Ich wünsche dir zu dieser Stund
von allem einen großen Haufen.

Bruno Horst Bull

Das Maiglöckchen

In einem kleinen Haus am Rande des Waldes lebte einmal ein Mädchen. Jeder, der sich müde gelaufen und durstig vom langen Gehen bei ihr anklopfte und sie um eine Erfrischung bat, erhielt sie von ihr.

Es war wieder einmal Mai geworden. Da kamen eines Tages einige Wanderer aus dem Wald heraus und klopften an ihre Tür. Ihre Kleider waren fremdartig und sie sahen merkwürdig feierlich aus. Auch sie baten um eine Erfrischung. Das Mädchen sagte ihnen, sie sollten sich setzen, und lief ins Haus, um das Gewünschte zu holen. Sie nahm weiße Becher aus dem Schrank, füllte einen Krug mit Saft und trug alles nach draußen. Sie stellte es auf den Tisch, an dem die fremden Wanderer saßen.

Die Männer tranken schweigend, und dem Mädchen war es, als ob es Glockenklänge hörte. Es begann, auch rundherum lieblich zu duften. Nachdem die fremden Männer getrunken hatten, standen sie auf und bedankten sich bei dem Mädchen für die liebevolle und gute Erfrischung. Dann waren sie schnell im Wald verschwunden.

Das Mädchen war wieder allein. Aber es duftete noch stärker als vorher. Das Mädchen schaute um sich. Da sah es am Boden ringsumher lauter Blumen: kleine weiße Becher hingen an grünen Stielen und sahen aus wie kleine Glocken. »Maiglöckchen«, rief das Mädchen fröhlich.

So erinnern die Maiglöckchen jedes Jahr daran, fremde Menschen mit offenem Herzen aufzunehmen.

Nach einer Legende erzählt

207

Christi Himmelfahrt

40 Tage nach Ostern

Lena und Jörn kommen aus der Schule gestürmt: »Mami, Mami, morgen ist schulfrei. Hurra, wieder ein Feiertag!«

»Sag mal Mami, der Feiertag heißt Christi Himmelfahrt. Klingt ja so, als ob Jesus schnurstracks in den Himmel gefahren ist wie mit einem Raumschiff.«

»Klingt auch nur so. Wir haben in der Bibel gelesen: Er wurde in den Himmel emporgehoben.«

»Und wie willst du dir das vorstellen?«

»Nun mal langsam ihr Zwei. Vielleicht ist es gut, wenn wir noch einmal darüber nachdenken, wie es damals vor fast 2000 Jahren war, als Jesus gestorben war und sie ihn begraben hatten.«

»Tja, die Freunde, seine Mutter und die Freundinnen waren ganz schön traurig. Das wäre ich auch gewesen.«

»Aber nach drei Tagen, da ist ja etwas Wunderbares passiert. Sie haben Jesus gesehen. Plötzlich war alles anders. Sie haben ihn anders gesehen als früher.«

»Ja, ihr Herz war voller Freude. Mit dem Herzen sieht man ja immer am besten.«

»Sie haben ihn angeschaut, zuerst ganz erschrocken und erstaunt. Sie konnten es ja gar nicht glauben. Dann haben sie sich wie doll gefreut.«

»Wir haben auch im Religionsunterricht darüber gesprochen: Gott hat Jesus nicht im Tod gelassen. Der ganze Freundeskreis hat es gesehen, zuerst die Freundin Maria Magdalena.«

»Ja, ihr habt gut aufgepaßt. Der Apostel Paulus hat es so gesagt: Gott hat ihn mir zu sehen gegeben, Jesus Christus.«

»Mami, das Tolle war: Jesus hat auch mit ihnen gesprochen.«

»Richtig, und er hat ihnen auch gesagt, daß sie ihn bald nicht mehr sehen würden, daß er dann bei Gott im Himmel wäre. Die Evangelisten haben uns das dann auch erzählt. Ich kann mir vorstellen, daß sie gut nachgedacht haben, wie sie es aufschreiben sollten, damit die Menschen es verstehen konnten. Nun glaubten die Menschen der damaligen Zeit, daß der Himmel oben über den Wolken sei. So sagten sie dann: Er wurde in den Himmel emporgehoben. Wichtig war ihre große Freude: Jesus ist nun bei Gott. Und wir dürfen hoffen, daß wir nach unserem Tod auch ganz nahe bei Gott sein werden.«

»Mami, wo ist dann nun der richtige Himmel?«

»Hast du es immer noch nicht verstanden? Da, wo Gott ist, da ist der Himmel.«

»Und wo ist das?«

»Ich will versuchen, euch zu sagen, wie ich es mir vorstelle:

Dort, wo es ganz gut ist, wo ich überhaupt keine Angst mehr habe, wo es keine Krankheit mehr gibt, da ist der Himmel. Wo das Licht strahlender als die Sonne ist, und wo wir in der Nähe Gottes wirklich geborgen sind, da ist für mich der Himmel. Wo und wie das genau ist, finde ich nicht so wichtig.«

»Weißt du das ganz genau? Stellst du dir das vor, oder ist es so?«

»Ich glaube es so und vertraue auf Gott, von dessen Liebe zu uns Jesus so viel erzählt hat.«

»Mami?«

»Ja?«

»Dann kann hier bei uns ja auch schon ein bißchen Himmel sein.«

»Wie meinst du das?«

»Ganz einfach! Wenn ich nicht mehr vor lauter Wut Jörns Schulheft beschmiere, oder wenn ich meine türkischen Klassenkameradinnen in Schutz nehme, wenn andere sie extra ärgern, und wenn ich nicht immer maule beim Helfen in der Küche.«

»Hm!«

»Ach ja, und mit meinem Freund Peter zusammen, wenn wir uns so gut verstehen, dann fühl ich mich wirklich wie im Himmel.«

»Und Mami, dich und Papi, euch hab' ich so schrecklich lieb, das ist auch ein bißchen Himmel.«

»Ja, das stimmt, überall da ist ein Stück Himmel.«

»Wenn ich mir das überlege: das ist eigentlich ein tolles Fest: Christi Himmelfahrt.«

Da sind sich Lena und Jörn wirklich einig.

Durch Stadt und Land

Vielleicht zieht bei euch auch eine Christi Himmelfahrt-Prozession durch eure Gemeinde. Vielleicht fragst du auch: Was ist denn das? Seit alters her ziehen die Erwachsenen und die Kinder durch die Straßen und auf dem Land auch durch die Felder. Die Häuser sind festlich zu Ehren Jesu geschmückt. Die Leute beten und singen. Sie bitten Gott, daß er die Menschen, die Tiere und die Pflanzen segnen möge. Heute können wir besonders darum bitten, daß Gott uns Aufmerksamkeit, Fantasie und Kraft schenken möge, wie wir seine Schöpfung bewahren können. Die Prozession will uns auch daran erinnern, daß wir alle, die Großen und die Kleinen, in unserem Leben unterwegs zu Gott sind.

Diese Prozession zieht nicht mehr überall durch Stadt und Land, vielleicht, weil der Verkehr es nicht zuläßt, vielleicht auch, weil die Menschen vergessen haben, was sie uns sagen kann.

Mit dem Fest *Christi Himmelfahrt* ist nun die Osterzeit endgültig zu Ende.

Die Prozession

Eine Prozession –
Menschen auf dem Weg,
Kinder und Erwachsene,
viele Menschen,
der Priester und die Meßdiener.
Nun bleiben alle stehen.
Sind die Menschen müde?
Der Priester segnet sie.
Wir denken an Jesus.
   Er hat gesagt:
Kommt alle zu mir,
die ihr müde geworden seid,
ihr könnt euch bei mir ausruhen.

Alle gehen weiter
auf dem Weg der Prozession.
Dann bleiben alle wieder stehen.
Haben die Menschen Hunger?
Der Priester zeigt das Brot Jesu.
Wir denken an Jesus.
   Er hat gesagt:
Ich mache euch satt
mit meiner Freundschaft.
Ich bin das lebendige Brot.

210

Alle gehen weiter
auf dem Weg der Prozession.
Wieder bleiben alle stehen.
Was ist, wenn ich mich verirren würde,
wenn ich ganz alleine wäre?
Der Priester erzählt von Jesus.

Er hat gesagt:
Ich helfe immer,
den richtigen Weg zu finden,
ich bin der lebendige Weg,
niemand ist allein.

Die Prozession ist zu Ende.
Die Menschen gehen auseinander.
Manche halten sich an den Händen.
Wir können fröhlich sein.

Jesus hat gesagt:
Ich bin bei euch alle Tage
bis ans Ende der Welt.

Laß mich dabei sein

Gott, Vater und Mutter,
wo einer sich nicht so breit macht,
auf eine Rauferei verzichtet,
den anderen nicht auslacht,
sich nicht freut über die schlechten
Noten der Mitschüler,
ist da ein Stück Himmel,
in dem du durchscheinst, Gott?
Wo eine sich von Herzen mitfreut,
wenn mir etwas gelingt,
wo eine verzeihen kann,
wenn jemand anders die Hand ausstreckt,
bist du da, Gott, zu finden?
Dann laß mich auch dabei sein.

Pfingsten

Von der großen Begeisterung

Pfingsten

50 Tage nach Ostern

Woher unser Pfingstfest kommt

Das wichtigste Fest im Juni ist das Pfingstfest, das allerdings auch oft im Mai gefeiert wird. Das hängt vom Datum des Osterfestes ab, denn Pfingsten wird immer am 50. Tag nach Ostern gefeiert. Der *fünfzigste Tag* hieß in der alten Sprache der Griechen und später der Römer *pentecoste*. Daraus – du kannst es dir sicher schon denken – ist das Wort *Pfingsten* entstanden. Aber auch das alte israelitische Volk feierte schon ein Pfingstfest. Es war ein Erntedankfest, das sie am 50. Tag nach dem Beginn der Getreideernte feierten.

Das war zu der Zeit, als Jesus lebte, auch so.

Dann aber, 50 Tage nach seinem Tod und seiner Auferweckung, geschah etwas Außergewöhnliches. Wir würden heute sagen: eine Sensation! Es war wieder Erntedank in der Stadt Jerusalem. Viele Menschen waren zum Fest gekommen. Du kennst das ja, wenn ein großes Fest in einer Stadt gefeiert wird. Dann sind die Straßen voller Menschen. So war es auch in Jerusalem: Juden, Araber, Ägypter, Römer und viele andere drängelten sich in den Straßen und Gassen. Die Freunde Jesu waren nicht darunter. Sie waren untergetaucht. Sie hielten sich in einem Haus versteckt, denn sie hatten große Angst, genau wie Jesus vorher gefangengenommen zu werden.

Da geschah es. In der Apostelgeschichte wird davon erzählt. Die Freunde Jesu hörten plötzlich in ihrem Versteck ein Brausen, wie bei einem heftigen Sturm. Das ganze Haus war voll davon. Und im gleichen Augenblick spürten sie alle eine Kraft in sich wie nie zuvor. Es brannte in ihren Herzen. Da ahnten sie: Das ist eine Kraft, die muß von Gott sein, die brennt wie Feuer, die dreht alles um.

Die erste Panik, die Angst, die Feigheit, sie waren wie weggeblasen. Das Haus wurde ihnen zu eng. Sie mußten einfach hinaus. Sie hielten es sonst nicht mehr aus. Sie waren so voller Begeisterung, daß sie nicht anders konnten, als es hinauszuposaunen, was mit ihnen geschehen war. So stürmten sie auf die Straßen und fingen an zu reden: wie *mit Feuerzungen* heißt es in der Bibel.

Die Menschen in der Stadt liefen aufgeregt zusammen: die Bauern und Hirten, die Händler und Geldwechsler, die Fischer und Bootsmacher, die Töpfer und Schuhmacher, die Kameltreiber und die römischen Soldaten, die Offiziere und die vornehmen Leute aus dem königlichen Palast, die Sklaven und die reichen Kaufleute, die Frauen und Kinder, die Weisen und Schriftgelehrten. Sie alle konnten es nicht fassen: Ob sie Juden, Araber oder Römer waren, sie alle verstanden plötzlich, was die Freunde Jesu ihnen mit heiliger Begeisterung zuriefen: Es kommt nicht auf die Sprache an, die wir sprechen. Es kommt nicht auf das Volk an, zu dem wir gehören. Menschen, die auf Jesus hören, sind einander nicht mehr fremd. Sie verstehen einander. Menschen, die zu Gott gehören, bleiben einander nicht Feind. Sie bemühen sich, aufeinander zuzugehen.

Petrus hielt eine flammende Rede. Du kennst das, die Begeisterung, die jemand auslösen kann: ein Superstar, sagen wir heute. Vielleicht merkte Petrus, daß er kein Feigling mehr war. Er sagte es den Menschen, daß er es eigentlich selbst noch nicht fassen könne, was geschehen sei. Er sagte: Gott hat uns heiligen Geist geschenkt:

Das verwandelt uns,
das macht uns mutig,
das macht uns offen,
das macht uns verständnisvoll,
das macht uns fröhlich,
das macht uns geduldig,
das macht uns hilfsbereit,
das macht uns rundherum lebendig.

Ungefähr dreitausend Menschen kamen an diesem neuen Pfingsttag zu Petrus und seinen Freunden, um Genaues über Jesus zu erfahren. Sie wollten wissen, was er gesagt und getan hatte. Sie wollten auch zu den Anhängern Jesu gehören. Das war eine neue große Ernte am Tag des alten Erntedankfestes. Und das Pfingstfest vor fast 2000 Jahren war nur ein Anfang. Es war der Anfang der christlichen Kirche.

Seit dieser Zeit feiern wir am 50. Tag nach Ostern das Pfingstfest. Noch vor einigen hundert Jahren wurde das Fest vier Tage lang gefeiert. Davon sind bis heute zwei Festtage übriggeblieben.

Du kannst es nicht sehen

Die Luft, die um dich weht,
den Atem, der kommt und geht,
den Wind, der dich umkost,
den Sturm, der schrecklich tost,
die Angst, den Schrecken, die Schmerzen,
die Liebe in deinem Herzen,
den Ärger, den Zorn, die Wut,
das Glück, das so gut dir tut,
der Gedanken Reise,
das Laute und das Leise.
Gottes Geist ist da,
unsichtbar dir nah.

Hermine König

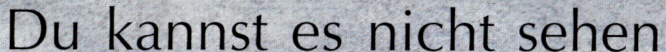

Zu Ostern
in Jerusalem

Zu Pfingsten in Jerusalem,
da ist etwas geschehn.
Die Jünger reden ohne Angst,
und jeder kann's verstehn.
Hört, hört, hört,
und jeder kann's verstehn.

Zu Ostern in Jerusalem,
da ist etwas geschehn,
das ist noch heute wunderbar,
nicht jeder kann's verstehn.
Hört, hört, hört,
nicht jeder kann's verstehn.

Zu jeder Zeit in jedem Land,
kann plötzlich was geschehn.
Die Menschen hören, was Gott will
und können sich verstehn.
Hört, hört, hört,
und können sich verstehn.

Arnim Juhre

Wir Kinder auf der Welt

Wir sind viele Kinder auf der Welt.
Viele Kinder sind schwarz und viele sind weiß.
Viele Kinder sind rot und viele sind gelb.
Viele Kinder sind arm und viele sind reich.
Viele Kinder leben in Frieden und viele im Krieg.
Wir sind alle Kinder von dir, Gott.

       Hilf uns, daß wir uns kennenlernen.
       Hilf uns, daß wir voneinander lernen.
       Hilf uns, daß wir uns nicht verachten.
       Hilf uns, daß wir uns achten.
       Hilf uns, daß die Erwachsenen uns nicht übersehen.
       Hilf uns, daß wir dich gemeinsam finden, Gott.

Maliber, malaber, malum

Auf der Straße spielten vier Kinder miteinander, ein deutsches und ein türkisches Mädchen und ein italienischer und ein afrikanischer Junge. »Maliber, malaber«, rief das türkische Mädchen, und schon antwortete der afrikanische Junge: »Malum!« Dabei lachten sie alle vier. Dann ertönte es fröhlich: »Malaber, malaber, malaber!« Dabei wirbelte der italienische Junge vor den beiden Mädchen her, die unter großem Gelächter: »Maliber, malaber, malum« riefen. Die Erwachsenen, die vorbeikamen, schüttelten ihre Köpfe und glaubten, die Welt nicht mehr zu verstehen. Eine alte Dame, die ihren Hund spazieren führte, blieb stehen und glaubte, nicht recht zu hören. Sie fragte eine andere Frau, die sie eilig mit der Einkaufstasche überholen wollte: »Entschuldigen Sie, verstehen Sie, was die Kinder da rufen?« Die Frau lauschte eine Weile und sah den Kindern zu. Dann lachte sie: »Ja, sicher!« »Da bin ich aber neugierig«, sagte die Hundedame. »Das erste Mädchen sagt: Ich hab' tolle Freunde«. »Finde ich auch«, kommt die Antwort. »Freunde, Freunde«, ruft es weiter und: »Freunde haben ist schön«. Und schon riefen die Kinder: »Tschabassi, tschibissi, tschibim.« »Haben Sie das auch verstanden?« wollte die alte Dame wissen. »Natürlich«, antwortete die andere Frau, »jetzt riefen sie: Wir Kinder auf der ganzen Welt verstehen uns!« »Merkwürdig«, überlegte die alte Dame, »ob wir Erwachsenen auch erst eine gemeinsame Sprache finden müssen?« »Malum« rief die andere Frau und eilte nun schleunigst mit ihrer Einkaufstasche davon.

Das Feuer des Hasses

Mitternacht war längst vorüber. Jetzt schlief das Land am tiefsten. Die Menschen in der großen Stadt schliefen wie überall dem Pfingstfest entgegen.
Plötzlich tönen Schreie durch die Nacht. Sie schreien um Hilfe. Ein Haus in der Unteren Weserstraße brennt lichterloh. Türkische Familien wohnen darin. Jemand hat eine brennbare Flüssigkeit in den Hauseingang geschüttet und dann angezündet. Das Feuer hat sich rasend schnell ausgebreitet, und nun steht das ganze Haus in Flammen. Nachbarn eilen hinaus. Sie können nicht mehr helfen. Es knistert und knackt überall. Die Flammen wehen schon wie feurige Fahnen aus den Fenstern. Die Feuerwehr eilt herbei. Jeder Feuerwehrmann weiß, was er zu tun hat. Er weiß, Menschen sind in Lebensgefahr. Der Leiterwagen fährt heran. Die Feuerwehrleute arbeiten hart und können doch das Schlimme nicht verhüten; zwei Frauen und drei Mädchen sterben in den Flammen. Die Menschen aus der Nachbarschaft sind stumm vor Entsetzen. Die türkischen Nachbarn, die sich retten konnten, weinen. Niemand kann sie trösten.

Böser Geist hat die Herzen junger Männer vergiftet. Sie mögen die ausländischen Familien in unserem Land nicht. Sie bemühen sich nicht, sie kennenzulernen. Sie hassen die Fremden. Sie achten ihr Leben nicht. Sie zünden ein Feuer des Hasses.

Böser Geist – Ungeist!

Der Feuervogel

Es war zu einer Zeit, als die Indianer das Feuer noch nicht kannten. Da kam eines Tages ein Vogel mit leuchtenden Federn in eines ihrer Dörfer. Einige wollten ihn töten, aber andere fragten ihn: »Was funkelt und leuchtet auf deinem Gefieder?«

»Das ist das Feuer«, erwiderte der Vogel.

»Was ist Feuer?« fragten die Indianer.

»Es wärmt, es leuchtet, und ihr könnt euer Fleisch damit braten.«

»Gib uns dieses Feuer!«

»Der soll es haben, der am würdigsten ist«, war die Antwort des Vogels. »Jeder nehme einen dürren, harzigen Zweig in die Hand. Der Würdigste wird mich einholen«, sagte der Vogel und flog davon. Alle rannten hinter ihm her – über Stock und Stein, Bäche durchwatend und Flüsse durchschwimmend. Aber der Vogel war immer ein weites Stück voraus. Viele ermüdeten und gaben die Hoffnung auf. Schließlich liefen nur noch ganz wenige, und einer der Männer holte ihn ein. »Bitte, gib mir das Feuer«, sagte er. Der Vogel: »Du hast mich zwar als erster eingeholt, aber hast du nicht gesehen, wie ein kleiner Junge neben dir in ein Sumpfloch fiel. Du hast ihn nicht herausgeholt. Du warst nicht wie ein Freund zu ihm. Dir gebe ich es nicht.«

Ein zweiter holte ihn ein. Aber auch er erhielt das Feuer nicht, weil er einem kleinen Mädchen, das im Dornengestrüpp steckenblieb, nicht geholfen hatte.

Nun wollte keiner mehr hinter dem Vogel herlaufen, und der flog ins Dorf zurück. In einer kleinen Hütte saß eine junge Frau am Krankenbett ihres kleinen Kindes. Sie war nicht gelaufen, weil sie ihr Kleines, das ihr mehr bedeutete als der liebste Freund, nicht allein lassen wollte. Sie war die Würdigste. Sie durfte ihrem Volk das Feuer bringen.

Käthe Recheis

Pfingsten feiern

Pfingstausflug der Türmerleute

Die Familien aus der Türmergasse haben beschlossen, zu Pfingsten gemeinsam mit allen Kindern einen Zeltausflug von Pfingstsamstag bis Pfingstmontag zu machen. Viele machen heute eine Pfingstreise oder einen Ausflug. Der Verkehrsfunk meldet dann wieder kilometerlange Staus.
Es ist ein uralter Brauch, sich zu Pfingsten auf den Weg zu machen, wie schon die Israeliten zu ihrem Erntedankfest nach Jerusalem.
So haben auch die Leute aus der Türmergasse alles sorgfältig geplant und vorbereitet. Also kann es am Pfingstsamstag in der Frühe losgehen. In zwei Bussen geht es aus der Stadt hinaus, zunächst über die Autobahn, dann durch einige Dörfer hügelan und hügelab, bis alle plötzlich eine Burg erblicken. Die Kinder rufen: Hurra! Sie wissen, unser Ziel ist erreicht. Sie sind kaum noch zu halten. Am Fuß der Burg liegt der Zeltplatz. Alle Kinder sind begeistert, besonders, als sie ganz in der Nähe noch einen Bach entdecken.

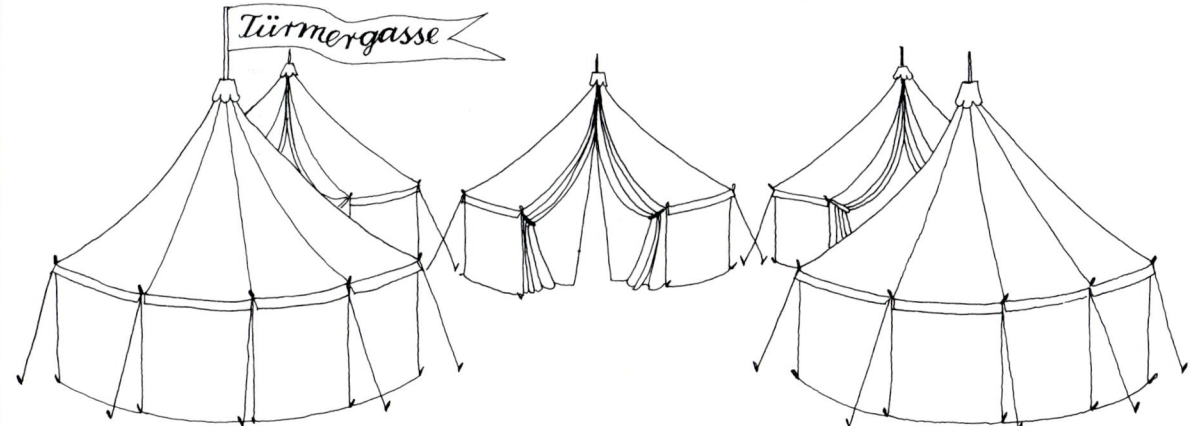

Zunächst sind viele Hände nötig, um die Zelte aufzubauen. In der Mitte wird ein großes Versammlungszelt aufgeschlagen, in dem sich alle treffen können. Neben dem Zeltplatz gibt es noch einen Grillplatz und eine Wanderhütte. In ihr werden die ganzen Eßvorräte untergebracht. Gegen Mittag ist alles fertig. Stolz betrachten die Kinder und die Großen ihr Zeltdorf. Eine kleine Fahne weht sogar auf dem großen Zelt mit dem Aufdruck »Türmergasse«.
Rasch sitzen alle auf dem Grillplatz rund um Kartoffelsalat und belegte Brötchen. Zum Nachtisch gibt es sogar Eis am Stiel. Nachdem der Küchendienst wieder Ordnung geschaffen hat, ist Mittagsruhe. Die Kinder erkunden derweil die nähere Umgebung.
Am Nachmittag geht es zum Holzsammeln für das *Pfingstfeuer*. In Gruppen ziehen Erwachsene und Kinder in den Wald. Einige wundern sich, wieviel Reisig und dünne Äste da herumliegen. Bald türmt sich auf einem freien Platz ein herrlicher Holzhaufen.
Am späten Abend versammeln sich alle im großen Zelt.

Pfingstfeier

Eine Mutter erzählt die uralte Geschichte von den Israeliten, wie sie jedes Jahr aufgebrochen sind an ihrem Pfingstfest, dem Erntedankfest, um Gott zu danken.

»Auch wir Türmerleute sind heute aufgebrochen, um miteinander zu feiern und Grund zum Danken haben wir auch«, schließt die Mutter.

Manche sprechen es aus: Sie danken für die Türmergemeinschaft, für den schönen Wald, für das Fest, für den Pfingstausflug. Ein italienischer Vater dankt für die gute Nachbarschaft von deutschen und ausländischen Familien in der Türmergasse. Auch Bitten werden laut: Einige Mütter und Väter sind arbeitslos. Sie bitten um Ausdauer bei der Arbeitssuche. Aus einer Familie ist die Mutter ausgezogen, der Vater bittet um Hilfe. Zwei ausländische Kinder haben noch Schwierigkeiten mit der deutschen Sprache. Auch sie bitten um Hilfe.

Eine erzählt die *Pfingstgeschichte*. Nun brennt auch das Pfingstfeuer im Zeltdorf. Die Türmerleute stehen schweigend da und lassen das Feuer sprechen: Sie spüren die Glut, wie sie erwärmt. Sie sehen den Flammen zu, wie sie die Dunkelheit hell machen. Sie sehen die Funken sprühen, wie sie immer neue Flammen entzünden.

Dann singen sie ein Pfingstlied:

Gottes Geist

Text (ursprüngl. schwedisches Lied): Anders Frostenson,
Übertragung: Hein Meurer, Melodie: Wikfeld 1958

1. Wind, dich sehn wir nicht, doch du triffst un-ser Ohr,
flü-sternd o-der brau-send, wie ein gro-ßer Chor.

2. Geist, wir sehn dich nicht,
doch wir spür'n deine Kraft,
die in uns dem Willen Gottes Raum verschafft.

Die Türmerleute fassen sich an den Händen und schauen lange in die Flammen, bis sie heruntergebrannt sind zu roter Glut. Die Babys sind schon fest eingeschlafen.

Nun teilt eine Mitarbeiterin der Kirchengemeinde mit zwei Männern und Frauen Brot und Wein aus. Dann fassen sich wieder alle an den Händen und tanzen voller Freude um das Feuer. Ein Junge und ein Mädchen aus der Pfadfindergruppe der Großen sprechen zum Schluß noch ein Gebet für alle:

Gott, Vater uns und Mutter,
wir machen uns Bilder von dir,
das dürfen wir auch,
damit du uns nicht so fern bist,
damit wir deine Nähe spüren:
Vater und Mutter bist du uns,
Freund und Freundin,
Schöpfer und Schöpferin,

Feuer, das uns wärmt und durchglüht,
Sonne, die die Dunkelheit fortnimmt,
Wasser, das unseren Durst stillt.
Alles kann uns von dir erzählen.
Du bist wundervoller,
als wir es uns ausdenken können.
Schenk uns heiligen Geist, damit wir nie vergessen,
daß du mitten in unserem Leben bist.

Mitternacht ist längst vorüber. Nach und nach gehen die Türmerleute in ihre Zelte. Einige Männer bleiben beim Feuer, um Wache zu halten.

Von Pfingstmaien, Pfingstwasser und Pfingsteiern

Ganz in der Frühe beim Sonnenaufgang huschen einige Mädchen mit zwei Müttern leise aus den Zelten und verschwinden im Wald. Später kommen sie zurück, ganz in grüne Zweige gehüllt. Die Mütter tragen einen Eimer mit frischem Wasser aus dem Bach. Die »Laubkinder« haben den Frühling leibhaftig herbeigeholt. Das Dunkle und Kalte ist besiegt. Alles Alte ist vergangen, das Neue hat angefangen und grünt und blüht schon. Das wollen sie ausdrücken. Sie gehen von Zelt zu Zelt, öffnen vorsichtig, tauchen ihre Zweigenarme ins *Pfingstwasser*, bespritzen die Zeltbewohner und rufen: »Gesegnete Pfingsten. Das Wasser erfrische euch und mache euch ganz neu lebendig.« Lebendig werden sie allemal, und die noch geschlafen haben, springen in die Höhe.
Dann erbitten die Laubkinder *Pfingsteier*. Und o Wunder, sie bekommen auch welche. Wer hat da wohl Tips gegeben? Da gibt es später zum Frühstück leckere Pfingsteier. In manchen Orten ziehen noch heute junge Männer durch die Pfingst-Nacht, singen und erbitten Pfingsteier. Vor dem Frühstück versammeln sich alle im großen Zelt zum pfingstlichen Morgengebet. Hier wartet eine weitere Überraschung: Das ganze Zelt ist mit frischem Grün, den *Pfingstmaien* geschmückt. Der Boden ist mit bunten Blüten bedeckt, ein Zeichen dafür, daß zu Pfingsten das schöne Paradies, der Himmel um uns sein will. Mitten im *Paradiesgärtlein* stehen zwei Kinder. Sie sprechen:

Ihr Leute, groß und klein, ihr wißt,
daß heute unser Festtag ist
und daß wir feiern müssen.
So fangt nur gleich frühmorgens an
und bis die Stern am Himmel stahn,
und singt und springt
und springt und singt!

Denk heute niemand an Gefahr,
und ob wir über hundert Jahr
den Tag noch feiern werden,
wir haben ihn ja heute noch.
Gott sei gelobt, so braucht ihn doch
und macht uns heut das Herz nicht krank
und schwer.

Denn freilich, alles Ding vergeht,
auch unser Festtag nicht besteht,
er wird uns endlich fehlen.
Doch nicht so bald, fleht, fleht und hofft,
er soll noch wiederkommen oft,
soll oft noch wiederkommen!

Matthias Claudius

Pfingstliche Wettspiele

Nach dem Frühstück wird mit großem Hallo die Burg erkundet.

Nachmittags gibt es viele *pfingstliche Wettspiele*. Viel Spaß macht das alte pfingstliche *Ringstechen*, früher oft ein Reiterspiel. Jetzt hängt ein kleiner Reifen zwischen zwei Ästen. Die Spieler bekommen einen Stab in die Hand und müssen diesen beim Laufen durch den Ring werfen. Der Sieger wird feierlich als *Pfingstkönig* gekrönt.

Am meisten Spaß macht das *Pfingstochsenspiel*. Es erinnert daran, wie zu Pfingsten das Vieh zum ersten Mal auf die Weiden oder auf die Almwiesen getrieben wird. In den Alpenländern geht an der Spitze der Pfingstochse. Er ist mit Blumen geschmückt. Im Zeltlager sind zwei Jungen unter einem Ochsenkostüm versteckt. Der *Ochse* ist ebenfalls schön mit Blumen geschmückt. Er wird herumgeführt. Überall, wo er vorbeikommt, wird er weiter mit bunten Bändern behangen. Plötzlich werfen die beiden Jungen ihre Ochsenhaut ab und dabei ganz viele Bonbons unter die Zuschauer. Das gibt ein wahres Allotria.

Eine Gruppe von Kindern und Erwachsenen hat sich mit Theaterschminke bunte Masken gemalt. Dazu tragen sie gleiche Sackgewänder. Sie sind gar nicht zu erkennen. Sie bewegen sich, tanzen, gestikulieren. Nun geht es ans Raten: Wer könnte das sein? Der oder die? Nein, das kann nicht sein, die bewegen sich doch ganz anders. Alle sind überrascht, wie sehr wir uns verwandeln können.

Am Abend sitzen die Türmerleute wieder im pfingstlichen Paradiesgarten. Einige erzählen pfingstliche Geschichten. Dann schlafen alle dem Pfingstmontag entgegen. Eine tolle Waldwanderung mit dem Förster steht auf dem Programm.

Als die Türmerleute am Nachmittag ihre Zelte abbrechen und zur Heimfahrt rüsten, sind alle überzeugt: »Dieses Frühlings-Pfingstfest im Türmerdorf werden wir so schnell nicht vergessen.«

So wie die Türmerleute, können wir auch zu Hause Pfingsten feiern.

Der Pfingststrauch

Wenn ihr jetzt mit offenen Augen durch die Natur geht, entdeckt ihr einen Strauch, der über und über mit weißen Blüten bedeckt ist. Wenn ihr dann neugierig herangeht oder sogar einen Strauß pflücken wollt, bekommt ihr schnell seine spitzen Dornen zu spüren. Und auch eure Nasen zieht ihr bestimmt enttäuscht zurück. Er duftet nämlich nicht so angenehm. Manche sagen: Er stinkt. Es ist, als ob er sein Geheimnis für sich behalten möchte: der Weißdornstrauch. Früher hieß er auch Kreuzdorn, weil die Menschen gemeint haben, daß aus seinen Zweigen mit den spitzen Dornen die Leidenskrone Jesu geflochten gewesen sei. Das war aber ja nicht so.

Eigentlich ist er ein richtiger Pfingststrauch; denn er wurde seit alters her dazu benützt, heilige Feuer anzuzünden. Das kam daher, weil die alten Völker sich erzählten, der Weißdorn sei durch einen Gewitterblitz entstanden und bewahre in sich ein heiliges Feuer. Der Weißdorn wurde von vielen Völkern hoch verehrt. Seine weißen Blüten waren ein Zeichen der Liebe. Noch heute schmücken die Menschen die Tür eines Hochzeitshauses mit grünen Girlanden, in die sie zur Frühlingszeit oft Weißdornzweige stecken. Das

machten auch schon die Römer vor 2000 Jahren. Die Freundinnen der Braut brachten ihr ein Körbchen voller Weißdornblüten als Zeichen der Liebe von Braut und Bräutigam.

In Griechenland stand früher der Weißdornstrauch immer bei einem Tempel, den die Menschen ihrem Gott der Heilkunst geweiht hatten. Durch die Jahrhunderte hindurch haben weise Frauen die Heilkraft des Weißdornstrauches nicht vergessen und kranken Menschen Heilmittel daraus bereitet. Gerade heute vertrauen wir wieder auf seine heilenden Kräfte, zum Beispiel bei Herzbeschwerden.

Vergeßt ihn nicht, den Pfingststrauch des heiligen Feuers, der Liebe und der Heilkunst! Brecht seine Zweige nicht achtlos ab! Achtet sein Geheimnis, der Zeichen von Gottes Liebe zu den Menschen!

Die Pfingstrose

In vielen Gärten blüht sie jetzt wunderschön rot, rosa oder schneeweiß: die *Pfingstrose*. Eigentlich ist sie in China zu Hause und in den Ländern am Mittelmeer. Eine Sage erzählt uns, daß sie nach dem Götterarzt Paeon benannt wurde, weil sie eine Heilpflanze war. Noch heute heißt sie in der lateinischen Sprache: paeonia.

In China wurde sie *Rose der Kaiserin* genannt und war ein Zeichen für Reichtum und Schönheit. In manchen Gegenden in unserem Land wird sie auch *Pferderose* genannt, weil die Pferde mit ihr bei Pfingstumzügen geschmückt werden.

Meine Großmutter nannte sie *Gichtrose*, weil sie als Mittel gegen Gichtschmerzen verwendet wurde.

Eine Berühmtheit also! Da wundert es dich bestimmt nicht, daß es viele Geschichten über die Pfingstrose gibt. Eine davon will ich dir weitererzählen:

230

Die ersten Pfingstrosen

Zur Zeit Jesu lebte in seinem Land eine Frau, die auch gerne seine Jüngerin geworden wäre. Aber sie brachte es nicht übers Herz, ihren Mann und ihre Kinder allein zu lassen, um mit Jesus durchs Land zu ziehen.

Als Jesus nun so grausam hatte sterben müssen, kam einer der Jünger zu ihr und erzählte ihr alles. Da ging sie voller Schmerz in ihren Rosengarten und weinte. Doch es war ihr, als ob ihr Schmerz verwandelt würde und sie eine wunderbare Musik hörte. Als sie dann später erfuhr, was am ersten Pfingstfest geschehen war, da lief sie voller Freude in ihren Rosengarten. Und was erblickte sie da? Ihre Rosensträucher waren über und übervoll mit Rosen bedeckt, aber diese Rosen hatten keine Dornen. Es waren die ersten Pfingstrosen. »Gott hat die Dornen fortgenommen«, dachte die Frau, »das Leid hat sich in Freude verwandelt«.

Der Frühlingsschneeball

Einmal beschwerte sich der Winter bei Gott, daß niemand mehr an ihn denke, wenn der junge Frühling lachend in seinem goldenen Sonnenwagen durch das Land fahre und alles zu grünen und blühen anfange. Ja, viele würden sogar die weiße Schneedecke verachten, die doch die Erde warm und gut zugedeckt habe, damit die Pflanzen darunter keimen konnten für den Frühling.

Gott trug die Klagen des Winters dem Frühling vor. Er bat ihn, die Menschen zu ermahnen, dem Winter gegenüber nicht undankbar zu sein. Der Frühling überlegte nicht lange. Behutsam griff er in den Eismantel des Winters und formte aus den Schneekristallen herrliche Bälle. Die warf er lachend auf einen grünen Strauch. Da blieben sie hängen und hängen da bis heute, schneeweiß und manchmal duftend, Schneebälle im Frühling werden sie genannt. Wie sollten sie auch anders heißen. Sie preisen mitten im Frühling, wie gut und schön der Winter ist, damit die Menschen es nie vergessen. Wunderschön sehen sie aus zusammen mit den Pfingstrosen.

Nach Pflanzenlegenden

231

Fronleichnam

2. Donnerstag nach Pfingsten

Manchmal hat jemand eine Idee, die verbreitet sich in Windeseile. Manchmal ist solch eine Idee wie ein Pflänzchen, das gehegt und gepflegt werden muß. Von einer solchen Idee will ich jetzt erzählen und von der Frau, die sie gepflegt hat. Sie hieß Juliana, und die Geschichte spielt um das Jahr 1202, also vor über 700 Jahren. Juliana lebte nicht wie du bei Vater oder Mutter; denn die waren gestorben. Schwestern eines Klosters in Lüttich, einer Stadt in Belgien, hatten die kleine Juliana aufgenommen. Sie half den Schwestern bei ihrer Arbeit, auch im Stall. Das tat sie gerne, denn sie liebte Tiere über alles. Daneben lernte sie lesen und schreiben, sogar die lateinische Sprache. Das war damals für ein armes Mädchen überhaupt nicht selbstverständlich.

Als sie vierzehn Jahre alt war, bat sie darum, auch eine Klosterschwester werden zu dürfen. Und sie durfte. Bald war sie überall als eine kluge junge Frau bekannt.

Eines Tages war es ihr beim Gebet, als ob sie einen vollen Mond erblickte mit einem schwarzen Flecken. Das fand sie sehr merkwürdig. In der folgenden Zeit sah sie dieses Bild immer wieder, bis Juliana erkannte, was dieses Bild ihr sagen wollte: Im Lauf des runden Kirchenjahres fehlt noch ein Fest, das Fest der Verehrung des heiligen Brotes.

Juliana wollte den anderen Schwestern davon erzählen. Aber sie traute sich nicht recht. Sie fürchtete, ausgelacht zu werden, weil es doch schon so viele Feste gab. Doch die kleine Idee ließ ihr keine Ruhe.

Als Juliana 37 Jahre alt war, wurde sie Oberin, also die Leiterin des Klosters. Nun erzählte sie von ihrer Idee und sagte: »Gott will ein Fest, ich weiß es genau.« Einige Schwestern lachten, andere schimpften. Es kam soweit, daß Juliana das Kloster verließ und schließlich alleine lebte.

Aber ihre Idee wuchs und hatte schon Wurzeln geschlagen. So wurde im Jahr 1246 das erste Fest gefeiert, bei dem das Brot Jesu in besonderer Weise verehrt wurde. Von Belgien wanderte die Idee auch nach Deutschland. Das Fronleichnamsfest war geboren. Juliana starb im Jahr 1258.

Einer vergaß Juliana und ihr Fronleichnamsfest nicht. Es war der Papst der damaligen Zeit. Im Jahr 1264 machte er das Fronleichnamsfest zu einem Fest für alle Christen. Als Festtag wurde zur Erinnerung an das letzte Abendmahl am Gründonnerstag ein Donnerstag gewählt, und zwar der zweite Donnerstag nach Pfingsten.

In der damaligen deutschen Sprache hieß das Fest *Vronlichnam*. *Vron* bedeutete soviel wie heilig, *lichnam* bedeutete lebendiger Leib. Schon bald zogen die ersten Prozessionen durch die Dörfer und Städte. So ist es bis heute geblieben. Die Kirche, die Straßen und Häuser werden mit grünen Zweigen, Blumen und Bildern festlich geschmückt. Manchmal werden in den Tagen vorher Blütenblätter gesammelt und dann am Fronleichnamstag wunderschöne Blumenteppiche gelegt, um Jesus festlich zu ehren. Der Priester trägt die goldene Monstranz mit dem heiligen Brot. Unterwegs beten und singen die Menschen und bitten um Jesu Segen.

232

Woran du denken kannst

Sein Brot hat er gebrochen
für jedermann, für dich und mich.
Er hat sich uns versprochen
in Brot und Wein an seinem Tisch.

Und wenn wir davon essen,
ob groß, ob klein, ob arm, ob reich,
wie könnten wir vergessen,
daß Gottes Liebe uns erreicht.

Wir alle sind Geschwister,
ob weiß, ob schwarz, ob gelb, ob rot,
und sollen immer wieder
gemeinsam teilen Freud und Not.

Karl Heinz König

Sommerzeit

Die Sonne hoch am Himmel steht

Die große Sonnenwende – Johannisfest

24. Juni

Der 24. Juni wird als der Tag der Sonne und der großen Sonnenwende gefeiert. In diesen Tagen hat die Sonne ihren höchsten Stand am Himmel erreicht und scheint am längsten. Danach werden die Tage wieder kürzer und die Nächte länger. Den großen Sonnentag haben die Menschen immer schon als einen besonderen Tag gefeiert. Sie haben die Sonne gepriesen, die das Licht spendet und die Wärme, die alles wachsen und reifen läßt auf der Erde. Sie glaubten auch, daß die Kräuter gerade an diesem Sonnentag, wenn sie zur Mittagsstunde gesammelt werden, besondere Heilkraft besitzen, vor allem das Johanniskraut. Es wurde empfohlen, die Kräuter mit silbernen oder goldenen Scheren zu schneiden. Und das Johanniskraut – wie auch andere Kräuter – schenkt uns bis heute seine heilenden Kräfte. Wir brauchen sie heute nicht mehr selbst zu pflücken. Wir können die Medizin daraus in der Apotheke kaufen.

Im Mittelpunkt des Festes steht das große Sonnwendfeuer in der Nacht vom 23. zum 24. Juni als Zeichen für die Lebenskraft der feurigen Sonne. Der Sommer beginnt, und er wird feurig begrüßt. In alter Zeit wollten die Menschen damit auch die Sonne beschwören, sich nicht von der Erde zurückzuziehen, vor allem nicht im Winter ganz zu verschwinden, sondern wieder alles wachsen zu lassen auf der Erde. Das Feuer wurde entweder auf einem freien Platz oder noch lieber auf den Bergen entzündet. Es wurden sogar brennende Räder als Sonnenräder ins Tal gerollt. Das geschieht in manchen Gegenden auch heute noch. Ganz Mutige sprangen durchs Feuer und glaubten, dadurch gesund zu werden oder zu bleiben.

Sonnengesang

Gelobet sei Gott, mein Herr,
mit all seinen Geschöpfen,
vornehmlich
mit der hohen Herrin,
unserer Schwester Sonne!
Sie ruft den Tag herauf, schenkt uns Licht.
Und wie schön ist sie
und strahlt
in gewaltigem Glanze!
Von dir, o Höchster,
ist sie das Abbild!

Franz von Assisi

Die Sonne und die Wolke

Die Sonne zog am Himmel hin, heiter und stolz auf ihrem Feuerwagen. Voller Freude strahlte sie ihre goldenen Strahlen nach allen Seiten, zum großen Ärger einer grauen, schlechtgelaunten Wolke, die murrte: »Verschwenderin, Vergeuderin, wirf deine goldenen Strahlen nur weg, wirf sie nur weg, du wirst schon sehen, was du am Schluß übrigbehältst.« Jede kleine Traube, die am Weinberg auf ihrem Rebstock reifte, holte sich in der Minute einen goldenen Sonnenstrahl, ja sogar zwei, und da war kein Grashalm, keine Spinne, keine Blume, kein Wassertropfen, die sich nicht ihren Teil Sonne genommen hätten.

»Laß dich nur von allen ausrauben, du wirst schon sehen, wie sie dir dafür danken, später, wenn du nichts mehr hast«, brummte die Wolke. Die Sonne aber setzte fröhlich ihre Reise fort und verschenkte großmütig ihre Strahlen nach rechts und links, Millionen, Milliarden goldener Strahlen.

Erst als die Dämmerung abends heraufkam, zählte sie die Strahlen, die ihr geblieben waren: Und schaut her! Es fehlte ihr nicht einer. Keiner. Nicht ein einziger. Die graue Wolke aber, von Staunen und Zorn übermannt, platzte in lauter eisige Hagelschloßen auseinander. Die Sonne aber tauchte fröhlich ins Meer.

Gianni Rodari

Die Wette von Sonne und Mond

Einmal hielten Sonne und Mond Hochzeit miteinander. Aber bald ärgerte sich die Sonne über den Mond, und sie wollte ihn loswerden. Deshalb schlug sie dem Mond eine Wette vor: »Wer von uns beiden zuerst erwacht, soll das Recht haben, tagsüber am Himmel zu scheinen. Wenn wir beide zugleich erwachen, wollen wir beide friedlich nebeneinander am Himmel glänzen.« Der Mond dachte nicht weiter darüber nach, sondern lachte und sagte: »So soll es sein.« Er konnte sich gar nicht vorstellen, nicht gleichzeitig mit der Sonne zu erwachen. Fröhlich schlief er ein. Die Sonne aber konnte gar nicht richtig schlafen. Noch war es Nacht, da machte sie es schon hell auf der Erde. Dann weckte sie schleunigst den Mond. Der wurde gar ärgerlich, weil er die Wette verloren hatte und sie nun nicht mehr gemeinsam am Himmel scheinen konnten. Seitdem leuchtet die Sonne bei Tag und der Mond bei Nacht.

Der Sonne aber tat die Wette bald leid; denn eigentlich hatte sie doch den Mond ganz gern, auch wenn er sie geärgert hatte. Und auch der Mond war traurig. Deshalb wollten sie gerne wieder zusammen sein. So kommen sie sich auch öfter näher und treffen manchmal zusammen. Die Menschen auf der Erde sagen dann jedesmal: »Wir haben Sonnenfinsternis.« Aber die beiden halten es nicht lange miteinander aus. Dann wandert die Sonne wieder weiter. Blutrot vor Zorn und Trauer macht sie sich auf den Weg.

Auch der Mond ist traurig. Darum nimmt er ab, bis er zu einer kleinen Sichel am Himmel geworden ist. Nach und nach nimmt er wieder zu und hofft, die Sonne erneut zu treffen. Aber wenn er voll und rund ist, sieht er sich wieder getäuscht und nimmt vor Schmerz erneut ab.

So ziehen Sonne und Mond am Himmel ihre Bahn und treffen sich gar selten.

Nach einer Erzählung aus der Oberpfalz

Die Sonnenblume

Als Gott Sonne, Mond und Sterne erschaffen hatte, wies er jedem von ihnen einen Platz am weiten Firmament zu. Der Sonne gebot er, die Erde am Tag zu bescheinen, dem Mond und den Sternen aber befahl er, die dunkle Nacht zu erhellen. Jedes der Gestirne war dankbar für die Aufgabe, mit der es der Schöpfer betraut, und suchte sogleich seinen Platz am weiten Himmelszelt auf, um in alle Ewigkeit die Erde zu erleuchten. Nur die Sonne wollte nicht zufrieden sein mit dem Los, das Gott für sie bestimmte. »Den ganzen Tag soll ich allein am Himmel strahlen«, klagte sie voll Bitternis dem Mond, »während du des Nachts von tausend Sternen umgeben bist und dein Gesicht in Bächen und Seen spiegeln kannst! Hätte auch ich etwas auf Erden, worin ich mich spiegeln könnte, wäre die Zeit mir nicht zu lang!« Der Mond lachte über das eitle Geschöpf, und die Sterne kicherten heimlich über das hoffärtige Wesen.

239

Doch Gott, der die Klagen der Sonne vernommen hatte, sprach voll Milde: »Ich will dir deinen Wunsch erfüllen und eine Blume erschaffen, in der du dein Gesicht spiegeln kannst, den lieben langen Tag!« Und er schuf eine Blume auf der Erde, groß und mächtig, mit einer goldenen Blütenscheibe, die sich den ganzen Tag nach der Sonne richtet. Da war die Sonne zufrieden, denn seit jenem Tag spiegelt sie ihr Gesicht in dieser Blume, der die Menschen darum den Namen *Sonnenblume* gaben.

Legende

Wegwarte

Die Sonnenblume ist aber nicht die einzige Blume, die ihr Gesicht der Sonne zuwendet. Da gibt es noch eine viel bescheidenere, die dicht am Wegesrand steht. Sie blüht nicht gelb, sondern himmelblau. Wie ein kleiner Strauch streckt sie viele Stengel mit vielen Blüten der Sonne entgegen. Sie wartet treu am Weg, bis die Sonne erwacht ist und ihre Strahlen auf die Erde schickt. Dann erst öffnet sie ihre kleinen blauen *Sonnenblüten*, und sie schließt sie erst wieder, wenn die Sonne nicht mehr scheint. So nannte man sie *Wegwarte*. Sie kann ihre Blütenköpfchen genau nach der Sonne drehen. Deshalb erhielt sie auch den Namen: *Sonnenbraut*. Weil sie der Sonne so treu ist, will sie bei bedecktem Himmel die Blüten erst gar nicht öffnen oder nur ein bißchen, um sie dann aber schnell wieder gegen

Mittag zu schließen. Das hat manche geärgert, die haben ihr dann den Namen *Faule Gretl* gegeben.

Bist du nicht neugierig geworden auf die kleine Sonnenfreundin? Dann geh doch im Sommer hinaus und schau' nach am Wegesrand. Dann blüht sie wunderbar. Nur pflück' sie nicht. Sie würde es dir verübeln und schon verwelkt sein, ehe du noch zu Hause ankommst.

Johannisfest

Heute heißt das große Sonnenfest *Johannisfest*, und aus dem Sonnwendfeuer ist ein Johannisfeuer geworden. Warum, willst du wissen? Das ist auch wieder eine besondere Geschichte:

Die strahlende, feurige Sonne, die der Welt das Licht bringt, die Wärme schenkt und das Leben auf der Erde ermöglicht, wurde für die Christen zu einem Sinnbild für Jesus Christus, der ja auch von sich gesagt hatte: Ich bin das Licht der Welt. Als Jesus noch lebte, gab es einen Mann, der für ihn sehr wichtig war. Das war der Prophet Johannes, der Sohn der Elisabeth. So lesen wir es in der Bibel. Noch bevor Jesus durch die Dörfer

und Städte zog, um den Menschen von Gott zu erzählen, tat er es schon. Die Menschen fragten Johannes einmal: »Bist du der Mann, der von Gott zu uns geschickt worden ist?« Da antwortete Johannes: »Nach mir kommt jemand, der ist viel wichtiger als ich, auf den sollt ihr hören.« Damit meinte er Jesus. So wird Johannes oft der *Vorläufer Jesu* genannt.

Später haben die Menschen dann überlegt: Wenn der Prophet Johannes, wie Lukas erzählt, sechs Monate älter als Jesus war, dann rechnen wir vom Geburtstagsfest Jesu am 24. Dezember sechs Monate zurück und feiern den Geburtstag des Johannes am 24. Juni. Dann vergessen wir auch

nicht, daß Johannes auf Jesus hingewiesen hat, der für unser Leben so wichtig ist wie das Sonnenlicht.

Das paßte auch aus einem anderen Grund ganz schön. Johannes hatte einmal gesagt: »Jesus Christus muß wachsen, ich aber muß abnehmen«. Damit wollte er den Menschen klarmachen, daß Jesus wichtiger für sie sei und er in den Hintergrund treten müsse. Ja, und von nun an nehmen auch die Tage wieder ab und werden kürzer.

Der Johannistag ist so auch der Grund, daß die Sonnenwende nicht am 21. Juni, dem wirklich längsten Tag, sondern am 24. Juni gefeiert wird.

Sommerwind

Text und Melodie: Wolfgang Spode.
Von der Fidula-Cassette 39 "Der Ohrwurm".
Fidula-Verlag, Boppard/Rhein und Salzburg

1. Es streicht ein warmer Sommerwind durch Gräser, Blüten, Blätter. Er schiebt die Regenwolken fort und bringt uns gutes Wetter.

2. Es scheint der warme Sommerwind
   uns freundlich einzuladen
   zum Spielen an der frischen Luft,
   zum Wandern und zum Baden.

3. Es singt der warme Sommerwind
   ein Lied hoch in den Bäumen,
   und du und ich, wir summen mit
   und können dabei träumen.

4. Ich mag den warmen Sommerwind,
   ich mag sein sanftes Wehen.
   Ich möcht' so gerne mit ihm zieh'n
   und ferne Länder sehen!

Den Johannistag feiern

Ja, er ist es wirklich wert, gefeiert zu werden, dieser *Mittsommertag*, und wir brauchen auch gar nicht lange zu überlegen *wie*. Die *Johannisfeierkiste* ist im Lauf der Jahrhunderte immer größer geworden. Da brauchen wir heute nur hineinzugreifen und haben die tollsten Ideen:

Das Brunnenfest

Es erinnert daran, wie Jesus im Jordanfluß von Johannes getauft wurde. Es macht uns auch darauf aufmerksam, daß es ohne Wasser kein Leben gibt – wie auch ohne Sonne nicht. Früher, als das Wasser noch nicht aus dem Wasserhahn floß, wurden am Johannistag die Brunnen gereinigt, aus dem das Wasser geschöpft wurde. Das Wasser wurde gesegnet und anschließend ein Brunnenmeister gewählt, der während des folgenden Jahres über den Brunnen wachte. So kostbar war den Menschen das Wasser. Dann wurde fröhlich gefeiert. Die Kinder zogen am Morgen von Haus zu Haus und sammelten Eier und legten sie in einen mit Blumen geschmückten Korb. Abends beim Brunnenfest wurden sie dann verspeist.

Könnten wir heute nicht auch ein Wasserfest feiern? Was meinst du? Mach' du mit deinen Freunden und Freundinnen den Leuten in eurer Straße den Vorschlag, ein Wasserfest zu feiern. Vielleicht hat jemand einen Garten, oder es gibt ein kleines Straßenfest. Auf Stellwänden könnt ihr den Kreislauf des Wassers darstellen. Versucht herauszufinden, wieviel Wasser eine durchschnittliche Familie verbraucht. Bereitet Preise vor für die besten Ideen, wie man das kostbare Wasser sparen kann. Ihr könnt auch Wasserbilder malen, Kinder und Erwachsene, die besten werden dann prämiert. Am Morgen sammelt ihr Eier wie seit alters her, die schmecken am Abend köstlich. Zu trinken gibt es Wasser – es ist ja ein Wasserfest. Gut dazu schmecken auch:

Johannisküchlein

Die könnt ihr zusammen mit einigen Müttern und Vätern am Morgen backen:

500 Gramm Mehl, 250 Gramm Butter, 75 Gramm Rohrzucker, 10 hartgekochte Eier, die durch ein Sieb gestrichen werden, eine Prise Salz, ein Teelöffel Zitronensaft.

Das alles wird zu einem Teig verarbeitet, den ihr dann 1 cm dick ausrollt. Aus der Teigplatte stecht ihr mit einem Weinglas kleine Kuchen aus. Die werden bei mittlerer Hitze hellgelb gebacken. Nach dem Erkalten mit Marmelade bestreichen – ein Festschmaus!

Johannisweibl

Das *Johannisweibl* erinnert uns an die vielen *weisen Frauen*, die früher genau Bescheid wußten über alle Kräuter. Sie wußten, welche heilsam und welche giftig waren. Sie wußten auch genau, wieviel man jeweils davon nehmen mußte. Sie konnten vielen Menschen helfen. Aber leider meinten andere, die nicht so genau Bescheid wußten, sie wären Zauberinnen, und zu einer besonders bösen Zeit wurden viele von ihnen als Hexen verbrannt.

Das *Bildbrot Johannisweibl* mahnt uns, nicht alles, was wir nicht verstehen und was uns fremd ist, schlecht zu machen.

Ein süßer Hefeteig wird ausgerollt, bis er ungefähr 2 cm dick ist. Dann wird ein Weiblein geformt. Um den Kopf bekommt es ein Teigkopftuch und eine Teigrolle säumt unten das Kleid. Nun wird es auf ein gefettetes Backblech gelegt und muß 20 bis 30 Minuten ruhen. Dann wird es mit gequirltem Eigelb bestrichen. Wenn das trocken ist, wird noch einmal mit Eigelb nachgepinselt, damit das Weiblein schön glänzt. Nach 20 Minuten Backzeit müßte es wunderbar geworden sein. Wenn es ausgekühlt ist, könnt ihr es prächtig mit den Kräutern des Johannisfestes schmücken. So ehren wir die vielen klugen Frauen aus der früheren Zeit und danken Gott für die Kräuter.

243

Johannistrunk

In England gibt es eine schöne Sitte. Die Familie, die im Laufe des letzten Jahres im Dorf oder in der Straße zugezogen ist, stellt am Abend des 24. Juni einen großen Tisch vor das Haus, gedeckt mit allerlei Brotsorten, Käse, Wurst und Getränken und lädt alle Nachbarn dazu ein. Das kleine Fest ist sicherlich auch im Garten, in einer Garage oder einer Wohnung zu feiern und macht bestimmt ebenso in Deutschland Spaß. Das kann auch ein Fest nur für Kinder werden.

Kinder-Johannisfeuer

Du sammelst mit anderen nur einige Stücke Reisig oder Holz für ein kleines Feuer. Mit Erwachsenen zündet ihr es an, röstet dann über der verbliebenen Glut an einem Spieß Brot mit Käse, laßt es euch schmecken und tanzt fröhlich um das Feuer.
Vielleicht hat eine Mutter auch eine Kräutersuppe gekocht. Zum Nachtisch gibt es frische Erdbeeren. Und wer erzählt am Feuer eine schöne Geschichte, z.B. die von Sonne und Mond (siehe S. 239)?

Das Sonneaufwecken

Ist es nicht eine tolle Sache, die Sonne an ihrem Festtag zu *wecken*, noch früher als sie selbst, schon auf den Beinen zu sein?
Es muß noch dunkel sein, wenn du mit Geschwistern, Eltern, Großeltern, Freunden oder mit wem auch immer nach draußen gehst. Sicherlich weißt du, daß die Sonne frühmorgens am östlichen Horizont aufgeht. Sucht euch eine Stelle, von der aus ihr gut schauen könnt. Wenn ihr nach draußen kommt, werdet ihr überrascht sein, wie still die ganze Welt noch ist. Pst, seid auch ihr ganz still, die Welt schläft noch! Schaut euch um, vielleicht seht ihr eine Katze, die gerade von ihrem nächtlichen Streifzug auf leisen Pfoten heimschnürt. Oder ihr seht einzelne Menschen, die müde von der Nachtarbeit kommen. Dann schaut zum Himmel und wartet, bis er anfängt, leicht rosa zu schimmern. Es sieht aus, als ob irgendwo verborgen hinter dem Horizont ein Licht angezündet würde. Schaut, wie das Licht immer stärker wird. Schaut, und ihr werdet staunen! Dann dürft ihr rufen: »Guten Morgen, liebe Sonne! Steh auf, wir warten schon! Heute ist dein Festtag!« Ihr erlebt, was ihr vielleicht noch nie erlebt habt:

Ein dünner, lichtheller, gold oder rot glänzender Saum schiebt sich langsam über den Horizont herauf. Lautlos erhebt sich die Sonne, immer ein Stückchen höher, bis sie zuletzt groß und rund wie ein dicker Feuerball am Himmel steht. Beobachtet, wie sich jetzt die ganze Welt um euch her verändert, wie es Tag wird. Hört den Vögeln zu, die die Sonne fröhlich zwitschernd begrüßen.

Johannissträuße

Neunerlei Kräuter – so sagt man – gehören hinein, z.B. Salbei, Lavendel, Majoran, Kümmel, Bärlapp, Ringelblume, Rosmarin, Dost und natürlich Johanniskraut. Dazu noch Rosen, Rittersporn, Kornblumen und andere Sommerblumen, die du findest. Da mußt du jemand mitnehmen, der sich auskennt. Für dich ist es eine Gelegenheit, die Kräuter kennenzulernen. Am schönsten ist es, wenn mehrere auf die Suche gehen im Garten, draußen in der Natur oder auf dem Markt. Wenn du magst, es gibt heute schöne preiswerte Kräuterbüchlein zu kaufen. – Die Sträuße werden kopfüber über eine Tür, auf den Balkon oder die Terrasse gehängt, damit sie trocknen können. Sie erinnern uns daran, wie Gott uns die Pflanzen zur Freude, Stärkung und als Arznei geschenkt hat. Wer nicht so gerne einen Strauß aufhängt, kann auch die trockenen Pflanzen in ein kleines Körbchen stecken.

Schön ist es auch, am Johannistag kleine Kräuterpflänzchen in einen Blumentopf zu pflanzen und auf den Balkon oder auf das Fensterbrett zu stellen. Sie brauchen einen sonnigen Platz. Dann siehst du sie wachsen und wirst mit ihnen vertraut. Für die Familienküche gibt es dann vielleicht eine gute Ernte.

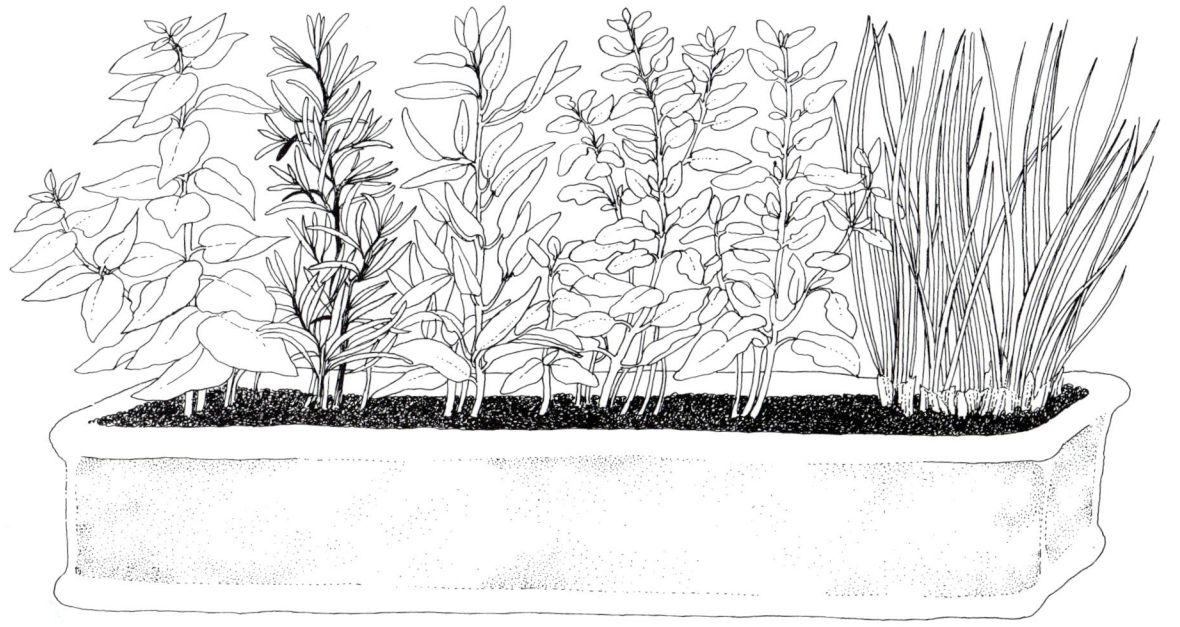

Johanniskrone

Etwas ganz Besonderes ist die Johanniskrone. Da müßt ihr euch wieder mit einigen zusammentun. Ihr biegt aus kräftigem Draht eine Krone, die ihr mit grünen Zweigen umwickelt. Nun könnt ihr sie mit Blumen bestecken. Dazu wickelt ihr Blumendraht um den Blumenstengel, den ihr dann in das gewickelte Grün stecken könnt. Früher hing die Krone auf einem Platz, auf dem der Maitanz gefeiert wurde. Die Kinder waren auch dabei, und gemeinsam wurde oft Reisbrei mit süßen Wecken gegessen. Heute kann sie unseren Balkon oder die Terrasse schmücken. Noch ein paar Gäste dazu, Kinder und Erwachsene, dann schmecken Reisbrei und süße Wecken auch heute. Am Johannisabend können wir sie – wie es auch früher Brauch war – mit Kerzen bestecken. Dann können wir getrost dasitzen und warten, bis die Lichter am Himmel mit unseren Lichtern um die Wette leuchten. Und noch andere kleine Lichter wirst du entdecken: die Glüh- oder Johanniswürmchen.

Die Sprache der Tiere verstehen

Früher fühlten sich die Menschen in der Johannisnacht nicht nur den Pflanzen, sondern auch den Tieren besonders nahe. Ja, sie glaubten, die Sprache der Tiere zu verstehen. Vielleicht lachen manche darüber. Aber wir sollten lieber nachdenklich werden, ob wir nicht wieder lernen müssen, die Tiere in ihrer Eigenart kennenzulernen und wenn nötig, für ein tierwürdiges Leben einzutreten.

246

Die Sprache der Tiere verstehen?

Das Tier – ja, ich versteh' es leicht,
wenn Bello mir die Pfote reicht
und kräftig mit dem Schwanze schlägt,
daß er sich mit mir gut verträgt.

Wenn Kätzchen einen Buckel macht,
dann gebe ich behutsam acht.
Miaut sie leise, faucht sogar,
und sträubt sich auch ihr Katzenhaar,
dann laß ich besser sie in Ruh'
und mach die Tür ganz leise zu.

Versteh ich auch der Vögel Klagen,
wenn ich mich flegelhaft betragen
und einfach in das Nest gegriffen
und mir dabei noch eins gepfiffen?

Verstehn wir noch das große Schrei'n
von vielen Tieren groß und klein,
die eng und enger, dicht bei dicht
und meistens ohne Sonnenlicht,
gemästet werden Tag für Tag –
für diese Tiere eine Plag'?

Gott hat sie uns doch anvertraut.
Er hat dabei auf uns gebaut,
daß wir sein Werk behüten sacht,
und nicht mit übergroßer Macht
zerstören ihren Lebensraum
und achten ihrer Würde kaum.

Hermine König

Die Kröte zum Beispiel

Giftig bin ich nicht,
Kinder beiß
ich nicht,
Wurzeln mag ich nicht,
Würmlein und Schnecken,
die laß ich mir schmecken.
Ich sitz' in dunklen Ecken
und bin gar so bescheiden,
doch niemand kann mich leiden.
Das betrübt mich in meinem Sinn;
kann ich dafür, daß ich so häßlich bin?

Johannes Trojan

Igelmutter hat Vorfahrt

Vater, Benedikt und Judith waren in der Stadt. Nun war es Abend, und sie holten das Auto aus der Tiefgarage. Vater fuhr durch die Stadt bis hinaus auf die Landstraße. Viele Autos fuhren hier.

Plötzlich sah Judith eine Igelmutter, die mit ihren Igelkindern die Landstraße überqueren wollte. Sie schrie: »Igel, Vati, Igel!« Der Vater konnte gerade noch anhalten. Er zündete schnell die Warnblinker an und sprang aus dem Auto. Er stellte das Warndreieck mitten auf die Landstraße. Dann machte er die Arme ganz breit wie ein Verkehrspolizist. Halten – hieß das für die Autos. Sie hielten an und fragten, was los sei. Der Vater zeigte auf die Igelmutter mit ihren Igelkindern. Bald stand eine ganze Reihe Autos mit Blinklichtern da. Benedikt zählte 15 Autos, Mann, o Mann! Die Autofahrer waren ausgestiegen und vergaßen ganz, daß sie es doch so eilig gehabt hatten. Sie standen da und schauten zu, wie die kleine hilflose Igelmutter mit ihren Kindern die Straße überquerte. Alle atmeten auf und klatschten Beifall, als sie sicher auf der anderen Seite angekommen waren. Sie freuten sich und wünschten der Igelfamilie viel Glück.

»Das ist noch einmal gut gegangen«, sagte der Vater und stieg mit Judith und Benedikt ins Auto.

248

Vogelpredigt

Über Bruder Franz, den du im Kapitel »Erntedank« näher kennenlernst und der vor ungefähr 800 Jahren in Italien lebte, gibt es eine wunderbare Geschichte: Er sah einmal an seinem Weg auf den Bäumen viele, viele Vögeln sitzen. Er sagte zu seinen Freunden, die bei ihm waren: »Wartet auf mich. Ich will meinen Geschwistern, den Vögeln, eine Predigt halten.« Kaum begann er zu sprechen, kamen die Vögel zu ihm herangeflogen und lauschten seinen Worten:

»Vögel, ihr meine lieben Geschwister. Ihr sollt immer und überall Gottes Lob singen. Er hat euch die Freiheit geschenkt. Ihr könnt fliegen, wohin ihr wollt. Ihr habt ein schönes Federkleid. Ihr findet euer Futter. Ihr habt Flüsse und Bäche, um daraus zu trinken. Ihr findet Bäume und Sträucher, um eure Nester darin zu bauen. Seid dankbar und vergeßt nie, mit eurem wunderbaren Gesang Gott zu loben.«

Franz betrachtete staunend die schöne Vielfalt der Vögel, und er freute sich über ihre Zutraulichkeit. Er segnete die Vögel. Sofort erhob sich die ganze Vogelschar mit einem herrlichen Gesang in die Luft. Sie flogen nach Osten und Westen, nach Süden und Norden. Franz sagte zu seinen Freunden: »Laßt uns von den Vögeln lernen. Wie sie, wollen wir Gottes Lob durch die ganze Welt tragen.«

Fest Maria Heimsuchung

2. Juli

Dieser Tag soll uns an den Tag erinnern, an dem Maria ihre Kusine Elisabeth besucht hat. Lukas, den du von der Weihnachtsgeschichte her kennst, hat uns davon erzählt: Als Maria schwanger war, machte sie sich eines Tages auf den Weg, um ihre Kusine Elisabeth zu besuchen. Es war ein beschwerlicher Weg durch das Bergland von Judäa. Wir können uns das gar nicht richtig vorstellen, weil wir gewohnt sind, mit Auto oder Eisenbahn zu verreisen. Eine solche Fußreise war wirklich eine große Anstrengung. Maria freute sich bestimmt, als sie endlich bei Elisabeth ankam und begrüßte sie herzlich. Elisabeth, die auch schwanger war, sah Maria an. Dann umarmte sie ihre Kusine und sagte: »Wie gut, daß du zu mir kommst. Als du mich begrüßtest, da hüpfte mein Kind vor Freude in meinem Bauch. Da wußte ich, du bekommst auch ein Baby. Tief in meinem Herzen hab ich vernommen, es wird Sohn Gottes heißen, und du bist seine Mutter.«

Da sang Maria voll Freude ein Lied, ein schönes Lied. Für mich klingt es so:

Mein Herz jubelt,
und ich lobe dich, du wunderbarer Gott.
Du hast große Dinge mit mir vor.
Für dich ist die Frau nicht weniger wert als der Mann.
Vor dir sind alle Menschen gleich.
Du willst nicht, daß Menschen andere unterdrücken.
Du willst nicht,
daß einige alles haben
und andere hungern müssen.
Du bist zornig über die Menschen,
die ihre Macht mißbrauchen

Marias Lied sagt uns, wie die Menschen füreinander dasein sollen und nicht gegeneinander handeln dürfen. Das vergessen wir oft. Dann gibt es Leid, Streit und sogar Krieg. Marias Festtag sagt es uns jedes Jahr immer wieder.

Maria Magdalena

22. Juli

An diesem Julitag feiern wir das Namensfest einer anderen Maria, der Maria Magdalena. Sie gehörte mit noch anderen Frauen und Männern zum Freundeskreis Jesu. Ihre große Geschichte, die Ostergeschichte, kannst du im Osterkapitel lesen (siehe S. 176). Sie hat mich neugierig gemacht. Wer war Maria Magdalena, daß sie die Osterbotschaft als allererste erfuhr und weitersagen durfte? Aus dem, was ich in der Bibel über sie lesen konnte, ist eine Geschichte in mir entstanden:

Maria wuchs in der kleinen Stadt Magdala auf. So wurde sie Maria Magdalena genannt. Als Maria ein junges Mädchen war, sollte sie einen Mann heiraten, der gut für sie sorgen konnte. Das war damals so üblich. Die Mädchen lernten ihren Mann oft erst bei der Hochzeit kennen. Wenn sie dann verheiratet waren, mußten sie ihrem Mann in allem gehorchen. Sie durften nicht allein über sich selbst bestimmen.

Maria wollte das alles nicht. Sie wollte selber entscheiden. So widersetzte sie sich den Wünschen der Eltern. Maria lehnte alle Männer ab, die ihr die Eltern vorschlugen. Ja, sie fing an zu schreien, als die Eltern das nicht verstehen konnten. Für die Eltern war es nämlich eine Schande, daß Maria nicht heiraten wollte. Aber Maria schrie und tobte immer lauter. »Sie muß verrückt geworden sein«, sagten die Eltern. Die Leute in der Nachbarschaft fingen an zu tuscheln: »Maria ist bestimmt von bösen Geistern besessen.«

Maria saß oft allein und dachte über alles nach. Sie wußte selber nicht, was werden sollte und wurde immer trauriger. Sicherlich machte sie auch nicht gerne ihren Eltern Kummer. Aber sie konnte nicht anders, auch wenn die Leute glaubten, sie sei verrückt.

Eines Tages vernahm Maria draußen auf der Straße aufgeregte Stimmen. Sie hörte, wie die Menschen: »Jesus, Jesus« riefen. Von Jesus hatte sie schon gehört. Maria wußte auf einmal: Ich muß hinaus! Die Eltern wollten sie zurückhalten. Aber sie schrie wieder. Sie riß sich los und rannte schreiend auf die Straße. Die Leute riefen: »Die Verrückte kommt.« Sie wollten sie nicht zu Jesus lassen. Jesus aber hatte sie schon gesehen. Er winkte sie zu sich und sagte: »Maria! Du brauchst nicht mehr zu schreien. Alles ist gut.« Da wurde Maria ganz ruhig. Sie wußte: Das ist Jesus. Er versteht mich. Er wird mir ein guter Freund sein. Er wird mir vieles erklären. Er macht keinen Unterschied zwischen Männern und Frauen. Bei ihm will ich bleiben.

So zog Maria mit Jesus und seinem Freundeskreis. Sie wanderten von Stadt zu Stadt, von Dorf zu Dorf.

Sie hörten zu, wenn Jesus ihnen von Gott erzählte, von seiner Liebe zu den Menschen. Sie waren dabei, wenn er kranke Menschen heilte und sich um die kümmerte, die von anderen Menschen verachtet wurden. Es war kein einfaches Leben für Maria, Tag für Tag über staubige Straßen zu ziehen. Aber sie war glücklich. Sie konnte Jesus alles fragen. Sie hörte eifrig zu, wenn er sprach. Sie ließ sich von seiner Gottesliebe anstecken.

Maria von Magdala schrie nur noch einmal, nämlich, als Jesus ihr Freund und Lehrer am Kreuz hingerichtet wurde. Seine Freunde waren aus Angst geflohen. Maria stand unter dem Kreuz, mit ihr die Mutter Jesu und einige andere Frauen.

Da kann ich gut verstehen, daß Maria von Magdala mit ihren Herzensaugen Jesus am Ostermorgen erkannte. Sie durfte dann ja allen anderen die frohe Nachricht weitersagen: Jesus lebt.

»Ich habe den Herrn gesehen«, sagte sie immer wieder, solange sie lebte.

Christophorus

24. Juli

Vor langer Zeit lebte ein riesengroßer Mann. Er war stark wie ein Bär. Er hieß Ophorus. Er wollte nur dem mächtigsten Herrn der Welt dienen. Deshalb machte er sich auf den Weg und suchte den mächtigsten König, von dem er gehört hatte. Er fand ihn und bat ihn, ihm dienen zu dürfen. Immer wieder beobachtete Ophorus, daß der König ein Kreuzzeichen machte, wenn vom Teufel die Rede war. »Warum tust du das?«, fragte er den König. »Ich fürchte den Teufel«, antwortete der König. »Wenn ich das Kreuzzeichen mache, bekommt er keine Gewalt über mich.« »Dann ist er mächtiger als du«, sagte Ophorus und verließ den König. Ophorus suchte und fand den Teufel. Er folgte ihm. Der Teufel aber machte um jedes Kreuz am Wegesrand einen großen Bogen. Darüber wunderte sich Ophorus, und er fragte ihn, warum er das tue. Da sagte der Teufel: »Am Kreuz starb einer, den die Menschen Jesus nennen. Er ist nicht im Tod geblieben. Vor ihm fürchte ich mich.« »Dann ist er mächtiger als du«, sagte Ophorus und verließ den Teufel.

Lange Zeit zog er nun durch die Welt und suchte nach dem neuen Herrn. Er konnte ihn nicht finden. Eines Tages traf er einen alten Mann, der ganz allein in der Nähe eines Flusses wohnte. Der erzählte ihm von Jesus Christus: »Er ist der wirkliche Herr«, sagte er. »Aber wo finde ich ihn?« fragte Ophorus. Der alte Mann gab ihm eine seltsame Antwort: »Diene den Menschen, so wirst du ihn finden.« »Das ist schon merkwürdig«, dachte Ophorus. Aber er versuchte, dem Rat zu folgen. »Siehst du da unten den Fluß?« sprach der Alte. »Es ist ein reißender Fluß. Da kommst du gerade recht mit deinen Riesenkräften. Es gibt dort keinen Steg über das Wasser. Du kannst die Menschen sicher durch das Wasser tragen. Jesus Christus wird es dir danken.«

Ophorus ging an den Fluß, baute sich eine Hütte und trug die Menschen behutsam auf seinen starken Schultern durch den Fluß. Dabei stützte er sich auf einen Baumstamm, den er als Stab bei sich trug.

In einer stürmischen Nacht hörte Ophorus die Stimme eines Kindes: »Ophorus, trag mich hinüber!« Er sprang auf, lief vor die Hütte, fand aber niemand. Da ging er wieder in seine Hütte zurück. Aber da hörte er die Kinderstimme wieder. Er ging hinaus und konnte niemand finden. Kaum war er in seiner Hütte zurück, hörte er die Stimme zum dritten Mal: »Ophorus, trag mich hinüber über das Wasser!« Er ging wieder hinaus und sah jetzt ein kleines Kind am Ufer stehen. Ophorus nahm seinen Baumstamm in die eine Hand, mit der anderen hob er das Kind auf seine Schultern und begann, durch den Fluß zu waten. Aber der Weg wurde so mühsam wie nie zuvor. Das Wasser schwoll an, und das Kind auf seiner Schulter wurde schwer wie Blei. Ophorus fing an zu keuchen: »Du Kind, es ist mir, als ob ich die ganze Welt auf meinen Schultern trüge.« Mit letzter Kraft erreichte er das Ufer.

Er nahm das Kind von seiner Schulter und sagte: »Wer bist du, Kind, daß ich fast ertrunken wäre?« Da lächelte ihn das Kind an und sagte: »Du hast mehr als die ganze Welt getragen, ich bin Jesus Christus, dein Herr, dem du schon die ganze Zeit hier am Fluß dienst.« Da gingen Ophorus die Augen seines Herzens auf. Das Kind sagte zu ihm: »Ophorus, von nun an sollst du Christophorus heißen; denn du hast Christus getragen. Wenn du zu deiner Hütte zurückkommst, dann nimm deinen Stab und stecke ihn in die Erde.« Dann war das Kind verschwunden. Christophorus tat, was das Kind gesagt hatte.

Am nächsten Morgen stand dort, wo er den Stab in die Erde gesteckt hatte, ein mächtiger Baum mit grünen Blättern und köstlichen Früchten. Christophorus schaute den Baum an und dachte: »Wer Christus dient, ist wie ein Baum, der Früchte trägt.«

Die Christophorus-Legende ist nicht vergessen. Schau doch einmal nach, wo du eine Christophorus-Plakette entdecken kannst: im Auto deiner Eltern vielleicht oder sogar an deinem Fahrrad?

– Woran sie uns erinnern kann:

– um Schutz bitten, wenn wir unterwegs sind;

– im Straßenverkehr achtsam gehen und fahren;

– Verantwortung für sich und andere im Straßenverkehr nicht vergessen;

– anderen auf der Straße helfen;

– freundlich bleiben, auch wenn andere Fehler machen.

Auf der Straße

Für eine Langeweilstunde: Nimm einen großen farbigen Karton, leg Zeitungen und Illustrierte bereit, Filzstifte und Kleber. Es können auch noch andere mitmachen. Überlegt einmal, was auf der Straße alles los ist. Dann schaut nach, was ihr in Zeitungen und Illustrierten davon findet. Schneidet es aus, und legt es zunächst beiseite. Da kommt sicher viel zusammen: Menschen, Geschäfte, Autos, Fußgänger, Radfahrer, Leute mit Einkaufs- und Kinderwagen. Und was alles passieren kann, die Zeitungen sind voll davon. Findet ihr mehr Rücksichtsvolles oder Rücksichtsloses?
Dann versucht, aus Fotos, Überschriften und kurzen Textabschnitten ein Bild zu machen. Ihr könnt auch eigene Sätze dazuschreiben. Welche Überschrift paßt zum Bild?

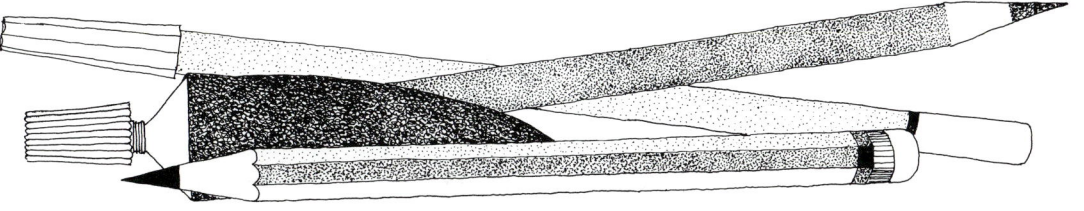

255

Das Kirschenfest

28. Juli

Vor 500 Jahren marschierten auf die Stadt Naumburg feindliche Soldaten zu, die die Stadt angreifen und zerstören wollten. Die Naumburger waren verzweifelt und überlegten fieberhaft, was sie tun sollten. Dabei kam einer auf eine seltsame Idee, die alle überzeugte: Die Naumburger schickten alle ihre Kinder, 600 an der Zahl, Jungen und Mädchen, in weißen, mit schwarzen Bändern verzierten Kleidern den feindlichen Soldaten entgegen. Sie sollten um Gnade für ihre Stadt bitten.

Der feindliche General sah den langen Kinderzug kommen. Die Kinder waren ganz schutzlos. Sie kamen immer näher und sangen. Da wurde das Soldatenherz des Generals milde gestimmt. Er befahl den Soldaten, sich nicht von der Stelle zu rühren. Die Kinder standen nun still und baten für ihre Stadt. Der General hörte aufmerksam zu. Dann ließ er Musiker kommen. Die mußten die schönsten Kinderlieder und Kindertänze spielen. Bald saßen alle Kinder auf einer großen Wiese und wurden von den Soldaten mit köstlichen Kirschen von den Bäumen und süßen Wecken bewirtet. Bis zum Abend sangen, tanzten und spielten sie. Dann schickte der General sie wieder nach Hause und sagte zum Abschied: »Sagt den Bürgern von Naumburg, Euch zuliebe soll eure Stadt nicht zerstört werden.«

So zog der Kinderzug wieder zurück. Die Kinder trugen grüne Friedenszweige in ihren Händen.

Wie groß die Freude der Naumburger war, kannst du dir vorstellen. Zur Erinnerung an diesen großen Friedenstag beschlossen sie, jedes Jahr ein Kirschenfest als ein fröhliches Hoffnungsfest zu feiern, daß das Verstehen am Ende größer ist als Haß und Zerstörung.

Ein solches Kirschenfest kann bestimmt überall gefeiert werden: Wo es noch Kirschbäume gibt, klettern die Kinder gerne hinauf, wenn noch Kirschen zum Nachpflücken vorhanden sind.

Ob gepflückt oder gekauft, leckere Kirschküchlein gehören zum Fest, ebenso eine Kirschkönigin. Sie bekommt einen Kirschenkranz auf den Kopf, Ohrringe aus Kirschen und ein Körbchen mit den schönsten Kirschen in die Hand. Sie darf bestimmen, was gespielt wird.

Sommerzeit – Ferienzeit

Die Sommerzeit ist ja auch deshalb so toll, weil sie die längsten Ferien im Jahr anzubieten hat. Am letzten Schultag fliegt der Rucksack oder die Schultasche in die Ecke, und ein unbeschreiblich tolles Gefühl macht sich breit.

Abenteuer locken überall. Da macht es keinen Unterschied, ob es Ferien auf dem Bauernhof sind, eine Reise in ferne Städte oder sogar in fremde Länder. Mach deine Augen und dein Herz weit auf.

München ... Frankfurt ... Stuttgart ... Mainz

Mancher kluge Wandersmann
Schaffte sich ein Fernrohr an.
Aber mancher braucht auch keins,
Kennt er nur sein Ziel:
München,
Frankfurt,
Stuttgart,
Mainz,
Bremen,
Hamburg,
Kiel.

Mancher fährt genau nach Plan
Südwärts mit der Eisenbahn.
Einer will ein Türmchen sehn,
Einer einen Dom:
Salzburg,
Gmunden,
Innsbruck,
Wien,
Bozen,
Mailand,
Rom.

Wenn die Russen reisen, dann
Fangen sie in Moskau an.
Und sie schreiben jeden Tag
Heim, was sie gesehn:
Moskau,
Kiew,
Warschau,
Prag,
Belgrad,
Nisch,
Athen.

Manche fahren auch per Rad
Hier zu Haus von Stadt zu Stadt.
Hast du keins, dann kauf dir eins!
Dann bestimm dein Ziel:
München,
Frankfurt,
Stuttgart,
Mainz,
Bremen,
Hamburg,
Kiel.   James Krüss

Sommerwiese

Was ist eine Wiese?
Futter für die Kuh.
Und noch was dazu.
Gras und Blumen.
Schmetterlingsgeflügel.
Bienensummen.
Ameisgekrabbel.
Käfergezappel.
Achtung! Maulwurfshügel!
Margeriten,
Rote Federnelken vor dem blauen Himmel.
Heupferd übt den Weitsprung bis zum Kümmel.
Ein Kamillenbusch öffnet zwei Blüten.
Sommerfliegen flitzen
über Storchenschnabelmützen.
Hummeln brummeln im Honighaus
ein und aus.
Glockenblumen baumeln und bummeln.
Unten am Löwenzahn geigt
eine Grillenschnarre. Der Wind
spielt mit den Halmen Harfe
oder Gitarre,
alles regt sich und bewegt sich,
alles, was da lebt und schwebt,
leuchtet, knistert, flüstert,
brummelt, bummelt –
Was ist eine Wiese?
Das ist eine Wiese!

Friedl Hofbauer

Heuernte

Onkel Hans sitzt auf der Mähmaschine, neben ihm sein Feriengast Klaus. Laut ratternd fährt der Mäher jetzt über die Wiese, und hinter ihm bleibt das gemähte Gras in langen Streifen liegen.

»Sag mal, Onkel Hans, du mähst ja die ganzen Blumen mit ab.«

»Soll ich vielleicht beim Mähen um jede Blume herumfahren? Nein, mein Junge, das geht wohl nicht.«

»Schade, nun müssen sie alle welken, und die Wiese sah so toll aus.«

»Du brauchst nicht traurig zu sein. Die bunten Blumen und Kräuter sind wichtig für die Tiere als Nahrung. Wenn das Gras zu Heu getrocknet ist, fahren wir es in die Scheune. Dann haben wir im Winter Futter für die Tiere mit all den guten Kräutern und Heilkräutern darin. Die brauchen die Tiere.«

»So ist das, Onkel Hans, das wäre mir allein nicht eingefallen!«

»Und du wirst sehen, das Gras und die kleinen Blumen wachsen bald wieder nach.«

Eine schöne bunte Wiese

So sehr hatte Ute sich auf die Ferien gefreut. Nun ist nichts als Langeweile, schreckliche Langeweile. Ute wohnt in der Stadt, im Hochhaus, achter Stock. Ute sitzt auf dem Balkon. Ihre Beine baumeln über die Lehne des Gartenstuhls. Sie hält Ausschau: Wo sitzt noch ein Kind auf einem Balkon und hat Langeweile? »Dann flieg' ich ganz schnell hinüber« denkt Ute. »Ach, Quatsch«, schimpft Ute sich selber aus, »jetzt fahre ich mit dem Fahrstuhl runter und seh' nach, was auf dem Spielplatz los ist.« Aber dort ist nur öde Leere. Die meisten Kinder sind irgendwohin in die Ferien gefahren. Ute seufzt: »Die haben's gut«. Da kommt Dirk um die Ecke getrödelt. Und noch jemand kommt, ein Mann mit einem Kanister auf dem Rücken und mit einer Spritzdüse in der Hand. Ute und Dirk beobachten, was er macht. »Geht weg«, ruft er. »Ich spritze Gift, damit das Gras zwischen den Pflastersteinen kaputt geht.« »Nein«, schreit Ute, »das schöne Gras! Das sieht doch fast wie eine grüne Wiese aus. Und wir haben doch keine andere Wiese.« »Dann mußt du die Grashälmchen auszupfen und auf euren Balkon pflanzen«, lacht der Mann. »Überhaupt die Idee«, ruft Ute. »Komm Dirk.« Und schon zupfen die beiden vorsichtig die Graspflänzchen aus den Ritzen zwischen den Steinen heraus, ganz vorsichtig, damit die zarten Wurzeln dranbleiben. Der Mann mit dem Kanister schüttelt den Kopf. »Ich hab' noch Taschengeld«, sagt Dirk. »Davon kaufen wir Blumenerde im Blumengeschäft.« »Ja, lauf, in der Zeit suche ich im Keller einen Blumenkasten. Und dann wächst eine Wiese auf unserem Balkon. Und Blumensamen säen wir auch hinein. Eine schöne bunte Wiese soll wachsen, unsere schöne bunte Sommerwiese.« Ute ist ganz aufgeregt. Und alle Langeweile ist verflogen.

Wetterspiele an einem Regentag

Horch einmal auf den Regen, und mal die Geräusche auf mit schwarzen Punkten: Wie ist es zu Beginn – danach – gegen Ende?

Denk dir eine Geschichte dazu aus. Versuche, die Regen-Geräusche nachzumachen:

- mit einem Joghurtbecher, der mit Körnern gefüllt ist,
- mit einem Joghurtbecher, der mit Kieselsteinchen gefüllt ist,
- laß Reiskörner, getrocknete Erbsen oder Kaffeebohnen auf einen Karton rieseln,
- trommle mit den Fingern auf den Tisch, auf den Stuhl, auf die Erde.

Vielleicht ist es ein Sommergewitter, versuche die Geräusche wieder nachzuahmen:

- mit Alu-Folie oder mit dickem Packpapier rascheln;
- ein dünnes Blech hin- und herbewegen;
- eine Dose über den Tisch rollen.

Versuche jetzt Donner- und Regengeräusche abwechselnd; den Sturm oder Wind bläst du dazu. Spielen Freunde, Freundinnen oder Geschwister mit, dann spielt noch die Menschen dazu:

- wie sie sich draußen bewegen, nach vorne gebeugt,
- sich gegen den Wind stemmend,
- den Schirm öffnend, der sich vielleicht umdreht,
- wie sie über die Pfützen springen,
- wie sie beim Donner erschrecken,
- wie das Gewitter aufhört,
- wie bewegen sie sich jetzt?

Ihr könnt ein richtiges Sommertheater daraus machen!
Beobachtet auch, wie die Regentropfen über die Scheiben laufen, langsam, schnell, welche Figuren sie auf die Scheiben malen. Nimm ein Blatt Papier, und male es mit schwarzer Tusche oder Wasserfarbe nach.

Si, si, sehr glücklich

Familie Kahl will ihre Ferien auf einem Campingplatz an der Adria in Italien verbringen. Nach langer Fahrt kommen sie endlich an. Basti und Gitte stürmen aus dem Auto ans Meer. Sie können nur noch staunen. Am liebsten würden sie sofort in die Badesachen springen. Aber zuerst muß das Zelt aufgebaut werden, und da müssen alle mithelfen. Der Platzwart zeigt ihnen den Platz, der für Familie Kahl gebucht ist. Alles klappt wunderbar. Zum Schluß müssen nur noch die Luftmatratzen aufgeblasen werden. Das macht Basti, Ehrensache! Aber es funktioniert nicht. »So ein Mist«, schimpft er. Da kommt ein Junge aus einem anderen Zelt herbei. Er spricht mit Basti. Aber der versteht kein Wort. »Rino, Rino«, so heißt der Junge wohl. Zuletzt hält Basti ihm die Luftpumpe hin, zeigt auf sich und sagt: »Basti, Basti!« »Si, si, Basti«, ruft Rino und probiert nun die Luftpumpe. Aber es ist ihr kein Geräusch zu entlocken. Schon eilt ein weiterer Junge herbei: »Can I help you? My name is James.« Er bringt gleich eine andere Luftpumpe mit. Und, o Wunder, die Matratze füllt sich mit Luft. Aber sie wird trotzdem nicht stramm. Basti kann tiefe Dellen hineindrücken. »Das klappt immer noch nicht«, ruft er. Aber Rino und James schauen ihn verständnislos an. »Ach ja«, denkt Basti, »die verstehen mich ja gar nicht, doof! So müssen sich die ausländischen Kinder fühlen, wenn sie zu uns nach Deutschland kommen und nichts verstehen.«

Gott sei Dank, da kommt der Vater vom Auto zurück. Er sieht sich die Matratze an und entdeckt sofort einen Nagel darin. »Oh«, ruft James. »Oh«, ruft Rino. »Oh«, ruft Basti. Endlich ein Wort, das international ist, das alle verstehen.

Am Ende der Ferien verabschiedet sich Basti von seinen neuen Freunden: »Io sono sehr glücklich, dear James, caro Rino, si, si!«

Gute Reise

Text: Aus dem Kursbuch der Deutschen Bundesbahn. Kanon: Richard Rudolf Klein.
Aus: Die Maultrommel. Fidula-Verlag, Boppard/Rhein und Salzburg

Als wir noch in der Wie-ge la-gen, dacht nie-mand an den Lie-ge-wa-gen.

Jetzt kann man nachts im Wa-gen lie-gen und sich in al-len La-gen wie-gen,

in al-len La-gen, in al-len La-gen, wie— gen.

Die Ferien–Wunderkiste

Eine leere Schuhschachtel verzieren, obenauf mit der schönsten Schrift *Wunderkiste* schreiben! Sie lädt nun geradezu ein, Ausschau zu halten nach Dingen, die nicht alltäglich, sondern *wundervoll* sind: Muscheln, feine Vogelfedern, Steine, die besonders rund sind oder wie ein Gesicht oder ein Fuß aussehen, Schneckenhäuser, Rinde von einem Baum, ein verformter Deckel einer Konservendose … Du wirst erstaunt sein, was du alles entdecken und immer wieder bewundern kannst.

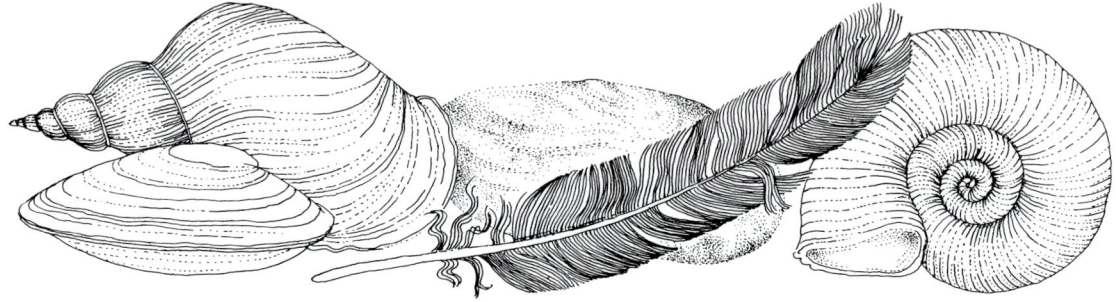

Ferientagebuch

Bei Moos denkst du bestimmt an Weihnachten und Krippenbauen. Aber vergiß das, und setze dich einmal an einem Ferientag irgendwo ins Moos. Dann warte eine Weile, und verhalte dich ganz ruhig. Beobachte dann, was alles geschieht: Ameisen krabbeln und schleppen Tannennadeln …, ein schwarzer Käfer fällt auf den Rücken und bewegt seine sechs Beinchen hilflos in der Luft …, eine Fliege setzt sich und streicht mit ihren Hinterbeinchen über ihre Flügel … Beobachte ruhig weiter, und schreibe nachher alles in dein Tagebuch. Du kannst auch dazu malen.
An einem anderen Tag suchst du dir einen anderen Beobachtungsplatz, zum Beispiel unter einem Baum oder am Strand, und schaust, was die Wellen heranbringen oder, oder, oder.

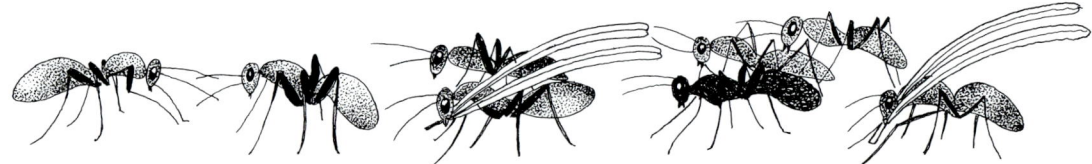

Ferienträume

Ob du nun im Liegestuhl am Strand sitzt oder unter einem Apfelbaum, vielleicht sogar an einem Teich, in dem noch Frösche quaken, zieh' dir einmal Mutters Strohhut übers Gesicht, wenn alle ihren Mittagsschlaf halten, und es ganz ruhig ist. Wenn du die Augen geschlossen hältst, siehst du viele schöne, seltsame und auch komische Bilder. Es ist ein bißchen wie im Kino, und du kannst das Fernsehen vergessen.

Wann ist das Jahr erwachsen?

Wann ist das Jahr erwachsen?
Wahrscheinlich im August.
Dann hüpft es nicht mehr wie im Mai
mit Kling und Klang an uns vorbei.
Dann ist es selbstbewußt.

Wann ist das Jahr erwachsen?
Ganz sicher im August.
Dann sind die Ähren voll und schwer.
Dann geht das Jahr so stolz einher
und mit geschwellter Brust.

Wann ist das Jahr erwachsen?
Im prächtigen August.
Dann ist es stark und stolz und still.
Und wenn ein Baum nicht reifen will,
dann sagt das Jahr: Du mußt.

James Krüss

Ferien

Endlich Ferien!
Mein Gott, weißt du,
was das für mich bedeutet?
Viele Wochen schulfrei,
keine Hausaufgaben!
Nun kann ich trödeln und träumen
und mir vieles Neue ausdenken.
Mutti und Vati haben auch Urlaub.
Nun haben sie viel mehr Zeit für mich.
Ich bin gespannt,
was wir alles unternehmen.
Ich freue mich einfach,
und du, Gott, bist mit dabei.

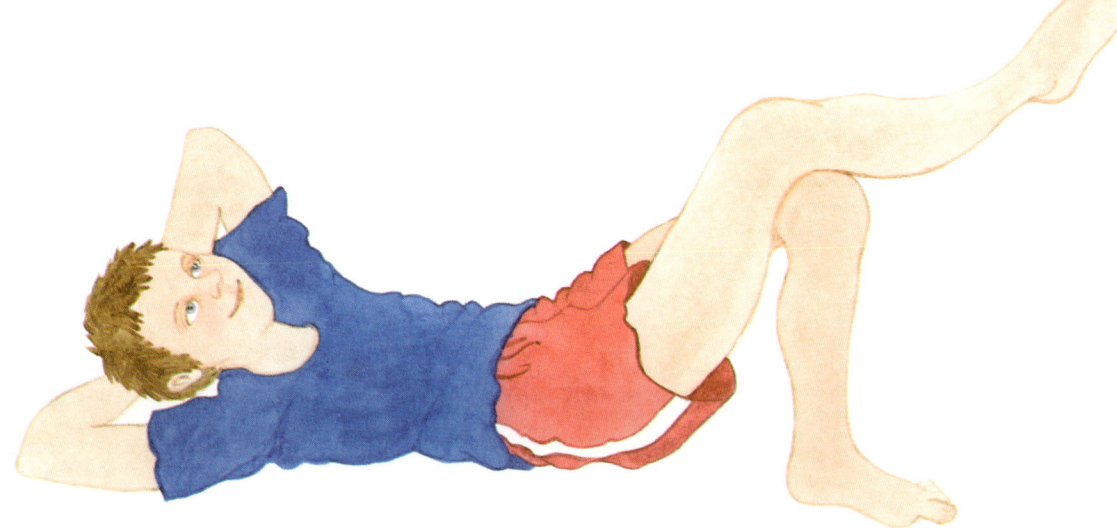

263

Festtag des heiligen Laurentius

10. August

Es ist immer so eine Sache, wenn Menschen sich selbst zu Göttern machen. Sie wollen, daß alles zu ihrer persönlichen Ehre geschieht und dulden keinen Ungehorsam. Wer sich widersetzt, landet im Gefängnis. Wozu das führt, sehen wir zum Beispiel in der Zeit der ersten Christen. Diese glaubten Jesus, der ihnen den menschenfreundlichen Gott gezeigt hatte. Da war nicht der sture Gehorsam, sondern die lebensnotwendige Liebe das erste Gebot. Deshalb wurden sie von den römischen Kaisern gehaßt.

In dieser Zeit lebte ein Papst, der Sixtus hieß. Er war schon alt. Aber er hatte einen jungen Freund, Laurentius. Der war überall. Er warnte frühzeitig, wenn die römischen Soldaten kamen. Dann konnten die Christen in den Untergrund gehen. Er tröstete und machte Mut, wenn die Menschen Angst hatten. Er betete mit ihnen und beschaffte Lebensmittel von irgendwoher. Es wird erzählt, er hatte sogar die Kraft, Blinde wieder sehend zu machen.

Nun ging das Gerücht am Kaiserhof um, die Christen hätten gewaltige Schätze an Gold und Silber versteckt. Da wurde es ganz gefährlich für die Christen, denn der geldgierige Kaiser schickte seine Spezialtruppe aus, sie zu ergreifen.

Nicht lange danach wurde der alte Papst gefangen und getötet. Auch Laurentius wurde kurz danach entdeckt und vor den römischen Richter geführt. Der fragte sofort: »Wo sind eure Schätze versteckt?«

Laurentius versprach, sie herbeizuschaffen, wenn man ihm drei Tage Zeit gebe. Nach diesen drei Tagen erschien Laurentius mit seinen Schätzen: arme zerlumpte, ausgehungerte Menschen, die dauernd in Not und teilweise in Verstecken leben mußten: »Hier sind unsere Schätze, die uns unser Gott anvertraut hat. Er will, daß wir für Menschen in Not eintreten.« Der Richter wurde so zornig, daß er Laurentius sofort töten ließ.

Die Christen trauerten und weinten um ihn. Er war wie ein leuchtender Stern in der Dunkelheit der Angst und Not gewesen. Der 10. August soll sein Todestag gewesen sein. Aber niemand weiß das so genau.

Laurentiustränen

Mitte August baut Herr Müller sein Sternteleskop auf. An den sternklaren Abenden betrachtet er den Himmel mit seinen Sternen. Diesmal darf sein Sohn Rüdiger seine Freunde und Freundinnen einladen. Leider sind einige schon in Ferien. Aber Michael, Anne, Klaus, Martin und Susanne sind zu Hause und freuen sich riesig auf das Sternenfest. Sie wundern sich nur über die Einladung. Da steht: »Einladung zum Sternenfest *Laurentiustränen*. Bitte eine Sternenlaterne basteln und mitbringen.«

Klar, daß wunderschöne Laternen bis zum Festabend entstanden sind. Rüdiger hat inzwischen mit seinem Vater zwei Schlafzelte im Garten aufgebaut, während die Mutter Pommes frites und Würstchen vorbereitet, und Susannes Mutter hat noch einen Kasten mit Limo vorbeigebracht. Klaus und Martin haben mit ihren Eltern zusätzlich wunderschöne Kürbislaternen gebastelt.

Endlich ist es soweit. Es beginnt dämmerig zu werden. Die Gäste kommen mit großem Hallo angestürmt. Zuerst werden die Laternen bewundert, eine schöner als die andere. Die Kinder verteilen sie nun im Garten und stecken sie in die Wiese. Nicht lange und alle sitzen auf der Terrasse und essen mit großem Vergnügen Pommes frites und Würstchen. Die Kürbisgesichter auf der Mauer zwinkern fröhlich dazu.

Dann erzählt Rüdigers Vater die Geschichte von Laurentius, und wie nach ihm die vielen Sternschnuppen, die ab Mitte August über den Nachthimmel stürzen, Laurentiustränen genannt werden. »Aha«, meint Susanne, »jetzt verstehe ich die Einladung.« Und Klaus sagt leise: »Daß der so tapfer sein kann!« Die Kinder sind nachdenklich geworden.

Der Vater schaut prüfend zum Himmel. Es wird langsam dunkel. »Nun kommt, wir wollen doch schauen, ob wir die Laurentiustränen entdecken.« Aber zunächst bittet der Vater, ganz ruhig zum Himmel zu schauen: »Wer entdeckt den ersten Stern, den Abendstern?«

Mucksmäuschenstill wird es. Wann und wo wird er aufblinken? Dann hat Susanne ihn entdeckt. So darf sie als erste durchs Fernrohr schauen. Viel näher leuchtet der Stern jetzt. Alle schauen nacheinander hindurch. Rüdiger hat bereits neue Sterne entdeckt. Immer mehr Sterne leuchten auf. Der Nachthimmel belebt sich. Michael kennt schon ein Sternbild, den großen Wagen. Der Vater erklärt, welche Sternbilder im August gut zu sehen sind. Und immer wieder gehen die Blicke durchs Sternteleskop. »Wie schön der Himmel jetzt aussieht«, ruft Anne. »Da wird es auch Zeit für unsere Sterne auf der Wiese«, sagt die Mutter. Alle zünden jetzt ihre Sternenlaterne an. »Unsere Laternen grüßen die Sterne«, lacht Anne. »Da, eine Sternschnuppe«, schreit Martin. »Wo?« rufen die anderen. Aber sie ist schon verglüht. »Da darf man sich was wünschen«, sagt Klaus. »Ja«, erklärt der Vater, »aber das muß ganz schnell geschehen, nur so lange die Sternschnuppe zu sehen ist. Und das sind nur Sekunden.« »Wenn ich eine sehe«, sagt Rüdiger, »dann wünsche ich mir ein neues Fahrrad«. »Und ich, daß unsere schöne Welt ganz bleibt«, wünscht sich Anne. »Da!« schreit Michael. Er hat die nächste Sternschnuppe gesehen. Nun passen alle ganz genau auf, wann die nächsten zu sehen sind, und viele Wünsche steigen zum Himmel. Plötzlich raschelt es. Die Kinder schrecken zusammen. »Kein Einbrecher«, beruhigt die Mutter. Richtig, da sehen es alle. Ein Igel raschelt durchs Gebüsch und geht auf Futtersuche. Nicht lange danach huscht eine Katze vorbei. Kaum verschwunden, flattert etwas gespenstisch vorbei. »Sieh da, sogar eine Fledermaus«, erklärt der Vater. »Sie sind nämlich selten geworden bei uns, leider.« Die Kinder hätten nicht gedacht, daß soviel los ist unterm Sternenhimmel. Sie finden es richtig gut, als die Mutter vorschlägt, mit den Laternen durch den Garten zu ziehen und ein Laternenlied zu singen. Da haben sich Igel, Katze, Vögel und Fledermaus hoffentlich gefreut.

Dann geht es in dicken Trainingsanzügen ab in die Schlafzelte. Vater schläft mit hier draußen. Das beruhigt dann doch. Die Sterne halten mit ihren Lichtern Wacht.

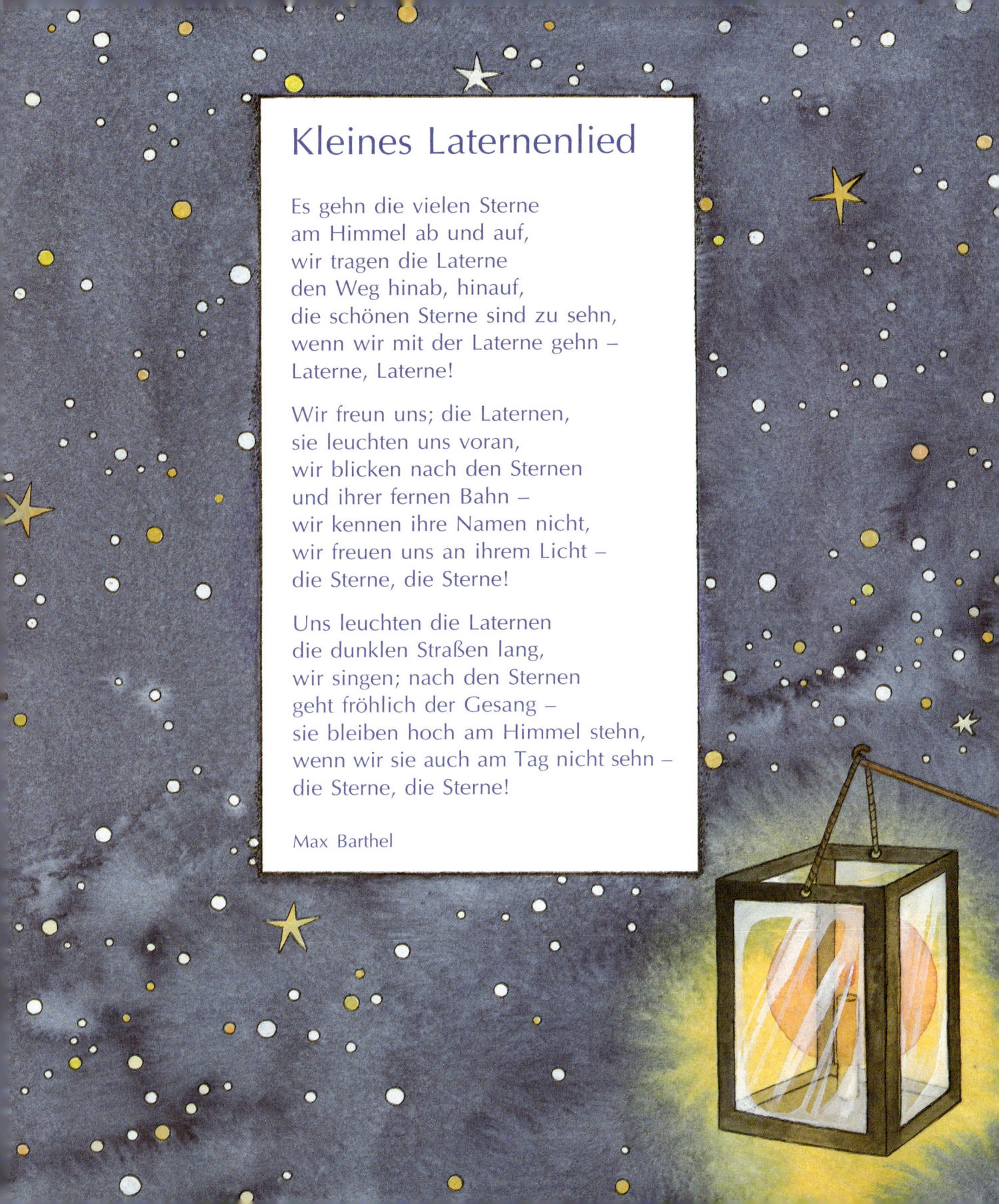

Kleines Laternenlied

Es gehn die vielen Sterne
am Himmel ab und auf,
wir tragen die Laterne
den Weg hinab, hinauf,
die schönen Sterne sind zu sehn,
wenn wir mit der Laterne gehn –
Laterne, Laterne!

Wir freun uns; die Laternen,
sie leuchten uns voran,
wir blicken nach den Sternen
und ihrer fernen Bahn –
wir kennen ihre Namen nicht,
wir freuen uns an ihrem Licht –
die Sterne, die Sterne!

Uns leuchten die Laternen
die dunklen Straßen lang,
wir singen; nach den Sternen
geht fröhlich der Gesang –
sie bleiben hoch am Himmel stehn,
wenn wir sie auch am Tag nicht sehn –
die Sterne, die Sterne!

Max Barthel

Fest Maria Himmelfahrt

15. August

Am 15. August feiern wir das Fest *Maria Himmelfahrt*. Dieses Fest ist schon über 1000 Jahre alt. Eigentlich ist es ein Doppelfest, weil an diesem Tag auch sommerliche Kräuter gesegnet werden. So heißt der Festtag in manchen Gegenden auch *Maria Kräuterweihe* oder *Büschelfrauentag*. Wie kommt das?

Die Christen feiern an diesem Tag, daß Gott Maria, die Mutter Jesu, auf besondere Weise vom Tod erweckt hat. Immer wenn Menschen etwas Geheimnisvolles ausdrücken wollen, was man eigentlich gar nicht richtig mit wenigen Worten sagen kann, haben sie Geschichten darüber erzählt. So auch bei diesem Fest. In einer solchen Erzählung hören wir, daß die Freunde nach Marias Tod ihr Grab noch einmal öffneten. Aber sie fanden ihren Leichnam nicht, sondern wunderschöne Blumen und Kräuter, die einen herrlichen Duft ausströmten. Außerdem wurde Maria schon bald mit Blumennamen geehrt, zum Beispiel *du Rose ohne Dornen* oder *du Lilie des Feldes* oder *du schönste Blume*. Damit wollten die Menschen ausdrücken, daß Gott sie besonders lieb hatte als Mutter von Jesus.

So braucht es uns gar nicht zu wundern, daß an diesem Marienfest mitten im Sommer, wenn die Blumen und Kräuter nur so duften, ein *Marien-Kräuterfest* gefeiert wird.

Du weißt ja vom Johannisfest, daß schon immer vor allem die Frauen nicht nur die Schönheit der Blumen und Pflanzen bewundert haben, sondern auch ihre heilenden Kräfte kannten wie auch ihre Gifte. Es gab zu allen Zeiten viele weise Frauen oder Kräuterweiblein, die aus den Kräutern Arznei für die Kranken bereiteten. Sie wußten, daß die Heilpflanzen ein großes Geschenk Gottes sind. Wir haben das heute meistens vergessen, weil wir für jeden Schmerz das passende Medikament in der Apotheke finden. Aber immer noch enthalten viele Medikamente Teile aus Heilpflanzen. Manche Heilpflanze ist leider mittlerweile vom Aussterben bedroht, oder sie ist schon gar nicht mehr zu finden.

Ein Kräuterstrauß

An Marias Kräuterfest bringen auch heute noch viele Menschen, besonders auf dem Land, einen Kräuterstrauß mit in den Gottesdienst, um ihn segnen zu lassen. Die Zusammenstellung ist verschieden, je nachdem, was in der Gegend wächst. Neun Kräuter sollten es eigentlich immer sein, vielleicht so:

Johanniskraut →

Wie die Sonne so gelb deine Blüten sind,
bist leicht zu finden von jedem Kind,
auf sonnigen Wiesen und unter Hecken;
dabei willst du dich doch gar nicht verstecken.
Linderst Schmerzen und schenkst tiefen Schlummer,
nimmst fort so manchen bösen Kummer.
Da mag dich ein jeder – Frau und Mann
und manche Kinder hintendran.

← Schafgarbe

Ob Wiese oder Ackerland,
wo's sonnig ist, da ist dein Stand.
Deine Blüten wiegen sich im Wind,
wie weiße, rosa Körbchen sie sind.
Auf hohen Stengeln du sie von weitem siehst
zwischen allem, was da sonst so sprießt.
Sie schenkt uns Blüten und Blätter auch
für manche Schmerzen in unserm Bauch.

Tausendgüldenkraut →

Tausendgülden – Gottesgnadenkraut
am Waldesrand fein rosarot geschaut,
warst du den Menschen 1000 Gulden wert.
Selbst jeder Ritter stieg von seinem Pferd,
um dich zu pflücken voller Freud;
gegen Fieber wähnt er sich gefeit.
Auch uns schenkst du heute guten Tee,
und vieles tut dann nicht mehr weh.

← Kamille

Kamillentee, Kamillentee,
komm her mein Kind, nichts tut mehr weh.
Ob innerlich, ob äußerlich,
wird alles besser unterm Strich.
Das Kraut – einst Chamonilla genannt,
war bei den Griechen schon bekannt.
Weiß-gelb blühst du am Wegessaum,
verschmähst auch Schutt und Steine kaum.

Eisenkraut →

Machst deinem Namen alle Ehr
und setzest dich ganz schön zur Wehr,
wenn jemand dich schnell pflücken will.
Du willst betrachtet werden still:
die Blüten rötlich-violett
auch sonst gewachsen ganz adrett.
Gott schenkt dir alles, was du bist,
ein Kraut, das gegen fast alles gewachsen ist.
So schnitt man dich früher mit goldener Scher'
und erwies dir so gebührende Ehr'.

Baldrian →

Wo wächst du, lieber Baldrian?
Dort, wo es feucht wird, komm heran.
In Wäldern, Wiesen und an Hängen
kannst du leicht mich dann erkennen.
Weiß-rosa meine Blüten sind,
die Rinde braun, mein liebes Kind.
Wer Kopfweh hat, nicht schlafen kann,
der holt sich gerne Baldrian.
So mögen viele Leute dich,
doch kennen dich als Pflanze nicht.

← **Wermut**

Du warst das Wärmet vielerorten,
die Menschen ließen ab von anderen Sorten,
bei Grippe, bei Fieber und anderem Weh,
deine Blüten und Blätter für Wein und für Tee.
Sie kamen ans Schwitzen und schwitzten heraus
die Krankengeister aus ihrem Haus.
So blieb der Wermut uns bekannt
        in vielen Gärten in Stadt und Land.

← **Pfefferminz**

Pfefferminztee, welch ein Glück,
wenn's im Magen gar so drückt.
Pfefferminzöl, ei der Daus
macht dem Schnupfen den Garaus;
auch Husten, Halsweh 1-2-3
sind wie der Wind bald schon vorbei.
Du grünes Kraut, wir finden dich
in unserm Garten sicherlich.
Wo's sonnig ist und feucht dazu,
da geht's dir gut, das schätzest du.

271

Königskerze →

Königskerze, Fackelblume,
Kerzenkraut und Himmelsbrand,
mit vielen Namen bist du bekannt.
Mit gelben Blüten reich bestückt
sind Klein und Groß von dir entzückt.
Da glaub' ich gerne alle Stund',
du machst so manches Herz gesund.

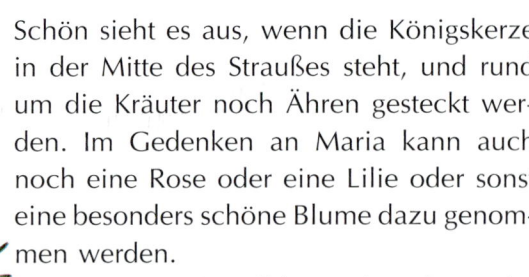

Schön sieht es aus, wenn die Königskerze in der Mitte des Straußes steht, und rund um die Kräuter noch Ähren gesteckt werden. Im Gedenken an Maria kann auch noch eine Rose oder eine Lilie oder sonst eine besonders schöne Blume dazu genommen werden.

Der gesegnete Strauß kann einen besonderen Platz in der Wohnung finden.

Ein Kräuterbrot backen

Zusammen mit der Mutter macht das bestimmt Spaß:

500 Gramm Weizenmehl (Typ 1050)
1 Teelöffel Zucker oder Honig
1 Eßlöffel Sonnenblumenöl
1 Päckchen Trockenhefe
1 Teelöffel Salz
40 Gramm Butter oder Margarine
ungefähr 1/4 Liter lauwarme Milch

Daraus wird ein Hefeteig geknetet mit den Händen oder mit der Knetmaschine. Jetzt zu einem Teigballen formen und in einer Schüssel zugedeckt an einem warmen Ort ruhen lassen, bis er sich verdoppelt hat. Nun mit der Hand zusammenschlagen und durchkneten, ungefähr 2-3 Minuten, 2 Eßlöffel frisch geschnittene Kräuter unterkneten und in eine gut gefettete und bemehlte Kastenform geben. Zudecken und wieder gehen lassen. Nun in den Backofen schieben und ungefähr 45 Minuten backen lassen. Dann herausnehmen und auf ein Gitter stürzen und auskühlen lassen. Es riecht wunderbar. So wird es auch bestimmt schmecken.

Übrigens: Aus dem Teig könnt ihr auch eine lange Rolle formen und davon gleiche Stücke als Brötchen formen. Die dürfen aber nur 20 Minuten backen.

So könnt ihr am Abend den Tisch schön decken mit dem Kräuterstrauß in der Mitte. Es gibt das Kräuterbrot mit frischer Butter und Kräutertee.

Gebet zum Kräuterfest

Gott, uns Vater und Mutter,
du hast uns eine Fülle von Pflanzen geschenkt.
Sie machen uns Freude, sie schenken uns Nahrung.
Einige sind richtige Heilkräuter:
sie helfen uns, gesund zu bleiben,
sie helfen uns, gesund zu werden.
Segne diese Kräuter,
die wir zu diesem Marienfest gepflückt haben.
Allen Menschen sollen sie helfen, gesund zu bleiben.
Jedem kranken Menschen, der sie braucht, sollen sie Arznei sein.
Wir danken für alle Heilkräuter.

Weitere Ideen zum Fest

- Ein Kräuterbilderbuch gestalten: aus Zeichnungen, Fotos z.B. aus der Apotheke oder dem Reformhaus;
- einen kleinen Kräutergarten anlegen und pflegen;
- einzelne Kräuterpflanzen in einen Blumentopf pflanzen;
- in der Apotheke einen Kräuterkalender erbitten und die Pflanzen kennenlernen;
- auf die Kräuter am Wegesrand achten und sie nicht gedankenlos ausreißen.

Alles hat seinen Platz

Wo Bruder Franz von Assisi vor ungefähr 800 Jahren lebte, erstreckten sich große Wälder und Wiesen. Franz freute sich über alle Pflanzen, die Bäume, die Blumen und die Kräuter. Er bewunderte ihre Formen und herrlichen Farben. Wenn die Klosterbrüder Bäume fällten, verbot er ihnen, die Bäume ganz unten abzuschlagen. Sie mußten einen ordentlichen Baumstumpf stehen lassen, damit aus ihm wieder neue Zweige sprießen konnten. Auch verbot er ihnen, Unkraut, Feldblumen und Kräuter herauszureißen. Alle Pflanzen sollten wachsen können und ihren wichtigen Platz in der Welt behalten dürfen.
Sollte Bruder Franz nicht der Schutzpatron unserer Gärten werden?

Erntedank

Viel hat uns das Jahr geschenkt

Der Herbst beginnt

23. September

Obwohl die Welt noch sonnig und warm ist, sind die Tage schon längst wieder kürzer und die Abende kühler geworden. Am 23. September sind Tag und Nacht gleich lang, danach werden die Tage wieder kürzer als die Nächte. »Es herbstelt«, sagen die Leute. Ja, es stimmt, der Herbst beginnt, und wir können es auch nicht übersehen. Denn der Herbst ist ein richtiger Maler. Er malt die Welt ganz bunt. Schau dich um!

Jeden Tag mischt er seine Farben neu. Es macht Spaß zuzuschauen: die gelben Stoppelfelder, die blauen, roten, gelben Beeren an den Sträuchern, die gelben und roten Äpfel und Birnen, die blauen Pflaumen, die braunen Nüsse und Kastanien. Ja, und die Bäume nicht zu vergessen mit ihren Blättern, die von Tag zu Tag bunter werden. Es macht wirklich Spaß, jetzt draußen zu sein und mit dem Wind durch die ganze Herbstherrlichkeit zu laufen.

Goldene Welt

Im September ist alles aus Gold:
die Sonne, die durch das Blau hinrollt,
das Stoppelfeld, die Sonnenblume, schläfrig am Zaun,
das Kreuz auf der Kirche,
der Apfel am Baum.

Ob er hält? Ob er fällt?
Da wirft ihn geschwind
der Wind
in die goldene Welt

Georg Britting

Herbstwerkstatt

Der Wind, er treibt nicht nur mit den Äpfeln, den Drachen und den Blättern sein Spiel, auch mit den Wolken. Schau nach oben, wie sie jagen und ineinander- und wieder auseinanderlaufen. Manchmal wachsen sie zu dunklen Raubtieren zusammen und fressen die kleineren Wolken auf. Wenn dann am späten Abend die Sonne ihre goldenen Strahlen hindurchschickt, wird der Himmel so bunt wie dein Farbkasten. Nimm einen Bogen Zeichenpapier und male den wunderschönen Himmel darauf. Du kannst Fingerfarben oder deinen Farbkasten nehmen: weiß und grau, blau und rosa, orange und rot. Mit ein wenig Wasser kannst du die Farben ineinander laufen lassen. Ja, du kannst sogar Wind spielen und mit einem Trinkhalm die Wolken auf deinem Papier durcheinanderblasen.

Bunte, bunte Blätter

Du kannst mit ihnen wundervolle Bilder gestalten: Du suchst dir im Garten oder im Park oder draußen im Wald die schönsten aus, streichst sie vorsichtig glatt und legst sie in dicke Bücher zum Pressen. Nach ein paar Tagen legst du bunten Zeichenkarton, eine Schere, Klebstoff und Zierband zurecht. Spiele mit den großen und kleinen Blättern auf deinem Karton, bis fantastische Schmetterlinge, Raubtiere, Fische, Vögel, Hähne und Hühner entstanden sind. Die schönsten klebe vorsichtig fest.

Kiepenmann und Kiepenfrau

Früher gingen die Leute nie einen längeren Weg im Herbst, ohne ihren Tragekorb, ihre *Kiepe* auf dem Rücken mitzunehmen. Hinein kam alles, was am Wegesrand und im Wald zu finden war. Und das war nicht wenig: kleine Zweige, mit denen das Feuer gut anzuzünden war, Tannenzapfen, die im Feuer prasselten, Kastanien, Nüsse, Hagebutten, Bucheckern, Eicheln und vieles mehr. Du hast sicherlich keine Kiepe, aber bestimmt einen Rucksack. Frage, wer Lust hat mitzugehen zum Sammeln von Herbstschätzen. Nehmt ein Paar alte Handschuhe mit, denn manches piekt.

Dann wird es lustig, wenn der Rucksack geleert wird. Einem von euch werden die Augen verbunden, er darf in den Rucksack greifen und zwei Dinge herausnehmen. Nun tastet er sie ab und beschreibt sie. Du wirst merken, Tasten ist nicht immer einfach. Hat ein Kind richtig geraten, ist der oder die Nächste dran.

Wenn nun die Kastanien, Tannenzapfen, Bucheckernhülsen, Früchte, Federn und noch anderes vor euch liegen, packt euch bestimmt die Bastellust. Wie wäre es dann mit *Kiepenmann und Kiepenfrau* ?

Ihr braucht die passenden Kastanien, Draht, Gras für die Haare, einen bunten Stoffrest und Klebstoff. Laßt euch zuerst die Kastanien für Kopf, Beine und Arme in der Mitte mit einem Handbohrer durchbohren. Vielleicht dürft ihr es unter Aufsicht auch selber machen. Dann bohrt ihr die große Kastanie für den Körper einmal in der Mitte durch und dann noch einmal im oberen Drittel quer für die Arme. Nun zieht ihr einen doppelten Draht durch Kopf und Körper, den ihr dann teilt, damit ihr die Kastanien für die Beine aufstecken könnt. Jetzt zieht ihr den Draht für die Arme durch den oberen Teil der Kastanie und steckt die Armkastanien auf. An Fuß- und Armenden müßt ihr den Draht um die Kastanie herum um den Draht biegen. Die Fußkastanien müssen an der unteren Seite flach sein, damit die beiden auch stehen können. Nun klebt ihr die Haare aus Gräsern und schneidet für die Kiepenfrau eine lustige Schürze aus dem bunten Stoff sowie für beide einen bunten Rucksack. Vergeßt die Träger nicht, damit alles hält.

Da staunen selbst die Mäuse, die ihr aus Nußschalenhälften gebastelt habt, mit einem langen trockenen Grashalm als Schwanz, einer halben Bucheckernhülse als Schnäuzchen und zwei Perlen als Augen. Ich bin sicher, eure Fantasie und Begeisterung lassen eine ganze Wunderwelt entstehen.

Kastaniens Herbstbitte

Bitte, Kinder, wartet doch
bis der Wind mich rüttelt
und Kastanien nach und nach
von meinen Zweigen schüttelt.

Bitte, Kinder, prügelt nicht,
schmeißt mich nicht mit Knüppeln.
Denn auch uns Bäumen tut das weh,
ich möchte nicht verkrüppeln.

Und wer diesmal keine fand,
soll sich nicht beklagen.
Im nächsten Herbst schon werde ich
viel neue Früchte tragen.

Eva Rechlin

281

Apfelringe, Birnenschnitz und Schrumpelpflaumen

Der Herbst, er hat auch eine Tüte, nein einen ganzen Korb voll Süßigkeiten dabei. Du kannst ihm helfen, den Korb zu füllen und nachher nach Herzenslust naschen.

Zuerst werden je eine Schüssel Pflaumen, Birnen und Äpfel gewaschen. Dann brauchst du ein wenig Erwachsenenhilfe. Es macht ja auch mehr Spaß mit anderen zusammen. Mit den Pflaumen geht es am schnellsten. Sie werden auf ein mit Backpapier ausgelegtes Backblech gelegt und in den vorgeheizten Backofen geschoben, der jetzt auf die niedrigste Stufe gestellt wird, und die Ofentür bleibt auf. Du kannst ab und zu schauen, wie sie erst prall werden und dann anfangen zu schrumpeln. Es duftet köstlich.

Die Äpfel müssen im Ganzen geschält und mit einem Apfelentkerner die Kernchen herausgeholt werden. Dann werden sie in Scheiben geschnitten. In eine dicke Stopfnadel wird ein starker Faden eingezogen. Nun könnt ihr die Apfelscheiben auffädeln, nur immer Abstand dazwischen lassen. Die Apfelschnur wird zum Trocknen aufgehängt. Schon sind die Birnen an der Reihe. Sie werden nicht geschält sondern in vier Teile geteilt und die Kerne herausgeholt. Sie werden im Backofen getrocknet.

Aus den Pflaumen könnt ihr – wie aus den Kastanien – Pflaumenmännchen basteln. Nur müßt ihr anstatt Draht angespitzte Holzstäbchen nehmen. Die Pflaumenmännchen kannst du verschenken oder natürlich auch bei Gelegenheit selber essen.

Fleißige Sammler

Nußbaum, großer, sag mir schnell,
hast du Besuch mit braunem Fell?

Schau Nußbaum schau, da springt er fort,
jetzt hier, jetzt da, an jedem Ort.

Sucht Nüsse, Eckern, Eicheln viel,
hat jetzt im Herbst ein leichtes Spiel.

Eichhörnchen ja, hab' dich geseh'n,
ach, bleib doch nur ein wenig steh'n.

Ei, du versteckst all das im Wald
für die Zeit, in der es kalt.

Laß bitte ein bißchen für andere liegen,
damit auch Waldmaus und Dachs zufrieden.

Es ist ja noch so vieles da,
ade, Eichhörnchen, bis nächstes Jahr.

Hermine König

Reisefieber

Im September ergreift die Vögel das Reisefieber:
die Schwalben, die Pirole, die Kuckucke, die
Stare, die Drosseln, die Nachtigallen, die Lerchen,
die Rotschwänzchen und viele andere mehr, sie
alle versammeln sich und machen sich in kleinen
oder großen Scharen auf den Weg nach Süden.
Sie fürchten sich nicht vor dem kalten Winter,
weil sie frieren würden, sondern weil sie kein
Futter finden. Die kleinen Vögel fliegen in einer
Höhe von ungefähr 1500 Meter, die großen zwischen 3000 und 6000 Meter, die Wildgänse sogar
bis 9500 Meter. Wir winken ihnen zu: Ade,
macht's gut! Und vergeßt das Wiederkommen
nicht.

Wofür ich danken kann

Guter Gott,
ich möchte dir danken für den schönen Herbst:
für die herrlichen Wolken,
die Traumbilder an den Himmel malen;
für den kräftigen Herbstwind,
den ich nicht sehen, aber spüren kann,
der die Drachen steigen läßt;
für die vielen Früchte an Sträuchern und Bäumen,
die uns Menschen und die Tiere satt machen.
Soviel Gutes und Schönes bringt uns der Herbst.
Ich will dir ein frohes Danke sagen.

Engelfeste

Gabriel 24. März / Michael 29. September / Rafael 24. Oktober

Wenn ich dich frage, wie du dir einen Engel vorstellst, fallen dir vielleicht die goldenen Engelsfiguren vom Weihnachtsbaum oder von den weihnachtlich geschmückten Schaufenstern ein, vielleicht sogar die pausbäckigen Engelsgestalten, die wie niedliche Babys aussehen.

Nein, glaub mir, Dekorationsfiguren sind die Engel wirklich nicht. Engel, das meint etwas ganz anderes, etwas, das mit Worten eigentlich gar nicht zu beschreiben ist. Engel meint: *Bote Gottes, Gott teilt etwas mit.* Da merken wir schon: Engel sind ein Geheimnis für uns Menschen, solange wir leben. In der Bibel finden wir Geschichten, die uns davon erzählen, wie Menschen Erfahrungen mit Engeln gemacht haben. Dort begegnen die Engel den Menschen zu Hause und unterwegs, bei ihrer Arbeit und im Traum. Die Engel haben eine Botschaft. Die Menschen fühlen dann neuen Mut und großen Trost, oder aber sie erschrecken auch. Sie spüren das große Geheimnis, die Nähe Gottes.

Die Menschen haben einigen Engeln Namen gegeben, um ihr Geheimnis ein wenig zu verstehen. So bedeutet zum Beispiel:

Michael	**Wer ist wie Gott**
Rafael	**Gott heilt**
Gabriel	**Gott ist stark**

Die Engelsleiter

Jakob war ein Schäfer. Er hatte seinen Bruder betrogen und floh nun mit seinen Viehherden vor ihm aus seiner Heimat. Als die Sonne am ersten Abend seiner Flucht untergegangen war, schaute er um sich, wo er übernachten konnte. Er fürchtete sich in der Fremde. Er nahm einen Stein, legte ihn unter seinen Kopf und schlief ein.

Da hatte er einen Traum: Er sah eine Leiter, die auf der Erde stand und bis zum Himmel reichte. Auf ihr stiegen Engel, Boten Gottes, auf und nieder. Und Jakob hörte Gott, der sprach: »Ich bin es, dein Gott. Ich bin da bei dir. Ich behüte dich, wohin du auch gehst. Ich verlasse dich nicht.« Jakob erwachte und sagte: »Wirklich, Gott ist an diesem Ort, er ist mir nahe, und ich wußte es nicht.« Da erschauerte er und sprach: »Ehrfurcht habe ich vor diesem Ort. Er ist das Tor des Himmels.«

Aus dem Buch Genesis

285

Der unbekannte Reisebegleiter

Vor langer, langer Zeit lebten im Volk der Israeliten ein Mann und eine Frau, die Tobit und Hanna hießen. Sie hatten einen Sohn mit dem Namen Tobias. Tobit und Hanna lebten wie viele andere Israeliten als Ausländer in einem fremden Land. Durch ein Unglück war Tobit erblindet.

Eines Tages erinnerte sich Tobit an eine Geldsumme, die er einmal auf einer Reise einem Freund zum Aufbewahren gegeben hatte. Dieser Freund wohnte in einem anderen Land. Tobit bat seinen Sohn, für ihn das Geld zu holen, weil sie es brauchten. Tobit wußte, daß es eine gefährliche Reise werden könnte, denn überall lauerten Räuber den Reisenden auf. Deshalb suchte sich Tobias einen Reisegefährten. Er traf auf einen Mann, der sich Rafael nannte. Tobias mochte Rafael, und auch der Vater war mit ihm einverstanden. Als sie sich über den Begleiterlohn geeinigt hatten, segnete Tobit seinen Sohn und seinen Reisegefährten. Als die beiden dann fortgingen, weinte Hanna. Tobit tröstete sie: »Mach dir keine Sorgen. Du wirst ihn wiedersehen. Denn ein guter Engel begleitet ihn.«

Auf ihrer Reise kamen Tobit und Rafael an einen großen Fluß. Als Tobias im Fluß baden wollte, schoß ein Fisch aus dem Wasser und wollte ihn verschlingen. Rafael rief: »Pack ihn und wirf ihn ans Ufer. Schneide den Fisch auf und nimm Herz, Leber und Galle heraus. Das sind gute Heilmittel.« Dann brieten sie den Fisch und aßen ihn auf.

Endlich kamen sie in eine Stadt, in der auch ein Freund des Vaters wohnte. Er hieß Raguel und hatte eine schöne Tochter, die Sara genannt wurde. Diese litt an einer Krankheit. Rafael und Tobias besuchten die Familie des Raguel. Sara gefiel Tobias so sehr, daß er Raguel und seine Frau Edna bat, ihm Sara zur Frau zu geben. Rafael heilte Sara mit der Fischleber und dem Fischherzen. Dann wurde ein prächtiges Hochzeitsfest gefeiert, vierzehn Tage lang. Während dieser Zeit reiste Rafael weiter, um die Geldsumme für Tobit zu holen.

Als er zurück war, bereiteten sie die Heimreise zu Tobias und Hanna vor. Raguel und Edna segneten Sara und Tobias zum Abschied und küßten sie. Dann reisten sie zusammen mit Rafael ab.

Eines Morgens saß die Mutter Hanna wie so oft am Weg und hielt Ausschau nach Tobias. Plötzlich erschrak sie freudig: Sie sah ihren Sohn kommen. Sie rief ihren Mann und lief dann den Reisenden stürmisch entgegen. Der blinde Tobit stolperte hinterher. Tobias konnte ihn gerade noch in seinen Armen auffangen. Auf Geheiß Rafaels strich er ihm von der Fischgalle auf die Augen, und sofort konnte Tobit wieder sehen. Laut dankte er Gott und fiel Tobias um den Hals. Nun erzählte Tobias, daß er geheiratet habe und stellte ihnen Sara vor. Hanna und Tobit hießen Sara herzlich willkommen und küßten sie.

Dann sprach Tobit zu Rafael: »Du warst ein guter Reisebegleiter. Nimm als Lohn die Hälfte von allem, was ihr mitgebracht habt.« Rafael sagte: »Lobt Gott. Ich bin Rafael, ein heiliger Engel.« Da erschraken sie und fielen voller Furcht vor ihm nieder. Er aber sagte zu ihnen: »Fürchtet euch nicht. Ich war der Begleitengel zu eurem Schutz und Segen. Gott war euch nahe.« Als sie wieder aufblickten, war der Engel verschwunden.

Aus dem Buch Tobit

Von guten Mächten

Text: Dietrich Bonhoeffer / Melodie: Siegfried Fietz
© Chr. Kaiser / Gütersloher Verlagshaus, Gütersloh
© ABAKUS Schallplatten & Ulmtal Musik-Verlag, 35753 Greifenstein

1. Von gu-ten Mäch-ten treu und still um-ge-ben, be-hü-tet und ge-trö-stet wun-der-bar so will ich die-se Ta-ge mit euch le-ben; und mit euch ge-hen in ein neu-es Jahr. Kv: Von gu-ten Mäch-ten wun-der-bar ge-bor-gen er-war-ten wir ge-trost, was kom-men mag. Gott ist mit uns am A-bend und am Mor-gen und ganz ge-wiß an je-dem neu-en Tag.

Weißt du,
wo der Ort ist,
an dem du Gott spürst? –
Wo ein Mensch freundlich zu den Fremden ist,
wo ein Mensch sein Haus öffnet
und ein Zimmer zum Ausruhen gibt.
Wo ein Mensch ein warmes Essen bereitet
und zum Diener des Nächsten wird.
Wo ein Mensch den Engel spürt,
der um ihn ist.

Der unbekannte Gast

In alter Zeit saß Abraham, der viele Viehherden besaß, zur Zeit der Mittagshitze am Eingang seines Zeltes. Da sah er in der Nähe drei Männer stehen. Er hatte sie nicht kommen sehen. Er lief den Fremden entgegen, verneigte sich vor ihnen und lud sie ein, in seinem Zelt zu rasten: »Man wird etwas Wasser holen; dann könnt ihr euch die Füße waschen und euch unter dem Baum ausruhen. Ich will einen Bissen Brot holen, und ihr könnt dann nach einer Stärkung weitergehen.« Die Fremden erwiderten: »Tu, wie du gesagt hast!«

Nun lief Abraham so schnell er konnte ins Zelt zu seiner Frau Sara und rief: »Nimm schnell feines Mehl. Rühr es an und backe Brotfladen. Er lief weiter zur Viehherde, nahm ein zartes, prächtiges Kalb und ließ es zubereiten. Dann nahm Abraham die Brotfladen, Butter, Milch und das köstlich zubereitete Kalbfleisch und lud die Fremden zum Essen ein. Er selbst aß nicht mit, sondern stand unter dem Baum, um sie zu bedienen.

Die Fremden erhoben sich von ihrem Platz. Abraham spürte, daß sie eine Botschaft für ihn hatten. Sie sagten: »Obwohl deine Frau Sara schon alt ist, werdet ihr einen Sohn bekommen.« Da wußte Abraham: »Gott sprach mit mir.« Dann gingen die Fremden fort.

Aus dem Buch Genesis

Jederzeit ein Engel sein

Jeder wünscht sich jeden Morgen
Irgend etwas – je nachdem.
Jeder hat seit jeher Sorgen,
Jeder jeweils sein Problem.

Jeder jagt nicht jede Beute.
Jeder tut nicht jede Pflicht.
Jemand freut sich jetzt und heute.
Jemand anders freut sich nicht.

Jemand lebt von seiner Feder.
Jemand anders lebt als Dieb.
Jedenfalls hat aber jeder
Jeweils irgend jemand lieb.

Jeder Garten ist nicht Eden.
Jedes Glas ist nicht voll Wein.
Jeder aber kann für jeden
Jederzeit ein Engel sein.

Ja, je lieber und je länger
Jeder jedem jederzeit
Jedes Glück wünscht, um so enger
Leben wir in Einigkeit.

James Krüss

Was die Angst nimmt

Als Jesus mit seinen Freunden das Abschiedsmahl gefeiert hatte, ging er mit ihnen zu einem Garten am Ölberg, um dort zu beten. Er spürte die Soldaten in der Nähe, die ihn gefangen nehmen wollten. Jesus war todtraurig und hatte Angst. Er bat einige Freunde, bei ihm zu bleiben und zu wachen. Er ging ein Stück weiter, warf sich auf den Boden und schrie in seiner Not zu Gott. Dann lief er zu seinen Freunden, aber die schliefen.

Er weckte sie auf und sagte. »Konntet ihr nicht einmal eine Stunde wachbleiben und bei mir sein?« Dann ging er wieder ein Stück beiseite und betete. Und er betete in seiner Angst noch flehender. Da – plötzlich war ein Engel bei ihm. Jesus spürte neue Kraft, die Angst wurde kleiner. Jesus fühlte sich umschlossen von Gottes Nähe.

Nach Lukas

Bleibt bei mir

Bleibt ihr Engel, bleibt bei mir!
Führet mich auf beiden Seiten,
daß mein Fuß nicht möge gleiten.
Aber lernt mich auch allhier
euer großes Heilig singen
und dem Höchsten Dank zu bringen.

Johann Sebastian Bach

Tag des Heiligen Michael – 29. September

Michael wurde seit alters her als der *Große Engel* verehrt. Manche nannten ihn Engelsfürst.

In der Bibel wird von einem Mann erzählt, der hieß Johannes. Er hatte einen Traum und sah Michael, den Engelsfürst, wie er mit anderen Engeln gegen böse Engel kämpfte, die wie Gott sein wollten. Diese sahen aus wie böse Drachen. Sie wurden aus dem Licht Gottes in die Finsternis gestürzt. So erhielt der Engel Michael seinen Namen: Wer ist wie Gott?

Zu allen Zeiten haben sich die Menschen seinem Schutz anvertraut, und viele Kirchen wurden nach ihm benannt. Früher hat man am Vorabend des Michaelstages ein Michaelsfeuer als Zeichen seines Lichtes angezündet. Und weil nun auch die Tage im Herbst wieder kürzer und es so früher dunkler wurde, war dieses Feuer auch ein Zeichen dafür, daß die Menschen nun abends wieder ein Licht anzünden mußten.

Es gab noch einen schönen Brauch am Michaelstag, den *Sankt Michaelswecken:* Das war ein Wecken aus Hefeteig, der den Kindern heimlich unter das Kopfkissen gesteckt wurde. Die durften am Morgen raten, welcher Engel ihnen das Geschenk gemacht hatte. Das macht uns doch heute bestimmt genau soviel Freude: eine Süßigkeit oder ein kleines Geschenk heimlich unter das Kopfkissen legen mit einem Zettel daran: *Jederzeit ein Engel für dich.*

So kannst du beten

Mein Begleitengel, sei immer bei mir!

Guter Engel, gib mir Mut!

Gott, laß deine Engel mich behüten überall, wo ich bin.

Gott, es ist schön, daß ich immer einen Freund habe, meinen Engel. Dafür danke ich.

Mein Engel, ich habe dumme Sachen angestellt.
Hilf mir, das in Ordnung zu bringen.

Lieber Engel, ich kann gut schlafen, weil du um mich bist.

Erntedank

Am ersten Sonntag im Oktober wird das Erntedankfest gefeiert. Das Jahr hat uns soviel geschenkt, wir haben allen Grund zu danken, so wie die Menschen zu allen Zeiten. Seitdem in der Urzeit die Menschen gelernt hatten, ihre Äcker zu bebauen und die Früchte zu ernten, brachten sie Dankesopfer dar. Bei uns in Deutschland wurde früher in manchen Gegenden zur Erntezeit der erste Wagen mit Getreide schweigend heimgefahren, voller Ehrfurcht. So dankbar waren die Menschen für die erhaltene Ernte. Dieses erste Getreide wurde an die Menschen verschenkt, die arm waren und keine eigenen Felder besaßen. Sie hatten in der Regel kein Geld, um sich Getreide kaufen zu können.

So still der erste Wagen heimgefahren wurde, so laut und jubelnd der letzte. Dann gab es ein großes Fest voller Fröhlichkeit. Jetzt wußten alle Leute, für die lange Winterzeit ist vorgesorgt: Getreide, Früchte, Gemüse, alles kann nun gelagert werden. Es wird keine Hungersnot geben.

Wir können uns das heute gar nicht mehr vorstellen, wie das ist, für die Winterzeit vorsorgen zu müssen. Früher waren die Geschäfte nicht das ganze Jahr über voll mit Gemüse und Obst in den Regalen oder in Büchsen oder in der Tief-

292

kühltheke. Wer im Winter etwas haben wollte, mußte im Sommer und Herbst selber Marmelade kochen, Gemüse und Obst in Gläsern einwecken oder trocknen.

Im späten Winter waren dann die eingelagerten Äpfel, Birnen und Kartoffeln meistens alle, und die Menschen mußten warten, bis die Bäume wieder blühten und neue Früchte heranreiften. Du kannst dir gar nicht ausmalen, wie die Menschen sich freuten, wenn der erste Salat gepflückt werden konnte oder die ersten Kirschen. Schlimm war es, wenn die Ernte schlecht war. Dann gab es von allem weniger. Die Erwachsenen wurden auch bitterböse, wenn die Kinder in die Getreidefelder liefen und das kostbare Getreide zertrampelten. So erzählten sie ihnen Geschichten von der Kornmuhme. Das war eine Schreckgestalt, die die Kinder bestrafte, wenn sie in die Felder liefen.

Da kannst du dir sicher denken, wie fröhlich zum Schluß der Ernte das große Erntedankfest gefeiert wurde. Aus Getreide wurde eine große Erntekrone geflochten und mit Bändern und mit Früchten geschmückt. Das Fest begann mit einem feierlichen Dankgottesdienst in der Kirche, wobei die Erntekrone gesegnet wurde. Anschließend wurde sie auf dem Dorfplatz aufgehängt, wo dann das fröhliche, festliche Treiben begann. Auch wir feiern heute Erntedank. Die Erde schenkt uns eine verschwenderische Fülle. Ein Besuch auf dem Wochenmarkt macht uns das deutlich. Da staunen wir oft, aus welchen fernen Ländern die einzelnen Früchte kommen.

In vielen Orten bringen die Menschen Früchte, Getreide und Gemüse in die Kirche zum Altar. Dann wird ein feierlicher Dankgottesdienst gefeiert.

293

Wofür ich danken kann

Gott gibt viele Gaben

Brot, von dem wir leben,
hat er uns gegeben.
Haus mit Tür und Wänden,
daß wir Heimat fänden.
Gott gibt viele Gaben:
Alles, alles, was wir haben,
kommt von seiner Hand.

Wald und Gras und Blume
wachsen ihm zum Ruhme.
Fische, Vögel, Affen
sind von ihm geschaffen.
Gott gibt viele Gaben:
Alles, alles, was wir haben,
kommt von seiner Hand.

Auch die Stadt, die große,
ruht in seinem Schoße.
Und die Autoscharen
wollen mit ihm fahren.
Gott gibt viele Gaben:
Alles, alles, was wir haben,
kommt von seiner Hand.

Länder und Weltmeere,
Sonnen, Sternenheere,
Staubkörner, die kleinen –
alle sind die seinen.
Gott gibt viele Gaben:
Alles, alles, was wir haben,
kommt von seiner Hand.

Rudolf Otto Wiemer

Erde, die uns dies gebracht

Text: Chr. Morgenstern / Melodie: Walter Pudelko
Aus: Mutters Sonne. Bärenreiter-Verlag, Kassel

Er - de, die uns dies ge - bracht, Son - ne, die es reif ge - macht.

Lie - be Son - ne, lie - be Er - de, eu - er nicht ver - ges - sen wer - de!

Traubenernte

Lenas Großeltern sind Winzer. Sie besitzen viele Weinberge. Sie haben Lena zur Weinlese eingeladen. Lena freut sich. Sie hat Ferien. Es ist Oktober, Weinmonat, Zeit für die Traubenernte. Zwei Tage vorher ist Lena schon bei ihren Großeltern. Mit ihrem Großvater und Onkel Hans darf sie durch die Weinberge gehen. Onkel Hans erklärt Lena, daß die Weinberge einige Zeit vor der Lese gesperrt sind, damit keine Fremden Trauben stehlen. Aber es gibt trotzdem Diebe: Lena muß lachen, die Vögel. Die müssen also verjagt werden. Onkel Hans geht mit Lena zu einem Hochstand. Ganz oben steht ein Weinberghüter. Jedesmal, wenn ein Schwarm Vögel sich auf den Rebstöcken niederläßt, um von den süßen Trauben zu naschen, löst der Hüter eine Schreckschußanlage aus. Das knallt ganz schön. Lena erschrickt. Die Vögel auch. Sie fliegen sofort hoch in die Luft. Der Großvater bleibt an einem Weinstock stehen: »Schau Lena, viel Arbeit ist es, bis so herrliche Trauben am Weinstock hängen. Mindestens siebzehnmal geht ein Winzer um einen Weinstock bis zur Ernte.« Lena staunt nicht schlecht.

Am nächsten Morgen ist es zunächst ganz neblig. Im ersten Weinberg versammeln sich Männer und Frauen zur Lese. Am Rand und in den Querwegen stehen die Wagen mit den großen Bottichen. Einige Männer und Frauen schnallen eine Rückentrage auf. Alle bekommen eine Schere. Lena darf die ersten Trauben abschneiden. Der Großvater hält sie in die Sonne, die ein bißchen durch den Nebel blinzelt und spricht: »Gott walte es – wir danken.« Dann geht es los. Schnipp, schnipp mit der Schere. Und immer, wenn eine Rückentrage voll ist, trägt einer der Männer sie zu einem Wagen und kippt die Trauben hinein.

Als es Mittag ist, schmerzt Lena der Rücken ganz schön und ihre Finger auch von allem Schneiden. Sie freut sich auf die Mittagspause. Hunger hat sie nicht. Sie hat so viele Trauben gegessen.

Nach der Pause geht es weiter. Jetzt scheint die Sonne. Lena freut sich. Da sind die Hände nicht mehr so kalt.

Dann ist Abend. Auf dem Winzerhof gibt es ein leckeres Abendbrot und ein gutes Glas Wein. Lena trinkt Traubensaft. Alle sind fröhlich, lachen und erzählen. Dann zahlt Großvater den Leselohn aus. Lena ist stolz auf das Geld, das sie selber verdient hat. Lena ist müde, die Augen fallen ihr zu.

Der Pflaumenkern

Die Mutter kaufte Pflaumen und wollte sie den Kindern als Nachtisch geben. Sie legte die Pflaumen auf einen Teller. Wanja hatte noch nie Pflaumen gegessen. Er beschnupperte sie in einem fort. Sie gefielen ihm. Er hatte die größte Lust, sie gleich aufzuessen. Immer wieder ging er an den Pflaumen vorbei.
Als gerade niemand in der Stube war, hielt er es nicht mehr aus, nahm eine Pflaume und aß sie.

Vor dem Mittagessen zählte die Mutter die Pflaumen und sah gleich: Da fehlt eine. Sie sagte es dem Vater. Beim Essen fragte der Vater: »Na, Kinder, hat da nicht eins von euch eine Pflaume gegessen?« Alle sagten: »Nein!« Wanja wurde rot wie ein Krebs in kochendem Wasser und sagte auch: »Nein, ich nicht!«

Da sagte der Vater: »Es wäre ja kein Unglück, wenn jemand von euch eine Pflaume gegessen hätte. Schlimm wäre nur, wenn jemand nicht wüßte, wie man Pflaumen ißt, und er hätte den Kern mitverschluckt. So einer nämlich stirbt noch am gleichen Tag. Das fürchte ich.«

Wanja wurde blaß und sagte: »Nein, nein, den Kern hab' ich aus dem Fenster geworfen.«
Und alle mußten lachen.

Leo Tolstoi

Kartoffeln hin, Kartoffeln her

Annes Vater arbeitet in einer großen Bank. Aber aufgewachsen ist er auf einem Bauernhof auf dem Land. Einmal im Jahr hält ihn nichts mehr in der Stadt. Dann macht er Urlaub, hängt Krawatte und Jackett in den Schrank, zieht Jeans und Pullover an. Und auf geht's zum Bauernhof. Dort ist sein Bruder jetzt Landwirt. »Wenn Kartoffelzeit ist, dann muß ich einfach dabei sein«, sagt er immer. Am liebsten fährt er allein. Aber in diesem Jahr darf Anne mitfahren. Sie hat Herbstferien.

297

Am Tag der großen Kartoffelernte fährt die Erntema-schine durch die Felder, gräbt die Kartoffeln aus und wirft sie auf einen Wagen. Anne staunt nur so über die Zaubermaschine. Aber alle Kartoffeln erwischt sie doch nicht. Erntehelfer gehen hinterher und lesen die restlichen Kartoffeln auf, auch Anne mit ihrem Vater. Am Mittag will Anne von ihrem Vater wissen, wieviele Male sie sich gebückt haben. »Da mußt du deinen Rücken fragen«, lacht der Vater.

Anne staunt nicht schlecht über den großen Kar-toffelberg in der Scheune, der mit jedem Erntewagen größer wird.

Endlich ist es Abend. Weißer Nebel kriecht lang-sam über das Feld. Einige Männer haben schon das Kartoffelkraut zusammengeharkt. Ein paar Jungen ho-len ein Bündel Stroh und legen es unter das feuchte Kartoffelkraut und zünden es an. Das Kartoffelfeuer brennt. Wer Lust hat, hockt sich auf einen Kartoffelsack in die Nähe des Feuers. Die Wärme tut gut. Langsam brennt das Feuer herunter. Jetzt legen einige Jungen Kartoffeln in die Glut. Mit langen Stöcken drehen sie die Kartoffeln hin und her, hin und her. Das macht Riesenspaß. Anne dreht mit. Es ist schon dunkel, als die ersten Kartoffeln herausgefischt werden. Wer zum Schluß die dickste Kartoffel erwischt hat, ist Kartoffelkönig oder Königin. Die Majestät bekommt einen Kranz aus Kartoffelkraut aufs Haar gedrückt. Das sieht schon komisch aus. Anne lacht. Nun essen alle ihre Kartoffeln. Die Pelle ist ganz schwarz. »Autsch«, ruft Anne, als sie ihre Kartoffel pellt, »ganz schön heiß«. Aber noch nie haben ihr Kartoffeln so gut geschmeckt wie heute. Sie sieht um sich. Die Gesichter leuchten ganz rot von der Feuersglut. Anne schaut zu ihrem Vater. Der zwinkert ihr fröhlich zu.

Auf dem Schulhof X-Ypsilon

Auf dem Schulhof X-Ypsilon steht die Lehrerin X-Ypsilon an der großen Mülltonne. Sie schaut hinein und zieht ein frisches Butterbrot heraus. Sie hält es in die Höhe. Regungslos steht sie da. Rund um sie her toben die Pausenkinder. Die eine oder der andere bleibt stehen. Die eine oder der andere schaut verwundert zur Lehrerin. Bald ist es eine ganze Gruppe. »Stimmt was nicht?«

Die Lehrerin X-Ypsilon sagt: »Ich rechne.«

»Was gibt es da zu rechnen?«

»Viel, mein Junge: Ich zähle die Wochen, die kleine Weizenkörner in der Erde gelegen haben, bis sie ihre Triebspitzen durch die Erdkruste ans Licht schieben konnten.«

»Na, und weiter?«

»Ich zähle die Wochen, die die Weizenpflanzen gewachsen sind, genährt von der Erde, Sonne, Wind und Regen, bis die gelben Ähren sich im Wind wiegen konnten, voll mit reifen Körnern.«

»Na ja, und?«

»Ich zähle die Wochen, in denen die Körner geerntet, gedroschen und zu Mehl gemahlen wurden.«

Die Lehrerin X-Ypsilon dreht das Brot hin und her:

»Ich zähle die Tage und die vielen Kilometer Fahrt, bis das Mehl beim Bäcker angekommen ist. Ich zähle die Stunden, die der Bäcker gebraucht hat, bis aus Mehl, Wasser, Salz und Hefe dann im Backofen Brot gebacken werden konnte.

Ich zähle die Stunden, die es gedauert hat, bis das Brot braun und knusprig von der Bäckerei zur Familie X-Ypsilon gekommen ist.
Ich zähle die Minuten, bis eine Schnitte abgeschnitten war, mit Butter beschmiert und mit Käse belegt.

Ich zähle die Sekunden 1-2-3, und das Butterbrot flog in die Mülltonne.

Ich kann die Menschen nicht zählen, die Hunger haben in unserer Welt und kein Brot finden.«

Unser tägliches Brot gib uns heute

Unser tägliches Brot gib uns heute,
das beten wir jeden Tag,
und unser Tisch ist gedeckt.
Wir können dir danken, Gott.

»Unser tägliches Brot gib uns heute«,
das beten viele Menschen auf der weiten Welt,
aber bei vielen ist der Tisch nicht gedeckt.
Sie können nicht danken.

»Unser tägliches Brot gib uns heute«,
das beten wir nicht nur für uns.
Hilf uns, Gott, daß wir dein tägliches Brot
verteilen helfen, wo es nötig ist,
und alle dir danken können.

Kinderküche in Lima

Ich will dich heute auf eine lange Reise mitnehmen, 13 Flugstunden weit, nach Lima in Peru. Lima ist die Hauptstadt von Peru. Lima ist eine wunderschöne Stadt und eine schreckliche Stadt – in Collique zum Beispiel, in einem Elendsviertel von Lima! Hier besuchen wir meine Freunde, den Lehrer Victor, die Lehrerin Vicky und viele Kinder. Sie wohnen in Hütten, die aus Abfallholz, Blech, Schilfmatten und Steinen gebaut wurden, die die Familien gesammelt haben. Die Hütten haben oft nur einen Raum, in dem fünf, acht oder noch mehr aus der Familie wohnen müssen. Sie schlafen verteilt auf zwei Betten. In einer Ecke ist ein Tisch und gerade mal zwei Stühle. Die Küche, ja das ist ein Kocher, fertig! Vor der Hütte läuft meist eine Gans als Wachhund, manchmal auch ein paar Hühner.

Es gibt kein Wasser und keinen Strom. Die Toilette suchst du vergebens. Da mußt du hinter die Hütte gehen und ein Erdloch suchen. Wenn es voll ist, wird Kalk darüber gestreut und ein neues Loch gegraben. Ohne Wasser ist es auch schwer, sauber zu bleiben. Zähne putzen, duschen, baden, saubere Wäsche, für dich ist das alles selbstverständlich. Hier in Collique kommt zweimal in der Woche ein Wasserwagen und verkauft für teures Geld Wasser. Und nicht alle haben Geld dafür. Das Wasser ist nicht so sauber, wie es bei dir aus dem Wasserhahn kommt. Deshalb muß es abgekocht werden. Dafür wird aber Kerosinöl gebraucht, und das kostet auch Geld. Also Wasser abkochen, oder doch lieber das Geld sparen und damit ein bißchen Gemüse kaufen? Ohne Wasser wächst ja auch nichts im trockenen Boden. Da heißt es oft, lieber schmutzig bleiben mit ein bißchen Essen im Bauch. So werden die Kinder anfällig für viele Krankheiten. Aber einen Arzt können die Eltern auch nicht bezahlen.

Du freust dich immer, wenn du schulfrei hast. Meine Kinder in Collique würden gerne lernen, um vielleicht aus dem Elend herauszukommen. Aber sie müssen oft auf den Unterricht verzichten, weil sie durch Arbeit auf der Straße etwas Geld verdienen müssen. Sie arbeiten in der Stadt als Schuhputzer oder springen bei Rot auf die Autos und putzen die Windschutzscheiben. Sie verkaufen Zeitungen oder einzelne Bonbons in den Bussen. Und das acht bis zwölf Stunden an einem Tag!

Ich war schon mehrmals mit einer Freundin in Collique, und wir haben uns gesagt: Wir lassen die Kinder nicht im Stich. Sie haben genau so wie wir ein Recht zu leben.

So haben wir eine Kinderküche gegründet. Wir schicken regelmäßig Geldspenden, Briefe, Päckchen mit Medikamenten und Vitaminen. So bekommen jetzt jeden Tag 100 Kinder eine warme Mahlzeit mit einem kleinen Gebäck und einem Stück Obst. Beim Einkaufen helfen, ist Ehrensache für die Kinder!

Einmal hat ein Kind gebetet: »Lieber Gott, wir bitten für alle Kinder, die in der Welt gar nichts zu essen haben und Hunger leiden müssen. Und wir danken dir für das Essen, das du uns jeden Tag schenkst.« Stell dir vor, diese Kinder bedanken sich für die eine knappe Mahlzeit am Tag und denken dabei noch an die, die weniger haben.

Vielleicht verstehst du, daß wir danken, wenn wir zurückreisen: danken, daß wir gebraucht werden, daß wir teilen können mit den Kindern in der Kinderküche, und daß wir Freunde geworden sind. Das ist ein großes Glück!

Ana Looser

Franz von Assisi

4. Oktober

Der junge Franz

Franz von Assisi hat vor ungefähr 800 Jahren gelebt. Aber die Menschen haben ihn bis heute nicht vergessen. Viele nennen ihn *Bruder Franz*. Ein Junge sagte mir neulich: Für mich ist er ein *Superstar*. Wer war er?

Im Jahr 1182 wird Franz in der italienischen Stadt Assisi geboren. Franz heißt in der italienischen Sprache Francesco. Sein Vater ist ein reicher Textilkaufmann. Die Familie wohnt in einem der schönsten Häuser am Marktplatz der Stadt. Die Eltern haben ihren Sohn sehr gern und verwöhnen ihn, wo sie nur können. In die Schule geht Franz nicht so gern, weil er da still sitzen muß. Lieber spielt und tobt er mit seinen Freunden in den Straßen der Stadt. Da haben sich die Kinder wohl kaum geändert bis heute, oder?

Als junger Mann weiß Franz immer genau, was gerade *in* ist, und er zieht nur ganz modische Sachen an. »Richtig super«, würdest du bestimmt sagen. Er ist einfach glücklich, wenn ihn alle bewundern. Er singt gerne fröhliche Lieder und kennt viele Geschichten. So ist er bei allen beliebt. »Ein toller Junge«, sagen viele Leute, und seine Eltern sind stolz auf ihn.

Mit 20 Jahren zieht Franz in den Krieg. Er wird gefangengenommen. Es geht ihm schlecht. Erst nach einem Jahr kann er nach Hause zurückkehren. Er hat sich verändert, ist nervös geworden und weiß nicht mehr recht, was er mit sich anfangen soll. Schon bereitet er sich auf einen zweiten Kriegszug vor. Aber er hat einen Traum, in dem ihm eine Stimme sagt: »Kehre um!« Und Franz tut, was die Stimme ihm gesagt hat. Er kehrt nach Hause zurück. Die Freunde lachen ihn aus: »Du Feigling!« Der Vater ist enttäuscht.

Franz arbeitet nun im Geschäft seines Vaters. Aber es macht ihm keinen Spaß. Er weiß nun, daß es in der Welt ganz anders aussieht als in seinem reichen Elternhaus. Wenn er frei hat, sucht er Plätze auf, die ganz still sind. Er bittet Gott, ihm zu helfen herauszufinden, was er tun soll. Er weiß selber nicht, was mit ihm los ist. Es ist eine schlimme Zeit für ihn. Er hat keine Lust mehr, im Geschäft seines Vaters mitzuarbeiten.

Er bemerkt jetzt, daß es in seiner Stadt einen großen Unterschied gibt zwischen den reichen und den armen Leuten. Er empfindet das als ungerecht. Nun ist er oft in den Gassen zu finden, wo die Waschfrauen, die Lumpensammler, die Pferdeknechte und die Arbeitslosen leben. Er sieht, daß diese Menschen nicht wissen, wovon sie leben sollen. Franz sagt: »Hier muß endlich einer helfen. Ich will den Anfang machen.« Und er bringt ihnen Geld, versorgt sie mit dem Nötigsten und macht ihnen Mut. Seine Freunde nennen ihn einen *Spinner* und wollen mit ihm nichts mehr zu tun haben. Aber das stört Franz überhaupt nicht.

Aber es geschieht etwas anderes, und das tut weh, sehr weh sogar. Sein Vater stellt ihn eines Tages zur Rede. Er versteht seinen Sohn überhaupt nicht mehr. Er sieht seine zerschlissenen Kleider und denkt: »Er muß verrückt geworden sein. Er blamiert die ganze Familie.« Er verbietet ihm, den Armen weiterhin Geld zu bringen. Er befiehlt ihm, sich als sein Sohn endlich normal zu benehmen. Der Vater weiß, daß die Bekannten der Familie mit Fingern auf Franz zeigen. Jetzt muß Schluß sein. Franz merkt, daß der Vater ihn gar nicht versteht. Als der Vater dann heftig wird, wirft Franz ihm die Kleider vor die Füße und ruft: »Jetzt bin ich dir nichts mehr schuldig, Vater!« Der Vater wendet sich entsetzt ab. Franz hüllt sich in einen geschenkten Mantel und verläßt die Stadt. Er macht sich auf nackten Füßen auf den Weg in die Welt hinaus. Er hat jetzt nur noch einen Vater, Gott. Nun ist er 25 Jahre alt.

Bruder Franz

So beginnt Franz sein neues Leben. Er ist sich sicher, daß Gott ihm eine bestimmte Aufgabe gegeben hat. Immer wieder liest er die Jesusgeschichten in der Bibel. Sie werden sein Programm. Sie zeigen ihm, was er zu tun hat. Und er ist ganz fröhlich dabei.

So zieht er von Dorf zu Dorf, von Stadt zu Stadt und predigt den Menschen, daß Gott die Unterschiede zwischen den armen und den reichen Menschen nicht will. Er sagt ihnen, daß es ein großes Unrecht ist, daß einige alles haben und andere nichts. Er verlangt von den Menschen, den Armen zu helfen, besonders den Kranken.

Bald reden die Menschen über Franz landauf, landab. Sie staunen über ihn und bewundern ihn. Es kommen junge Männer zu ihm, die leben wollen wie er. Sie verkaufen ihren Besitz und verteilen alles an die Menschen, die Not leiden. Sie gründen eine Gemeinschaft und denken sich Regeln aus, wie sie gut miteinander leben können. Sie arbeiten zeitweise bei Bauern, um sich das Notwendigste für ihr eigenes Leben zu verdienen oder leben von dem, was andere ihnen schenken.

So ziehen sie umher, predigen auf Dorf- und Marktplätzen, sogar in Kneipen. Es sind auch Kaufleute, Ritter, Priester und gelehrte Männer unter den Menschen, die ihm eifrig zuhören. Und viele Männer bitten ihn, in seiner Gemeinschaft aufgenommen zu werden. Bald schon sind es 5000 Männer. Sie nennen sich *Brüder*. Auch viele Frauen gründen eine Gemeinschaft, unter ihnen eine große Freundin von Franziskus. Sie heißt Klara.

Alle Welt spricht nun von *Bruder Franz*. Er hat eine große Schar von Menschen begeistert, die mit ihm gegen Armut, Hunger und Krankheit kämpfen. Also doch ein *Superstar? Superstar* heißt: großer Stern. Und das ist Bruder Franz wirklich geworden, ein Stern, der in der Dunkelheit der Not leuchtet.

Aber er ist der *Bruder* Franz, dem es nicht darum geht, ein Besonderer zu sein. Er will ein richtiger Bruder sein, der da ist, wenn man ihn braucht.

Schwester Sonne und Bruder Mond

Bruder Franz hat ein großes Herz, nicht nur für die Menschen, nein, auch für das ganze vielfältige Leben auf der Erde. Er ist den Pflanzen und Tieren ganz nahe. Er preist die Schönheit von Sonne, Mond und Sternen. Er spricht mit der *Schwester Sonne*, dem *Bruder Wind* und dem *Bruder Feuer*. Er predigt immer wieder: Gott hat uns die Erde anvertraut, wir müssen sie hüten und pflegen. Das weiß Bruder Franz so gut wie zum Beispiel die Indianervölker. Darauf hat bis zu dieser Zeit niemand geachtet. Und wir wissen heute, daß er recht hatte, daß die Menschen jedoch nicht auf seine Worte gehört und die Erde nicht genügend beschützt haben. Als Bruder Franz älter wird, hat er oft heftige Schmerzen in seinen Gliedern. Das Gehen macht ihm Schwierigkeiten. Er kann immer schlechter sehen und erblindet zuletzt.

Bruder Franz stirbt am 3. Oktober 1226. Sein Grab ist in der Kirche *San Francesco* in Assisi. Vielleicht kommst du einmal auf einer Ferienreise dorthin. Viele Menschen besuchen auch heute noch sein Grab.

Schau her die kleine Blume

Melodie: Volksweise nach
Wolfgang Amadeus Mozart (Zauberflöte)

Schau her die klei - ne Blu - me, wie sieht sie fröh - lich aus. Es

leuch - ten bun - te Far - ben aus ih - ren Blü - ten raus.

Schau diese kleine Blume
wie sieht sie traurig aus.
Sie hat kein frisches Wasser,
und stinken tut es auch.

In diesem kleinen Apfel
da sieht es lustig aus.
Da sind gesunde Kernlein,
die wollen jetzt heraus.

Doch jener kleine Apfel,
der sieht zwar auch schön aus.
Doch möcht' er gerne wachsen
ganz ohne Gift im Bauch.

In unsren grünen Wäldern,
da ist viel Leben drin.
Du kannst dich gut erholen
mit Lust und frohem Sinn.

In unsren kranken Wäldern
da sieht es tödlich aus.
Die Luft ist nicht mehr würzig,
die Bäume sterben, o Graus.

Die vielen, vielen Vögel
wie sehn sie munter aus.
Sie singen schöne Lieder
auf Baum und Strauch und Haus.

Für manche kleinen Vögel
da sieht es trostlos aus.
Sie finden falsches Futter
für ihren Abendschmaus.

Auf unsrer Mutter Erde
da sah's einmal schön aus.
Oh heiliger Franziskus,
was machten wir daraus.

Hilf uns, die Erde retten,
die du so sehr geliebt.
Wir möchten weiter leben
von dem, was sie uns gibt.

Einen Bruder-Franz-Tag gestalten

Kennst du Kinder, die Hilfe nötig haben, vielleicht um Spielkameraden zu finden, Schwierigkeiten bei den Hausaufgaben haben? Kannst du helfen? Vielleicht kannst du auch mit deiner Mutter nachschauen, welche Kleider dir nicht mehr passen oder dir nicht mehr gefallen. Anderen passen sie und gefallen sie bestimmt. Wer hat denn Kleider nötig? Wenn dir und den Eltern niemand einfällt, die Malteser, Johanniter oder das Deutsche Rote Kreuz, die wissen immer, wo die Sachen gebraucht werden.

Aus einem großen Kürbis lassen sich wunderschöne Laternen gestalten: mit einem stumpfen Messer kannst du ihn aushöhlen und Augen, Nase und Mund ausstechen. Dann stellst du eine Kerze hinein, damit die Laterne schön leuchten kann zu Ehren des Bruder Franz.
Aus dem Kürbisfleisch, das du herausgeschnitten hast, kannst du kleine Würfel schneiden. Mutter oder Vater hat inzwischen eine leckere Hühnersuppe gekocht, oder man kann auch fertige Brühe nehmen. Dann schüttet man Milch in die Brühe und dickt das ganze ein wenig an, damit es schön cremig wird. Du schüttest deine Kürbiswürfel hinein und gibst noch einen Teelöffel Zitronensaft, eine Prise Pfeffer und Muskatnuß dazu. Am Abend gibt es dann ein leckeres Essen, und die Laterne leuchtet dazu. Wer liest eine Geschichte vom Bruder Franz?

Du kennst es nun schon: An allen Festen, die wichtig sind, werden Bilder aus Brotteig gebacken. Am Tag des heiligen Franz können wir Vögel backen. Das geht so: Aus dem Hefeteig formen wir eine Rolle, so lang, daß wir daraus einen Knoten machen können. Hinten schaut ein Ende heraus als der Schwanz, vorne ein Teil als Hals. Nun rollen wir das runde Köpfchen und drücken es auf das Halsteil auf. Zwei Rosinen drücken wir als Augen hinein und zwei Mandelsplitter als Schnabel. Du kannst um den kleinen Vogel noch eine Rolle drehen, dann sitzt er in seinem Nest. Wem magst du einen kleinen *Franz-Vogel* schenken?

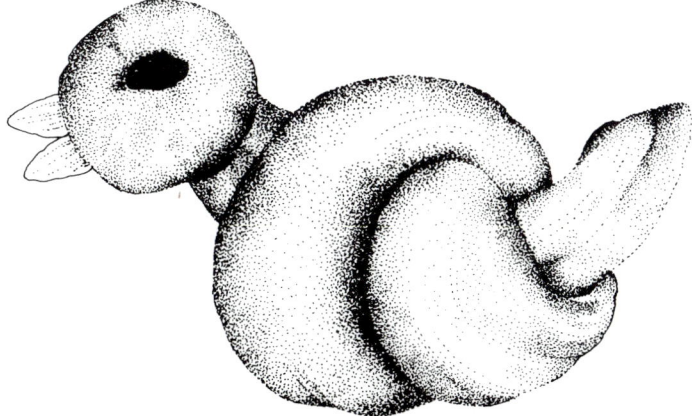

Reformationsfest

31. Oktober

Das kennst du: Überall, wo Menschen zusammenleben, sind sie nicht immer einer Meinung, und es ist auch nicht alles immer in bester Ordnung. Das ist auch bei den Christen durch all die Jahrhunderte hindurch nicht anders gewesen. Immer wieder gab es Mißverständnisse, wollten einige alles besser wissen, oder es wurde sogar die Botschaft Jesu nicht mehr richtig verstanden. Auch über Fragen des Glaubens gab es Streit; dann trafen sich die Bischöfe mit dem Papst in Rom, um zu beraten und zu entscheiden.

So war es auch vor ungefähr 470 Jahren. Wichtige Dinge waren in der Kirche und dem Zusammenleben der Menschen in Unordnung geraten. Zu dieser Zeit lebte ein Mönch in einem Kloster. Er hieß Martin Luther und unterrichtete als Professor an einer Universität. Er las viel in der Bibel, kannte die Botschaft Jesu gut und machte darauf aufmerksam, was seiner Meinung nach anders geworden war, als Jesus es gemeint hatte. Das wollte er ändern, *reformieren*, wie es in der lateinischen Sprache heißt.

Im Jahr 1521 kam es zum Streit mit den Bischöfen, dem Papst und dem Kaiser. Martin Luther wurde aus der katholischen Kirche verbannt. Ein Freund von ihm, der Herzog von Sachsen, versteckte ihn auf der Wartburg. Dort übersetzte Martin Luther als erster die Bibel in die deutsche Sprache. Unter dem Schutz einiger Fürsten gründete er dann die evangelische Kirche. So feiern die evangelischen Christen an diesem Tag, dem *Reformationsfest*, den Geburtstag der evangelischen Kirche.

Allerheiligen

Weg durch die Dunkelheit

Die Krähen kündigen den November an

Nun ist das Jahr schon weit fortgeschritten. Du merkst es an den grauen Nebelkrähen, die nur an ihren Flügeln und an Kopf und Schwanz schwarz sind. Sie sind aus den Ländern im Osten zu uns nach Deutschland gekommen um zu überwintern. Sie werden begleitet von den schwarzen Saatkrähen und den kleineren Dohlen. Am liebsten suchen sie die Städte mit ihren großen Müll- und Schutthalden auf. Dort hoffen sie, Nahrung zu finden. Sie balgen sich nach Krähenlust mit den schwarzen Rabenkrähen, die in den westlichen Gegenden zu Hause sind. Du kannst ihr heiseres Gekrächze überall hören. Es ist ein wilder Haufen, in dem sich jeder selbst der nächste ist. Keiner gönnt dem anderen etwas. Sie rangeln sich mit gespreizten Flügeln um jeden Brocken. Sie sind aber auch nützlich und fressen Aas auf Wegen und Straßen. So werden sie auch *Straßenfeger* genannt.

Es sieht schon gespenstisch aus, wenn an nassen und nebligen Novembertagen ein ganzer Baum voller Krähen hängt und sie ihr heiseres Krächzen hören lassen. Wenn dann noch der Wind dazu heult, weißt du endgültig, der Herbst geht zu Ende.

Nebel und Wind sind die Novembergeschwister. Deshalb nannten früher die Menschen den November auch gern *Windmonat* oder *Nebelung*.

Was der Nebel fertigbringt

Er setzt jedem Busch einen Zauberhut auf,
und die Büsche sind nicht mehr zu sehen.

Er setzt jedem Baum einen Zauberhut auf,
und die Bäume sind nicht mehr zu sehen.

Er setzt jedem Haus einen Zauberhut auf,
und die Häuser sind nicht mehr zu sehen.

Er setzt jedem Berg einen Zauberhut auf,
und die Berge sind nicht mehr zu sehen.

Er setzt jedermann einen Zauberhut auf,
und die Leute sind nicht mehr zu sehen.

Setzt er sich dann selbst einen Zauberhut auf,
ist er selber nicht mehr zu sehen –

und die Berge und Häuser fern und nah
und Leute und Büsche sind wieder da.

Hans Baumann

Allerheiligen

1. November

Schon der erste Tag des Novembers ist ein Festtag: *Allerheiligen*. Es ist ein uraltes Fest der katholischen Christen, das über 1200 Jahre alt ist. Es ist ein Fest der Erinnerung und der Freude.

Einmal im Jahr sehen wir vor uns, wie auf einem riesengroßen Bild, alle die Menschen, die auf ihre Weise versucht haben, nach dem Beispiel von Jesus zu leben. Jesus war ihr Vorbild. Viele sind uns bekannt. Wir kennen ihre Namen und wissen, wie sie gelebt haben. Viele kennen wir nicht mehr. Manche von ihnen wurden sogar verfolgt und getötet, weil sie Christen waren. Wenn Menschen so herausragen, werden sie vom Papst *heilig* gesprochen. Deshalb nennen wir sie *Heilige*. In der lateinischen Sprache heißt heilig *sanctus*. So verstehst du, warum es zum Beispiel *Sankt Martin* heißt. Oft wurden Geschichten über sie weitererzählt. Einige wenige findest du in diesem Buch.

Manche Kinder sagen: Die sind so seltsam gewesen, die haben so komische Sachen gemacht oder, das sind ja Supermenschen. So könnten wir nie sein. Vielleicht liegt das daran, daß manche Geschichten, die über sie geschrieben wurden, übertrieben sind. Andere Geschichten werden aus einer Zeit erzählt, als die Menschen ganz anders lebten als wir heute. Manche Heilige waren vielleicht wirklich konsequenter als du und ich.

Eines wissen wir sicher: Die Heiligen waren Menschen wie wir alle. Sie waren keine komischen Typen. Sie lachten und weinten, waren einmal fröhlich und ausgelassen, ein andermal traurig, so wie das im Leben halt ist. Sie waren auch manchmal feige und versagten. Aber eines nahmen sie ganz ernst, das Programm von Jesus: die liebevolle Zuwendung zu allen Menschen, besonders zu denen, die arm, ausgestoßen, krank, einsam oder von anderen unterdrückt waren. Das hatten sie von Jesus gelernt: Gott will das alles nicht. Gott will, daß es den Menschen gut geht, daß ein Stück Himmel schon hier auf der Erde anfängt. Dafür machten sie sich stark, dafür setzten sie sich ein. Dafür waren sie nicht selten unbequem für andere. Solche Menschen gab es immer und gibt es auch heute. Der Apostel Paulus nannte alle, die sich um ein solches christliches Leben bemühen, Heilige. An all das können wir denken am Fest aller Heiligen, dem Fest aller Freunde Jesu.

Vielleicht hast du den Namen einer bekannten oder eines bekannten Heiligen bekommen. Weißt du etwas aus seinem oder ihrem Leben? Das wäre doch spannend zu erfahren. Du lernst einen Freund oder Freundin kennen, die dir nahe sein wollen, ein Leben lang. Schau im Kalender nach, wann dein Name gefeiert wird. Vielleicht bekommst du Lust auf deinen *Namenstag!*

Zu Allerheiligen

Jesus, du müßtest auch Rufer heißen.
Dein Leben lang
hast du die Menschen gerufen:
Komm' geh mit mir,
sei mein Freund,
sei Gottes Freund.
Gemeinsam rufen wir andere,
die Kette wird lang,
Gott sieht uns an.

Nach deinem Tod wird es nicht still.
Da haben deine Freunde gerufen.
Komm' geh mit mir,
sei mein Freund,
sei Gottes Freund.
Gemeinsam rufen wir andere,
die Kette wird lang,
Gott sieht uns an.

Der Ruf geht immer weiter.
Die Freunde rufen die Fremden:
Komm' geh mit mir,
sei mein Freund,
sei Gottes Freund.
Gemeinsam rufen wir andere,
die Kette wird lang,
Gott sieht uns an.

Und nie mehr verstummt der Ruf.
Männer, Frauen, Kinder rufen:
Komm
geh auch mit,
sei unser Freund,
sei Gottes Freund.
Gemeinsam rufen wir andere,
die Kette ist lang,
Gott sieht uns an.

Wir holen ein Stück Himmel auf die Erde.

Der Himmel

Es war einmal ein kleiner Heiliger, der hatte viele Jahre ein glückliches und zufriedenes Leben geführt. Als er eines Tages gerade in der Klosterküche beim Geschirrabwaschen war, kam ein Engel zu ihm und sprach: »Der Herr schickt mich zu dir und läßt dir sagen, daß es an der Zeit für dich sei, in die Ewigkeit einzugehen.«

»Ich danke Gott, daß er sich meiner erinnert«, erwiderte der kleine Heilige. »Aber du siehst ja, was für ein Berg Geschirr hier noch abzuwaschen ist. Ich möchte nicht undankbar erscheinen, aber läßt sich das mit der Ewigkeit nicht noch so lange hinausschieben, bis ich hier fertig bin?«

Der Engel blickte ihn nach Engelart weise und huldvoll an und sprach: »Ich werde sehen, was sich tun läßt«, und verschwand. Der kleine Heilige wandte sich wieder seinem Geschirrberg zu und danach noch allen möglichen anderen Dingen…

Eines Tages machte er sich gerade mit einer Harke im Garten zu schaffen, da erschien auf einmal wieder der Engel. Der Heilige wies mit der Hacke gartenauf und gartenab und sagte: »Sieh dir das Unkraut hier an! Kann die Ewigkeit nicht noch ein bißchen warten?« Der Engel lächelte und verschwand abermals.

Der Heilige jätete den Garten fertig, dann strich er die Scheune. So werkte er fort und fort, und die Zeit ging dahin … Eines Tages pflegte er die Kranken. Er hatte eben einem fiebernden Patienten einen Schluck kühlen Wassers eingeflößt, da sah er, als er aufblickte, wieder den Engel vor sich.

Dieses Mal breitete der Heilige nur mitleidheischend die Arme aus und lenkte mit den Augen des Engels Blicke von einem Krankenbett zum anderen. Der Engel verschwand ohne ein Wort.

Als der kleine Heilige sich an diesem Abend in seine Klosterzelle zurückzog und auf sein hartes Lager sank, sann er über den Engel nach und über die lange Zeit, die er ihn nun schon hingehalten hatte. Mit einem Mal fühlte er sich schrecklich alt und müde, und er sprach: »O Herr, könntest du deinen Engel doch jetzt noch einmal schicken, er wäre mir sehr willkommen.«

Kaum hatte er geendet, stand der Engel schon da: »Wenn du mich nimmst«, sagte der Heilige, »so bin ich nun bereit, in die Ewigkeit einzugehen!«

Der Engel blickte den Heiligen nach Engelart weise und huldvoll an und sprach: »Was glaubst du wohl, wo du die ganze Zeit gewesen bist?«

Albert Schweitzer

Allerheiligenstriezel

Im Spätherbst kommt, wenn die Natur ihre Gaben verteilt hat, der Arme zum Wohlhabenden und bringt einen leeren Sack mit. Da wird das Fest aller Heiligen zum Fest aller Armen. Es ist erfreulich zu erzählen.

Schon ein paar Tage vor dem Allerheiligenfest schaut jedes Haus wie eine große Bäckerei aus. Die Bäuerin herrscht in der Küche und schafft selbst wacker mit beim Kneten und Backen. Der Bissen des neuen Brotes, den sie zur Probe verzehrt, bleibt der einzige den ganzen Tag. Ihr Herz ist gesättigt vom Brote, das andere essen.

Am Vorabend des Allerheiligenfestes ziehen die Armen in ganzen Familien von Haus zu Haus, von Ort zu Ort. Sie stehen an der Türschwelle, sie grüßen mit dem vielstimmigen Ruf: »Bitt gar schön um einen Allerheiligenstriezel!« Da wird geteilt, und jeder bekommt seinen Allerheiligenstriezel. »Vergelt's Gott, Allerheiligen!« rufen sie und ziehen weiter zur nächsten Tür. Die Säcke und die Körbe werden schwer, aber das Herz jauchzt vor Freude.

Peter Rosegger

So war es früher an vielen Orten. Diese Allerheiligenbrote wurden den Armen und Kindern geschenkt. An manchen Orten in Süddeutschland können sich die Kinder auch heute noch ihren Allerheiligenstriezel, meist einen Zopf aus Hefeteig, bei ihren Paten abholen. Oft steckt ein Geldstück als Glückszeichen im Striezel. Die Paten wünschen so ihren Patenkindern am Allerheiligentag ein rechtes Glück.

Warum gerade am Allerheiligentag? Ich denke mir das heute so: Die Freude, auch einmal ganz nahe bei Gott zu sein, ist groß an diesem Tag. Dieses rechte Glück wünschen wir uns doch alle. Die Heiligen sind unsere Freunde, sie bleiben mit uns verbunden. Ein altes Allerheiligen-Brotbild kann es besonders gut deutlichmachen: die Himmelsleiter, die Himmel und Erde miteinander verbindet.

Allerseelen

Schon in den Nachmittag des Allerheiligenfestes hinein beginnt ein anderer Erinnerungstag: *Allerseelen*. Überall ziehen die Menschen, manchmal in einer Prozession, zum Friedhof, zu den Gräbern ihrer Toten. Mit Gebeten und Liedern denken sie an ihre Toten und bitten für sie. In den Tagen vorher haben sie die Gräber besonders schön mit Blumen geschmückt. Überall brennen Lichter auf den Gräbern und leuchten in die beginnende Dämmerung. Die Lichter sollen zeigen, daß die Angehörigen an ihre Toten denken und sie Gott bitten, daß ihre Toten jetzt bei ihm in seinem Licht sein dürfen. Alles, was ein Mensch ganz in seinem Innern war, seine Fröhlichkeit, seine Trau-

rigkeit, sein Lachen und sein Weinen, sein Mut und seine Unsicherheit, seine Hilfsbereitschaft und sein Zorn, alles, was in seiner Seele lebte, das ist jetzt bei Gott. Das hoffen wir fest. Davon will das Fest *Allerseelen* erzählen.

Oft treffen sich die Familien nach dem Besuch auf dem Friedhof zum gemeinsamen Kaffeetrinken. Wenn sie dann beieinander sitzen, erzählen sie von ihren Verstorbenen. Manchmal ist es dann, als ob diese ganz nahe sind. Sie leben in den Herzen der Verwandten und Freunde weiter. Die evangelischen Christen feiern diesen Gedenktag am *Totensonntag*, am letzten Sonntag im November.

Ein neues Leben

Nach Jesu Tod gingen zwei seiner Freunde von Jerusalem zu dem Ort Emmaus. Wie sie so ganz traurig miteinander gehen, überholt sie ein Mann und geht mit ihnen. Sie kennen diesen Mann nicht. Er fragt sie, worüber sie sich unterhalten. Sie erzählen ihm von ihrem Kummer. Sie erzählen, wie Jesus so grausam sterben mußte. Sie erzählen weiter, daß Freunde Jesus gesehen haben und daß sie das nicht glauben können. Sie sind ganz durcheinander.

Der Fremde geht auf sie ein. Er versucht, ihnen vieles zu erklären. Aber die beiden Freunde verstehen nicht recht, was er ihnen sagt. Mittlerweile sind sie in Emmaus angekommen. Die Freunde bitten den Fremden: »Es ist Abend, bleib doch bei uns und iß mit uns!« Sie fühlen sich so wohl in seiner Gegenwart. Da geht er mit ihnen. Als er mit ihnen am Tisch sitzt und das Brot bricht, da gehen ihnen die Augen auf, und sie erkennen: Das ist Jesus, der vor drei Tagen gestorben ist. Er lebt.

Ich kann mir denken, daß sie ihn umarmen wollen vor Freude, ihn fragen wollen: »Wie ist es, das neue Leben?« Aber sie sehen ihn nicht mehr. Die beiden Freunde wissen nun: Jesus ist auferweckt worden. Es gibt es, das neue Leben. Jesus hat es uns gezeigt.

Nach Lukas

Die Sternenblumen

Es war einmal eine Zeit, da konnten die Menschen die Sprache der Sterne verstehen. Wenn jemand traurig war, dann trösteten ihn die Sterne. Wenn jemand verzweifelt war, dann redeten die Sterne ihm Mut zu. Wenn jemand fröhlich war, dann freuten sich die Sterne mit ihm und zwinkerten fröhlich auf die Menschen herunter. Aber dann kam eine Zeit, da verlernten die Menschen, den Sternen zu lauschen. Sie waren so sehr mit anderen Dingen beschäftigt. Sie waren immer in Eile und hasteten hin und her, so daß es war, als ob die Sterne weiter fortgerückt seien am Himmel.

Auf einmal aber vermißten die Menschen die Sterne, das tröstende Licht und die leisen, flüsternden Stimmen. Sie gingen auf die Felder und in den Wald. Dort wollten sie die Tiere und die Pflanzen fragen. Aber auch deren Sprache war ihnen fremd geworden. Da wurden sie ratlos. Sie fühlten sich auf einmal einsam in dieser Welt.

Eines Tages lief ein kleines Kind durch die Felder. Da sah es am Wegesrand kleine Blumen wachsen, die aussahen wie Sterne. Sie neigten sich zum Weg hin, als ob sie etwas sagen wollten. Das Kind holte die Erwachsenen. Diese eilten herbei, betrachteten die Sternenblumen und lauschten. Da war es ihnen, als hörten sie eine Botschaft: Schaut unsere Blütensterne, lauscht, dann hört ihr in euren Herzen wieder die Sternensprache, wie wir euch trösten und froh machen. Die Menschen waren überglücklich.

Seitdem pflanzen sie die Sternenblumen auf die Gräber ihrer Toten, und die Blumen schenken ihnen Trost. Astern heißen die Sternenblumen.

Nach einer Pflanzenlegende

Woran wir denken können am Allerseelentag

Jesus, hat gesagt:
»Wer an mich glaubt, der wird leben, auch wenn er stirbt.«

Gar manche Wege führen aus dieser Welt hinaus.
O, daß wir nicht verlieren den Weg zum Vaterhaus.
Und sind wir einmal müde, dann stell ein Licht uns aus,
o Gott in deiner Güte, dann finden wir nach Haus.

Was du tun kannst

Wenn du magst, geh in der Woche vor Allerseelen über euren Friedhof. Nimm ein oder zwei Freunde oder Freundinnen mit. Bestimmt entdeckt ihr Gräber, die niemand mehr pflegt. Wäre das nicht schön, dort das Unkraut zu zupfen, das Taschengeld zu opfern für ein paar Pflänzchen, frische Blumen und ein Grablicht? Am Tag Allerseelen könnt ihr dann euer Pflegegrab besuchen.

Ob es das alles noch gibt?

Susi und Petra sitzen im Garten auf der Schaukel und lassen ihre Beine lang baumeln. Sie sind Freundinnen und sitzen hier am liebsten, um einander etwas zu erzählen. Heute brummt ihnen ständig eine Fliege um die Nase. Susi schlägt immer wieder nach ihr. Aber die Fliege ist hartnäckig, bis Petra ruft: »Halt still!« Jetzt hat sie die Fliege mit einem Schlag erwischt. Sie rührt sich nicht mehr. Susi ist richtig erleichtert. Doch dann fragt sie auf einmal:

»Wo ist sie jetzt?«

»Wer?«

»Na, die Fliege.«

»Da liegt sie doch auf der Erde.«

»Das sehe ich auch.«

»Na also!«

»Aber ich möchte wissen, wo das ist, was sie lebendig gehalten hat.«

»Du sagst Sachen! Totsein ist wirklich sonderbar.«

»Sie war doch eine ganz bestimmte Fliege, wie du ein bestimmtes Mädchen bist, die Petra.«

»Ja, das stimmt, der Tierarzt kann uns bestimmt dazu etwas sagen, warum die Fliege jetzt nicht mehr lebt.«

»Hm, aber wo das Besondere der Fliege jetzt ist, weiß der bestimmt auch nicht.«

»Hm, wo ist das nur, was eben noch gesummt hat? Das habe ich auch überlegt, als unsere Katze, die Mohrle, gestorben ist. Wo ist das geblieben, was unsere Mohrle so drollig sein ließ, so lieb und manchmal so kratzbürstig?«

»Was ist das, was die Tiere wachsen läßt und die Blumen? Und uns ja auch. Und wie wir fühlen, wie wir uns mögen und nicht mögen. Wo ist das alles, wenn wir nicht mehr leben?«

»Du, mir wird ganz komisch, wenn ich darüber nachdenke. Wir müssen ja auch sterben. Wo ist das denn, was ich ganz alleine bin?«

»Wenn ich mich so doll gefreut habe oder mich geärgert, wo ist das alles hin?«

»Ich glaube, wir müssen Vati oder Mutti fragen.«

»Keine schlechte Idee. Dann gehe ich jetzt lieber meine Mutti von der Arbeit abholen. Dann freut sie sich und spendiert mir ein Eis. In der Eisdiele frag ich sie dann mal. Zu Hause hat sie doch nur den Abwasch im Sinn, und daß noch gekocht werden muß. Dann hat sie bestimmt keine Zeit für mich.«

»Mein Vati geht abends gerne mit unserem Hund spazieren. Da gehe ich heute einfach mit.«

Susi und Petra rutschen von der Schaukel. Die schwingt noch eine ganze Weile hin und her.

So oder anders?

Zwei fromme Mönche lebten schon viele Jahre in einem Kloster und waren Freunde geworden. Oft gingen sie gemeinsam spazieren und dachten über das Leben nach ihrem Tod nach. Sie malten sich aus, wie es wohl wäre bei Gott im Himmel. Aber es kamen ihnen auch Zweifel. War das Leben bei Gott in der neuen Heimat auch wirklich so, wie sie es sich vorstellten?

Erschöpft von ihren vielen Überlegungen knieten sie eines Abends nieder und flehten zu Gott, er möge dem, der zuerst sterbe, die Gnade schenken, in der Nacht nach seinem Tode dem zurückgebliebenen Freund und Bruder zu erscheinen. Und sie baten, er solle nur ein einziges Wort sagen: »Taliter«, das bedeutet: »Es ist so« oder »Aliter«, das bedeutet: »Es ist anders.« Als sie vom Gebet aufstanden, waren sie gewiß, Gott würde ihre Bitte erfüllen.

Nach wenigen Monaten starb einer der beiden Mönche. Der andere erwartete voll Trauer und Hoffnung unruhig die Nacht. Was würde ihm der Freund sagen: »Taliter« oder »Aliter«? Aber er durchwachte die Nacht vergebens. Der Verstorbene erschien nicht. Auch in den folgenden Nächten wartete er umsonst. Mehr und mehr geriet er in Grübeleien. Zweifel und Ängste quälten ihn. So verging ein ganzes Jahr.

Genau ein Jahr nach dem Tod seines Freundes schreckte der Mönch mitten in der Nacht auf, denn schweigend stand der verstorbene Freund vor ihm. »Taliter«?, fragte er ihn. Der schüttelte den Kopf. »Aliter«?, fragte er ängstlich. Wieder schüttelte der andere den Kopf und sagte ganz leise: »Totaliter aliter – es ist vollkommen anders.« Und schon war er verschwunden.

Nach einer Legende

Wo ist Großvater?

Philipp hat schreckliches Halsweh. Er liegt im Bett mit einem dicken Schal um den Hals. Er hat Schmerzen und Langeweile. Die Mutter will ihn trösten und von seinem schrecklichen Halsweh ablenken. Deshalb holt sie ein dickes altes Fotoalbum aus der Zeit, als Mutter noch ein Kind war. Philipp darf nur selten in diesem Album stöbern, weil der Mutter die alten Fotos kostbar sind. Sofort hört Philipp auf zu jammern und schlägt die ersten Seiten auf. Erleichtert macht die Mutter sich in der Küche wieder an die Arbeit.

Doch schon nach wenigen Minuten hört sie Philipps Stimme: »Mutti, hier ist ein Mann, ein Soldat auf einem Foto. Wer ist das?« »Das kann ich von hier aus nicht sehen. Bestimmt steht etwas darunter geschrieben.« »Ja, Erich in Frankreich.« »Dann ist es dein Großvater.«

Eine Weile ist es still. Dann ruft Philipp: »Mutti, komm bitte her, erzähl mir von meinem Großvater.«

Als die Mutter sich auf seine Bettkante setzt, fragt Philipp leise: »Ist er schon lange tot?« »Ja«, sagt die Mutter, »er ist im Krieg gefallen. Da war ich noch gar nicht geboren. Ich lag noch geborgen im Bauch meiner Mutter. Die hat mir später oft erzählt, wie untröstlich sie war. Als ich geboren wurde, hatte ich keinen Vater mehr, wie so viele andere Kinder in den schrecklichen Kriegen überall in der Welt.« »Wo ist er begraben, mein Großvater?« »O Philipp, die meisten Soldaten haben keine Gräber, die wir kennen. Sie werden schnell begraben, wo sie gerade gekämpft haben. Meistens ziehen die Soldaten sofort weiter.«

»Hat sich denn niemand gemerkt, wo Großvater gefallen ist?« »Nein, deine Großmutter hat nie eine Nachricht bekommen, wo ihr Mann getötet wurde. Großvater war auf einmal nicht mehr da, wie so viele andere. Später hat sie eine Nachricht bekommen, daß er vermißt war.« Philipp schaut seine Mutter mit großen Augen an: »Mutti, es gibt doch Soldatenfriedhöfe, auch in Frankreich. Wir suchen ihn. Weißt du was, Vati, du und ich, wir fahren in den nächsten und übernächsten und überübernächsten Ferien nach Frankreich und besuchen alle Soldatenfriedhöfe. Wir suchen deinen Vater. Vielleicht finden wir ihn.«

Die Mutter nimmt Philipp fest in den Arm. Leise beginnt sie zu weinen.

Hubertustag

3. November

Vor mehr als 1000 Jahren lebte im heutigen Belgien ein junger Fürst, der Hubertus hieß und ein Richter war. In seiner Freizeit ging er zur Jagd und feierte fröhliche Feste.

Er lernte eine schöne und liebenswürdige Frau kennen, und sie heirateten. Die Fürstin und Hubertus liebten sich sehr. Bald bekamen sie einen Sohn. Das Kind war noch klein, da starb die Fürstin, seine Mutter. Hubertus war verzweifelt, niemand konnte ihn trösten. Er nahm an keinem Fest mehr teil. In seiner Trauer ging er in den Wald, um unschuldige Tiere zu jagen und zu töten. Aber das konnte ihm überhaupt keinen Trost bringen. Trotzdem tat er es immer wieder.

Einmal, es war tiefer Winter, ritt Hubertus wieder in den Wald hinaus. Er entdeckte im Schnee die Spur eines Hirsches. Er folgte der Spur und hatte den Hirsch bald aufgespürt. Er legte an, um ihn zu erschießen. Da sah er plötzlich zwischen dem Geweih des Hirsches ein leuchtendes Kreuz. Er begriff, daß er den Hirsch nicht töten durfte, daß es überhaupt nicht erlaubt ist, sinnlos Tiere zu töten.

Als er nach Hause ritt, überlegte er, sein Leben zu ändern und ihm einen neuen Sinn zu geben. Er las nun oft in den Jesusgeschichten, um einen neuen Weg zu finden. Er verschenkte seine Reichtümer an Menschen, die in Not waren. Endlich verließ er auch sein Schloß und zog durch das Land. Er half allen Menschen, die seine Hilfe brauchen konnten. Er erzählte ihnen von Jesus. Er predigte den Menschen von Gottes Liebe zu seiner Schöpfung. Später wurde er sogar Bischof. An seinem Namenstag, am dritten November, denken besonders die Jäger an ihn. An vielen Orten werden Hubertusjagden veranstaltet. Sein Festtag will die Jäger und uns alle daran erinnern, daß wir die Ordnung der Natur und ihre Geschöpfe achten und schützen müssen. Wir können heute Hubertus als den Schutzpatron der Tiere und der Jäger verehren.

Am Hubertustag

Es ist November. Der Winter naht. Du kannst mit deinen Eltern und/oder Geschwistern ein *Vogelhaus* bauen, in das du bei Frost und Schnee Vogelfutter streuen kannst. Ein kleines kann man schon draußen am Fenster aufhängen.

Eine *Meisenglocke* bauen: Dazu brauchst du einen Tonblumentopf, einen Stock, durch dessen Ende ein Loch gebohrt ist, Kokosfett, Sonnenblumenkerne und eine Kordel zum Aufhängen.

Zuerst befestigst du den Stock so am Topf, daß dieser verkehrt herum aufgesteckt wird, und der Stock mit dem Loch oben ein Stück herausschaut. Das andere Stockende muß ein Stück länger sein, damit die Meisen sich daran festklammern können.

Nun wird das Fett erhitzt. Vorsicht! Dann mische die Sonnenblumenkerne darunter. Jetzt wird noch das Topfloch abgedichtet, und schon kannst du ganz vorsichtig das Fett in den Topf gießen. Wenn alles erkaltet ist, kannst du die Glocke aufhängen und deine Freude daran haben, wenn die ersten Gäste am Stock schaukeln, bevor sie deine Vogelspeise versuchen.

Hubertusbrötchen backen: Aus einem fertigen Hefeteig kannst du eine Rolle formen und gleichmäßige Stücke abtrennen. Daraus formst du Brötchen. Ein Stück Teig hast du beiseitegelegt. Das rollst du flach aus und schneidest mit einem Küchenmesser kleine Jagdhörner daraus. Du kannst sie auch erst auf Papier vorzeichnen. Die Hörner drückst du auf die Brötchen. Nun können sie backen. Früher wurden mit diesen Hubertusbrötchen Katze und Hund gefüttert, um sie am Hubertussegen teilnehmen zu lassen. Warum nicht auch heute als Zeichen unserer Verbundenheit mit der Schöpfung!

Wir können Hubertusbrötchen auch in froher Familienrunde essen: Früher glaubte man, dann sei man vor wütenden Tieren geschützt. Wir könnten uns heute darüber unterhalten, wie wir die Tiere schützen können.

Sankt Martin

11. November

Welches Kind kennt nicht den heiligen Martin? Und jedes Kind kennt die Geschichte, wie St. Martin seinen Mantel teilt und die eine Hälfte dem armen Bettler gibt. Aber wir wissen viel mehr über ihn.

Der kleine »Mars«

Martinus wurde um das Jahr 317 in einer Stadt in Ungarn geboren. Du siehst, das ist schon lange her. Sein Vater war dorthin als ein römischer Offizier versetzt worden. Er trug immer eine glänzende Rüstung und oft funkelnde Waffen. Die Römer, die keine Christen waren, verehrten viele Götter. Der Vater von Martinus verehrte am meisten den römischen Kriegsgott *Mars*. Nach ihm hatte er auch seinen Sohn benannt. Denn Martinus bedeutet soviel wie kleiner Mars. Deshalb wurde Martinus, der kleine Mars, schon früh dazu bestimmt, ein guter Offizier für den römischen Kaiser zu werden. Martinus begleitete als Junge den Vater oft ins Heerlager, um das Soldatenleben kennenzulernen.

Unter seinen Spielkameraden waren aber auch solche, deren Eltern keine römischen Götter verehrten, sondern Christen waren. Sie erzählten Martinus von Jesus. Das gefiel Martinus sehr. Er wollte auch ein Freund Jesu werden. Aber zu Hause durfte er darüber kein Sterbenswörtchen sagen. Der Vater mochte die Christen nicht.

Mit 15 Jahren mußte Martinus auf Wunsch des Vaters Soldat werden. Er kam in die kaiserliche Gardetruppe, die auf Pferden ritt und mit schönen weißen Mänteln bekleidet war. Schon bald war er ein junger Offizier. Die Offiziere hatten alle mehrere Diener, von denen sie sich ganz schön bedienen ließen: Schuhe putzen, die Kleider waschen, das Bett machen, das Essen kochen und auftragen. Nicht so Martinus. Er hatte sich die Geschichte gemerkt, wie Jesus seinen Freunden sogar die Füße gewaschen hatte. So ließ sich Martinus nicht bedienen, putzte seine Stiefel selber und aß gemeinsam mit seinem einzigen Diener an einem Tisch.

Martinus teilt seinen Mantel

Der Kaiser schickte seine jungen Soldaten nach Frankreich. Eines Tages, als Martinus durch das Stadttor von Amiens ritt, saß dort ein Bettler. Der zitterte vor Kälte, weil er nichts Gescheites anhatte. Spontan griff Martinus nach seinem Portemonnaie. Aber es war leer. Da überlegte er nicht lange, sondern schnitt mit seinem Schwert seinen schweren Mantel mittendurch. Die eine Hälfte gab er dem Bettler, damit dieser sich vor der Kälte schützen konnte.

In der Nacht träumte Martin: Jesus stand vor seinem Bett. In seinen Händen erkannte Martinus die Hälfte seines Mantels. Jesus sagte zu ihm: Martinus, obwohl du noch nicht getauft bist, hast du verstanden, was ich meinen Freunden gesagt habe: »Was ihr dem, der Not leidet, gebt, das habt ihr mir gegeben.« Als Martinus erwachte, nahm er sich fest vor, sich endlich taufen zu lassen und ein Christ zu werden. Der Bischof von Amiens taufte ihn, und die ganze Christengemeinde freute sich. Martinus war jetzt 18 Jahre alt.

Martinus verweigert den Kriegsdienst

Eines Tages sammelte der römische Kaiser in der heutigen deutschen Stadt Worms am Rhein ein großes Heer um sich. Mit den Soldaten wollte er gegen seine Feinde, die Germanen, kämpfen. Um seine Soldaten kampfesfreudiger zu machen, verteilte er Geschenke unter sie. Jeder Soldat mußte vortreten und sein Geschenk in Empfang nehmen. Alle traten vor, nur Martinus nicht. Endlich ging er ganz langsam auf den Kaiser zu und lehnte das Geschenk ab: »Bis heute habe ich dir gedient, Herr, jetzt will ich meinem Gott dienen und den Schwachen. Ich will nicht mehr länger kämpfen und töten. Hiermit gebe ich dir mein Schwert zurück.«

Du kannst dir vorstellen, daß es mucksmäuschenstill wurde. Das hatte es noch nie gegeben, das war offener Widerstand gegen den Kaiser. Das konnte Gefängnis und Tod für Martinus bedeuten.

Der Kaiser nannte ihn einen Feigling. Martinus antwortete: »Wenn du meinst, ich sei ein Feigling, so will ich morgen ohne Waffen auf den Feind zugehen.« Soweit kam es nicht, weil die Germanen ein Friedensangebot machten. Der Kaiser entließ Martinus aus dem Heer. Der Vater konnte seinen Sohn nicht verstehen und wies ihn in seinem Zorn von sich. Die Mutter hielt zu ihm und wurde später auch eine Christin.

Martinus wird gefoltert

Martinus kehrte nach Frankreich zurück und besuchte einen Bischof, der ihn in der christlichen Religion unterrichtete. Dieser Bischof Hilarius und Martinus wurden große Freunde.

Einmal reiste Martinus nach Italien. Inzwischen hatten die Christen Streit untereinander über religiöse Fragen bekommen. Es gab zwei Parteien. Auch Martinus sagte seine Meinung. Da ließ ihn ein Bischof der anderen Partei ergreifen. Er mußte sich auf dem Marktplatz ausziehen und wurde nackt von Soldaten ausgepeitscht. Martinus muß schreckliche Schmerzen gehabt haben. Aber genauso schlimm war wohl sein Schmerz darüber, daß sich Christen so Böses antun konnten.

Martinus geht in die Einsamkeit

Nach dieser Folter wollte Martinus allein sein. Er zog sich auf eine Insel im Mittelmeer in der Nähe von Genua zurück. Er ernährte sich von Wurzeln, Kräutern und Früchten, die er dort fand. Er betete viel, um sich Gott nahe zu fühlen, oder schwieg und lauschte, was er in seinem Herzen vernahm. Er vertraute ganz auf Gott.

Als er danach zu seinem Freund Hilarius zurückkehrte, baute er sich in dessen Nähe eine Hütte, um weiterhin viel allein sein zu können. Er schlief auf dem Fußboden.

Bald kamen andere junge Männer zu ihm und sagten: »Wir wollen mit dir zusammenleben und von dir lernen. Wir wollen mit dir gemeinsam uns um die Menschen kümmern, die Hilfe nötig haben.« In der damaligen Zeit gab es viele Menschen, die von den Reichen ausgebeutet wurden oder in schrecklichen Kriegen alles verloren hatten und denen niemand half. Die Männer bauten sich kleine Hütten um die Hütte von Martinus herum. Sie nannten sich Brüder

Martinus wird Bischof und will es gar nicht

Plötzlich starb der Bischof aus der französischen Stadt Tours. Es mußte ein neuer gewählt werden. Das taten in der Regel die Bischöfe aus den anderen Städten, und die Menschen stimmten zu. Diesmal wollten die Menschen Martinus zum Bischof. Aber das wollten nicht alle Bischöfe. Sie sagten, er sei eine verächtliche Person, so zerlumpt wie er sei. Er sei nicht würdig, Bischof zu sein. Es zählte bei ihnen nicht, was er Gutes tat. Sie konnten sich Martinus im prächtigen Bischofsgewand nicht vorstellen. Da versammelten sich die Einwohner der Stadt zu einer Demonstration. Ich kann mir vorstellen, daß sie gerufen haben: »Wir wollen Martinus als Bischof!«

Martinus selber war erschrocken: »Ich, ein Bischof?« Als das Volk näherkam, war er verschwunden. Eine alte Geschichte erzählt, daß er sich in einem Gänsestall versteckt habe. Und die Gänse haben auf ihre Weise für ihn demonstriert. Die Menschen schrien immer lauter: »Martinus soll unser Bischof sein!« Die Bischöfe zerschlugen die Demonstration nicht, sondern achteten den Willen des Volkes. Da widersetzte sich Martinus nicht länger und wurde Bischof von Tours. Aber er wohnte nicht gern im prächtigen Bischofshaus, sondern baute sich wieder einige Kilometer entfernt an einem entlegenen Ort einen einfachen Wohnraum, um immer wieder allein sein zu können. Im Gottesdienst in der Bischofskirche saß er nicht auf dem kostbaren Bischofssessel, sondern auf einem einfachen Hocker. Er wollte nicht Herr, sondern Diener der Menschen sein.

Feuer unter dem Kaiserthron

Einmal wollte Martinus persönlich mit dem Kaiser reden, weil Menschen Unrecht geschehen war. Dagegen wollte er protestieren. Der kaiserliche Hof war damals in Trier. Also reiste Martinus nach Trier. Der Kaiser befahl, den Bischof nicht vorzulassen. Martinus versuchte es ein zweites Mal, vergebens. Da erschien Martinus im Traum ein Engel, der ihn aufforderte, wieder zum Kaiserhof zu gehen, die Tore würden sich öffnen. So geschah es auch. Als er den Kaisersaal betrat, wollte sich der stolze Kaiser nicht erheben, er beabsichtigte, den Bischof zu demütigen. Doch plötzlich war dem Kaiser, als ob Feuer unter seinem Thron brannte. Die Not seiner Untertanen schlug wie Flammen um ihn. Da sprang der Kaiser gegen seinen Willen von seinem Thron auf. Er gewährte Martinus alles, was er verlangte.

Martinus wird verehrt

Martinus wurde über achtzig Jahre alt. Er starb wahrscheinlich am 8. November und wurde am 11. November beerdigt. Andere wollen wissen, daß er am 11. November gestorben ist. So genau wissen wir das nicht. Seit seinem Tod besuchen die Menschen sein Grab. Sie beten und sagen: »Er war ein großer Freund Jesu, ein großer Diener Gottes. Nun ist er bei Gott. Er hat uns nicht vergessen. Er bleibt uns nahe.«

Sein Grab ist in der Kathedrale von Tours in Frankreich. Viele Menschen besuchen es und beten dort. Sein Fest feiern wir jedes Jahr am 11. November.

Schon bald wurde er überall verehrt. Viele Kirchen wurden nach ihm benannt, und die Gemeinden verehrten ihn als ihren Schutzpatron.

Martinslied

Ein Bettler saß im kalten Schnee

Text: Jakob Holl / Melodie: Adold Lohmann
Aus: Martinslieder. Christophorus-Verlag, Freiburg

1. Ein Bett - ler saß im kal - ten Schnee, dem tat das al - te Herz so weh. Sankt Mar - tin, der vor - ü - ber - ritt, gab ihm den hal - ben Man - tel mit.

2. Da dankte still der arme Mann
und sah ihn voller Freude an.
Sankt Martin zog des Weges fort,
und bald erfuhr er Gottes Wort.

3. Geschrieben steht: »Seid allen gut,
denn was ihr dem Geringsten tut,
das habt ihr mir, dem Herrn, geschenkt!«
Wohl dem, der wie Sankt Martin denkt!

Den Martinstag feiern

Es macht ja soviel Freude, mit dem Martinszug zu gehen.

Was uns dabei der *Bettler* heute sagen kann: Auch heute gibt es viele Menschen, die andere anbetteln müssen, um selber leben zu können, Erwachsene und Kinder. Wir kennen die Not der Kinder in Afrika, Indien, Rußland, Lateinamerika, dem ehemaligen Jugoslavien. Wir wissen, daß es auch bei uns immer mehr Kinder gibt, die unter Armut leiden müssen. Viele leben in Kriegen und erleiden Gewalt.

Die *Martinslaternen* können auch davon erzählen: Ihr malt oder klebt aus Buntpapier Kinder, die die Hände wie der Bettler damals ausstrecken, dazu die Wörter: Afrika oder Indien oder Lateinamerika oder Jugoslavien usw. Ihr zieht für diese Kinder durch die Straßen. Ihr tragt das Martinslicht gegen das Elend dieser Kinder. Ihr ruft für sie um Hilfe.

Sankt Martin reitet den Kindern auf einem Schimmel voran. Am Martinsfeuer gehen einige Kinder zu ihm und halten ihre Laternen hoch. Er teilt seinen Mantel und hält die eine Hälfte zum Zeichen der Hilfe über die Laternen.

Warum muß sein Pferd ein *Schimmel* sein? Der Kaiser ritt früher auf einem Schimmel, als Zeichen seiner Würde. Ja, so haben die Maler dann Sankt Martin auf einem Schimmel gemalt, eben auch als Zeichen seiner Würde. Aber der Schimmel sagt noch mehr aus: Die guten Menschen wurden immer auf einem weißen Pferd, die bösen auf einem schwarzen dargestellt.

Was haben nun die *Gänse* im Martinszug zu suchen? Die Geschichte mit den Schnattergänsen, die Martins Versteck verraten haben, kennt ihr ja. Aber es gibt noch eine andere Geschichte. Vor vielen hundert Jahren gehörte das meiste Land den Fürsten und reichen Klöstern. Die armen Bauern, die für die Besitzer arbeiteten, konnten ein kleines Stückchen Land für sich pachten. Dafür mußten sie bezahlen. Da sie kein Geld hatten, mußten sie mit einer Gans bezahlen. Die war am Martinstag fällig. In einer späteren Zeit hatten die Bauern selber eigene Bauernhöfe. Da schlachteten sie zum Ende der Herbstzeit, wenn alle Arbeit getan war, die fetten Gänse. Das war am Martinstag. Verwandte, Nachbarn und Freunde wurden zum Gänsebratenessen eingeladen. Sankt Martin wurde dabei nicht vergessen. Ein Teil des Gänsebratens wurde an die Armen im Dorf verschenkt. Früher begann nach diesem großen und fröhlichen Fest eine Fastenzeit, die bis Weihnachten dauerte.

Der Weckmann oder *die Martinsbrezel* erinnern daran, wie Sankt Martin an die dachte, die seine Hilfe nötig hatten. Später hat sich daraus der Brauch entwickelt, am Martinstag den Kindern ein Geschenk zu machen. Erst viel später wurden die Kinder am Nikolaustag und noch später zu Weihnachten beschenkt. An manchen Orten gab es am Martinstag einen ganzen Korb mit Nüssen und Äpfeln oder einen Korb mit Rüben, in die Geldmünzen gesteckt waren. Aber auch die Erwachsenen schenkten sich Bildbrote. Die Hausfrau schenkte sie allen, die in ihrem Haus arbeiteten, die Paten ihren Patenkindern, die jungen Männer den Mädchen, die sie gern hatten. So war das früher.

332

Wie wäre es heute einmal mit einem halben Weckmann zum Zeichen, daß wir die andere Hälfte verschenken? Dann braucht nur die Hälfte der Weckmänner gekauft zu werden. Ihr seid viele Kinder im Martinszug. Das Geld, das übrigbleibt, kann an notleidende Kinder verschenkt werden. So teilt ihr mit ihnen euren Weckmann. Überlegt mit euren Eltern, wohin ihr das Geld schicken wollt.

Martinssingen

In vielen Orten ziehen die Kinder nach dem Martinszug mit ihren Laternen von Haus zu Haus und singen Martinslieder. Hast du nicht auch Lust dazu, vielleicht mit anderen zusammen? Danach bittet ihr um eine Gabe:

> Hier wohnt ein reicher Mann,
> der uns was geben kann.
> Viel soll er geben,
> lange soll er leben.
> Selig soll er sterben,
> das Himmelreich erwerben.
> Laß uns nicht zu lange stehn,
> denn wir müssen weitergehn, weitergehn.

Die Erwachsenen bedanken sich bestimmt mit Süßigkeiten, Obst und Geld, wie es Brauch ist.

Die große Fürstin Elisabeth

19. November

Die kleine Prinzessin

Es war vor langer, langer Zeit. Fast 800 Jahre ist es schon her. Da lebten in Ungarn ein König und eine Königin. Sie hatten eine kleine Tochter. Elisabeth hieß sie, und sie war wunderschön. Als Elisabeth vier Jahre alt ist, kommt großer Besuch zur königlichen Burg. Prächtig gekleidete Reiter stehen vor dem großen Tor. Sie blasen auf ihren hellen Fanfaren und bitten um Einlaß. Im Burghof antworten silberne Trompeten. Das Tor wird geöffnet, und die Reiter sind willkommen. Es sind Gesandte des mächtigen Fürsten aus Thüringen. Sie haben eine Botschaft für den König und die Königin. Vor dem Königsthron knien sie nieder und übergeben die Botschaft ihres Fürsten. Dieser wirbt um die kleine Prinzessin Elisabeth als Braut für seinen Sohn. Der König sagt: »Wir werden es gut überlegen. Heute abend beim großen Hoffest werden wir euch Antwort geben.« Die Gesandten verneigen sich und ziehen sich zurück.

Der König und die Königen überlegen nicht, daß Elisabeth noch so klein ist. Das war ja so üblich an den Fürstenhöfen, daß die Kinder schon früh versprochen werden, daß sie nicht warten dürfen, bis sie erwachsen sind und selber entscheiden können, wen sie liebhaben. Für König und Königin ist es nur wichtig, ob es für das Königreich von Ungarn günstig ist, wenn Ungarn und Thüringen miteinander verwandt werden. Dann gibt es vielleicht weniger Kriege untereinander. Das spart Geld. Die Fürsten von Thüringen sind außerdem sehr reich. Sie sind angesehen in der Welt. So wird Elisabeth eine mächtige Fürstin werden.

Sie hat Angst

Am Abend wird ein großes Fest gefeiert. Alle sind prächtig gekleidet. Die Hofsänger singen lustige Lieder, und der Hofnarr erzählt närrische Geschichten. Neben König und Königin sitzt die kleine Prinzessin. Die thüringischen Gesandten betrachten voller Freude das hübsche Mädchen mit den schwarzen Locken. Dann bittet der königliche Hofmeister um Schweigen. Der König erhebt sich: »Ich gebe bekannt, daß heute unsere Prinzessin Elisabeth dem Fürstensohn von Thüringen als Braut versprochen wird. Wir haben beschlossen, daß die Prinzessin in den nächsten Tagen mit den Gesandten nach Thüringen reist, damit sie in ihrer neuen Heimat aufwachsen kann.« Alle klatschen Beifall. Nur Prinzessin Elisabeth ist ganz still. Sie hat verstanden, daß sie fortgehen muß. Sie hat Angst. Sie zittert ein bißchen. Sie wird überhaupt nicht gefragt. Am liebsten möchte sie weglaufen. Aber sie weiß schon, das darf ein Königskind nicht.

Eine neue Heimat

In den nächsten Tagen wird eingepackt für die Prinzessin, ein silbernes Bett, eine kleine silberne Badewanne, viele wunderschöne Kleider, Schmuck und andere Kostbarkeiten. Auch prachtvolle Geschenke für die Fürstenfamilie werden in geschnitzte Truhen gepackt. Alle sehen es: Hier geht ein Königskind auf die Reise. Aber niemand achtet auf den Abschiedskummer der kleinen Prinzessin, die den Königshof und ihre Heimat verlassen muß. Einige Freundinnen darf sie mitnehmen. Es ist eine lange Reise mit Pferden und den vielen Wagen, bis die Gesandten endlich in Thüringen auf der Wartburg ankommen. Die Prinzessin schaut ängstlich aus dem Wagenfenster zu der dunklen Burg hinauf. Schon ertönen die Fanfaren. Alle wissen: Da kommen sie!

Zuerst hat Elisabeth riesengroßes Heimweh. Aber allmählich wird die Fürstenfamilie ihre neue Familie. Elisabeth ist ein fröhliches, wildes Kind, das am liebsten bei Wind und Wetter im wilden Galopp über die weiten Wiesen reitet. Sie spielt gerne mit anderen Kindern und steckt diese mit ihrer Fröhlichkeit an.

Am liebsten mag sie Wettspiele und will immer gewinnen. Am allerliebsten spielt sie mit dem Fürstensohn Ludwig. Er ist ihr bester Freund. Eines mag sie überhaupt nicht, bei Hof in steifen Kleidern mit kleinen Schritten einhertrippeln, sich artig verbeugen und knicksen und nur etwas sagen, wenn sie gefragt wird. Eigentlich soll die Prinzessin den Fürstensohn Hermann heiraten. Aber Hermann stirbt. Deshalb darf Elisabeth mit vierzehn Jahren ihren besten Freund, den jungen Fürsten Ludwig heiraten, der jetzt das Fürstentum mitregiert. Elisabeth möchte Purzelbäume schlagen, so überglücklich ist sie, denn Ludwig und sie lieben sich von ganzem Herzen. Aber das ist eine neue Geschichte.

Ein Herz und eine Seele

Elisabeth und Ludwig sind am liebsten immer zusammen. Die junge Fürstin begleitet Ludwig sogar auf seinen Reisen. Das ist gar nicht üblich. Sie reitet stolz neben ihm auf ihrem Pferd. Muß er doch einmal alleine verreisen, so läuft sie ihm bei seiner Rückkehr stürmisch entgegen. Sie fallen sich um den Hals und küssen sich immer wieder. Sie verstehen sich so gut und können alle Dinge miteinander besprechen. Das ist auch wichtig für die junge Fürstin, denn vieles gefällt ihr am Fürstenhof nicht. Sie protestiert dagegen, daß die Männer und Frauen nicht gemeinsam essen. Sie will, daß die Frauen ebenbürtig neben den Männern sitzen. Und sie selbst tut es auch. Als die Männer dagegen anschimpfen, verteidigt Ludwig Elisabeth.

Ihr gefällt auch nicht, daß ständig Feste gefeiert werden. Viele Sänger und Musikanten unterhalten die Gäste, die oft so zahlreich sind, daß sie niemand mehr zählen kann. Meistens verwandeln sich diese Feste in eine wüste Trinkerei. Und das alles kostet viel Geld. Elisabeth weiß, daß die Bauern des Fürstentums dafür immer mehr Steuern zahlen müssen. Sie sieht, daß diese Menschen oft ohne Nahrung und Kleidung sind. Sie werden bettelarm. Fürstin Elisabeth will das nicht länger mitansehen. Sie protestiert nicht nur, sie tut etwas. Sie lehnt sich gegen die Habgier und Herrschsucht der Fürstenfamilie auf. Sie geht mit ihren Dienerinnen aus der Burg hinunter in die kleine Stadt Eisenach und bringt den Armen Kleider und Essen. Zuerst lachen die fürstlichen Familienmitglieder sie aus, dann aber ärgern sie sich und beschimpfen Elisabeth. Einmal nimmt sie während des Gottesdienstes ihre Fürstenkrone vom Kopf und legt sie neben sich. Die Fürstinmutter ist entsetzt: »Was tust du da? Willst du neue Sitten bei uns einführen, damit die Leute über uns lachen? Du bist eine Fürstin, vergiß das nie!« Elisabeth antwortet: »Ich knie hier vor Jesus, der eine Dornenkrone trägt. Da will ich nicht eitel mit Gold gekrönt sein.«

Elisabeth wird immer einfacher am reichen Fürstenhof. Sie ist nun ganz sicher: »Gott will nicht, daß einige viel und viele fast gar nichts haben. Da will ich meinen Mund aufmachen.« Einmal trägt sie in einem Korb unter ihrem weiten Mantel viele Brote aus der Burg. Da begegnet sie plötzlich Ludwig. »Was hast du da?« Ein wenig unsicher antwortet sie: »Rosen!« Ludwig schlägt den Mantel zurück. Da steigt ihm Rosenduft in seine Nase, und die prächtigsten Rosen fallen ihm vor seine Füße. Elisabeth kümmert sich auch besonders um die Kranken. Einmal legt sie einen Mann mit einer ansteckenden Krankheit in ihr eigenes Bett. Sofort wird das dem Fürsten gemeldet. Er eilt in das Schlafzimmer, um Elisabeth zur Rede zu stellen. Er schlägt die Decke des Bettes zurück. Da sieht er statt des Kranken das Bildnis des gekreuzigten Jesus. Er schämt sich, nimmt Elisabeth in seine Arme und segnet sie. Er weiß, Gott hat ihm ein Zeichen gegeben. Und Elisabeth weiß, daß Ludwig sie versteht und sie unterstützt. Der Fürst liebt Elisabeth zärtlich, und Elisabeth »küßt ihn mit Herz und Mund mehr denn tausend Stund«, so hat es ein Freund der beiden gesagt.

Bald wird ihr erstes Kind geboren, ein Junge, und wenige Jahre später ein Mädchen. Elisabeth ist glücklich.

Aber nun beginnt eine traurige Geschichte.

Die große Trauer

Eines Tages zieht der Fürst mit dem Kaiser in einen großen Krieg. Elisabeth ist entsetzt. Sie ist schwanger und erwartet das dritte Kind. Als Ludwig die Wartburg verläßt, begleitet sie ihn auf ihrem Pferd. Sie kann einfach nicht Abschied nehmen. Sie reitet immer noch eine Tagesreise weiter mit. Aber schließlich muß sie doch umkehren. Elisabeth und Ludwig umarmen sich ganz lange zum Abschied.

Als Elisabeth erschöpft von der Reise und dem Abschiedsschmerz auf der Wartburg ankommt, zieht sie ihre fürstlichen Gewänder aus und trägt nun ganz einfache Kleider. Sie spielt viel mit ihren beiden Kindern und erzählt ihnen von ihrem Vater.

Dann trifft eine schreckliche Nachricht ein: Fürst Ludwig ist unterwegs krank geworden und gestorben. Elisabeth schreit laut auf und läuft wie eine Rasende umher. Immer wieder stößt sie mit der Stirn an die Wand. Ein wilder Schmerz zerreißt ihr Herz. Sie kann nicht aufhören zu weinen. Dann liegt sie tagelang in ihrem Zimmer, spricht nicht, ißt und trinkt nicht. Als der Sarg dann gebracht wird, weint sie: »Gott, du weißt, wie sehr ich ihn liebhatte. Könnte ich ihn wiederhaben, so wollte ich ihn gegen die ganze Welt eintauschen. Aber gegen deinen Willen möchte ich ihn nicht wiederhaben. Dein Wille geschehe.« Sie zittert am ganzen Körper von Trauer und Schmerz, als der Fürst im Fürstengrab beigesetzt wird.

Und wieder beginnt eine neue Geschichte.

Die Mutter der Armen

Nach Ludwigs Tod mag Elisabeth das Leben am Fürstenhof überhaupt nicht mehr. Sie fühlt, daß sie wählen muß zwischen der Seite der Armen und der Seite der Reichen. Und sie wählt. Sie weiß, was sie zu tun hat. Sie erträgt die Sticheleien der Hofleute, wenn sie in ihrem einfachen Kleid aus der Stadt der Armen kommt. Sie verteidigt sich nicht, wenn die Fürstinmutter sie angreift. Sie spricht aber ohne Angst, wenn sie für ihre Armen Partei ergreift. Sie macht immer wieder auf das Unrecht aufmerksam, daß so viele Menschen in so bitterer Armut leben müssen. Sie verschenkt, was sie verschenken kann. Ihr Schwager, der jetzt regiert, droht ihr. Er verbietet ihr, weiter hinunter in die Stadt der Armen zu gehen. Aber Elisabeth läßt sich nichts verbieten.

Eines Tages bricht eine große Hungersnot aus. Elisabeth öffnet alle Vorratskammern der Burg, um die Menschen vor dem Hungertod zu bewahren. So wird sie zur großen Mutter der Armen. Der Fürst droht immer heftiger. Es kommt zu einem furchtbaren Streit. Elisabeth flüchtet mit ihren drei kleinen Kindern aus der Wartburg. Sie kann nichts mitnehmen, was ihr gehört. Sie geht nach Eisenach, zu ihren Armen.

338

Aber sieh da, die wollen sie nicht haben. Die Fürstin, die nun nichts mehr geben kann, die können sie nicht gebrauchen. Sie findet keine Unterkunft. Ein Wirt bietet ihr den Schweinestall an. Als sie am nächsten Morgen zur Kirche geht, muß sie über einen schmalen Brettersteg gehen. Dort begegnet ihr eine alte Frau, der sie oft Brot und Kleider geschenkt hat. Jetzt stößt diese Frau sie absichtlich in den Schmutz.

Elisabeth lebt nun unter den Armen. Sie sieht: Sie kämpfen um ein Stück Brot, sie können auch gehässig sein, verzweifelt, neidisch, trostlos. Elisabeth erkennt: Meine Kinder sind zu klein für ein solches Leben. Sie bringt sie in eine Klosterschule, wo sie auch wohnen sollen und bittet darum, sie liebevoll zu erziehen. Ihr Herz weint und sie betet: »Gott, ich vertraue sie dir an.«

Nun ist Elisabeth allein. Sie will jetzt ganz für die Menschen dasein, die keine Rechte haben und ohne Hilfe nicht leben können.

Eine neue Geschichte beginnt.

Fürstin Krankenschwester

Elisabeth erhält von der Fürstenfamilie zurück, was ihr gehört. Für sich selbst will sie nichts mehr haben. Sie geht nach Marburg, eine Stadt an der Grenze des Fürstentums. Sie sieht, wie elend die Kranken sind. Es gibt keine Arztpraxis wie heute, kein Krankenhaus. »Wo Not ist«, überlegt Elisabeth, »da muß nicht nur geschenkt, da muß etwas getan werden, damit sich die Dinge ändern.« Sie läßt ein Krankenhaus bauen.

Viele ihrer früheren Dienerinnen kommen zu ihr und pflegen mit ihr die Kranken. Sie tragen alle ein einfaches graues Kleid. So ist aus der Fürstin Elisabeth eine Krankenschwester geworden. Sie nimmt alle Kranken auf. Sie kümmert sich besonders um die Kranken mit einer abstoßenden oder ansteckenden Krankheit. Sie weiß, wie schwer es ist, krank zu sein. Das bringt nicht nur Schmerzen, das macht einsam. Deshalb hat sie für jeden ein gutes und fröhliches Wort. Elisabeth ist auch gern allein. So kann sie nachdenken. Sie denkt oft an Jesus. Sie denkt an Gott. Sie spricht mit Jesus. Sie vertraut ihm alle Kranken an. Elisabeth vergißt auch die Hungernden nicht, die jeden Tag das Krankenhaus umlagern. Sie gibt, was sie hat.

Die Arbeit ist hart, Elisabeth schont sich nicht. Nach wenigen Jahren wird sie krank und wird nicht mehr gesund. Sie stirbt am 16. November 1231. Elisabeth ist erst 24 Jahre alt.

Ihr Sarg wird fünf Jahre später in einen goldenen Schrein in eine neue Kirche gestellt, die nennen die Leute *Elisabethkirche*. Viele kommen hier hin, um Elisabeth zu verehren. Sie können sie nicht vergessen. Einige Jahre später läßt ein Fürst ihren Sarg heimlich herausnehmen, und niemand weiß, wo Elisabeth nun begraben ist. Aber die Menschen haben niemals aufgehört, sie zu verehren. Sie glauben, sie ist ganz nahe bei Gott. Sie ist unsere heilige Elisabeth.

Viele Krankenhäuser tragen ihren Namen bis heute.

Elisabeth-Dienst

Heute beeilt sich Peter mit seinen Hausaufgaben. Der Vater hat nämlich seinen Zwölfjährigen gefragt: »Willst du nicht mitkommen? Ich habe Elisabeth-Dienst.« Peter weiß Bescheid. Einige Frauen und Männer in der Gemeinde haben sich bereit erklärt, Menschen zu besuchen, die einsam sind oder Hilfe brauchen. Die Fürstin Elisabeth von Thüringen ist ihr Vorbild. Deshalb nennen sie ihre Besuche *Elisabeth-Dienst*.

Peter ist stolz, daß er mitgehen darf. Aber er weiß auch nicht so recht, wie das alles ist. Vielleicht ist es langweilig, vielleicht hat er auch ein bißchen Angst vor alten, kranken Menschen. Peter ist nämlich nicht gerne krank. Aber der Vater hat ihn gebeten, das macht ihn stolz. Schon sind die beiden unterwegs. Zuerst ist Oma Kirsten an der Reihe. Deshalb zieht der Vater einen Einkaufszettel aus der Tasche. Also geht es zuerst in den Supermarkt, und die beiden kaufen alles ein, was Oma Kirsten so braucht, zwei volle Taschen. Dann steigen sie drei Treppen hinauf zu Oma Kirstens Wohnung. Vater klingelt. Oma Kirsten ist erstaunt, Peter zu sehen. Sie freut sich. Sie fragt ihn nach seinen Freunden, und ob er auch Fußball spielt. Das hat ihr Sohn Heinz auch so gerne getan. Leider ist er schon jung gestorben. Peter muß ein dickes Fotoalbum aus der Schublade holen. Oma Kirsten zeigt ihm Bilder von Heinz, auch vom Fußballplatz. Peter lacht, wie lustig die Fußballtrikots damals aussahen! Vater hat inzwischen Tee gekocht. Nun decken Vater und Peter den Tisch. Mutter hat ihnen einen Kuchen mitgegeben. Oma Kirsten freut sich. Der Vater bespricht nun vieles mit ihr. Er notiert, was er für sie erledigen muß. Peter spült das Geschirr im Spülbecken. Er tut es gerne, zu Hause eigentlich nie. Dann ist die Zeit schon um. Peter hat sich überhaupt nicht gelangweilt.

Den Elisabethtag feiern

Ein Kreisspiel:

im Freundeskreis zu spielen. Die Melodie kennt ihr bestimmt:

Eli - sa - beth war ein schö - nes Kind, schö - nes Kind, schö - nes Kind,

Eli - sa - beth war ein schö - nes Kind, schö - nes Kind.

2. Da kam der junge Fürstensohn …

3. Da feierten sie ein Hochzeitsfest …

4. Sie lebten glücklich manches Jahr …

5. Elisabeth vergaß die Armen nicht …

6. Sie brachte ihnen Brot und Kleid' …

7. Da starb der treue Fürst gar bald …

8. Elisabeth schrie und weinte laut …

9. Dann wurd' sie still und trauerte viel …

10. Sie wollte nicht mehr Fürstin sein …

11. Sie ging ganz zu den Armen fort …

12. Dann baute sie ein Krankenhaus …

13. Sie sorgte für die Menschen all …

14. Und immer war sie fröhlich sehr …

15. So loben wir dich heute noch …

16. Und tanzen in dem Kreis für dich …

Wer spielt Elisabeth, wer den Fürstensohn, wer die Armen? Elisabeth und der Fürst tragen eine gebastelte Krone, die Armen haben sich in eine Decke gehüllt. Die anderen bilden einen Kreis um Elisabeth und Fürstensohn, die Armen hocken außerhalb.

Es beginnt, daß alle das schöne Kind bewundern. Dann öffnet sich der Kreis, und der Fürstensohn kommt, nimmt Elisabeth bei der Hand. /Alle tanzen zur Hochzeit. /Elisabeth geht aus dem Kreis zu den Armen und reicht ihnen Brot und Kleid, kehrt wieder zurück. /Der Fürst stirbt – er sinkt zu Boden – alle schlagen die Hände vors Gesicht. /Elisabeth trauert, zuerst laut, dann hockt sie sich still auf den Boden. Alle gehen ruhig im Kreis. /Der Kreis öffnet sich: Elisabeth verläßt ihn und geht zu den Armen. /Sie baut ein Krankenhaus: mit Bewegungen legt sie Stein auf Stein. /Der geöffnete Kreis schließt sich jetzt um Elisabeth und die Armen. /Alle sind fröhlich und tanzen.

Es macht sicher Spaß, das Kreisspiel anderen vorzuführen, zum Beispiel in einem Altenheim, Menschen, die ganz alleine wohnen, oder in der Klasse. Dabei könnt ihr auch einen *Elisabethkorb* dabeihaben, gefüllt mit Gebäck und geschmückt mit Rosen. Alle erhalten ein Gebäck zum Elisabethtag.

Rosenblüten: Material: grüner Fotokarton, rotes und rosa Kreppapier. Ihr schneidet aus dem grünen Fotokarton je zwei Blätter aus, fügt sie an den Spitzen zusammen und klebt kleine Kugeln aus dem Kreppapier darauf.

Letzter Sonntag im November

Nun wird der christliche Jahreskreis voll und rund. Am letzten Sonntag im November feiern die katholischen Christen als Schlußfest das *Christkönigsfest* und die evangelischen Christen den *Totensonntag*, der auch *Ewigkeitssonntag* genannt wird.

Das Christkönigsfest ist erst ungefähr 70 Jahre alt, also kein Fest wie andere, die schon viele hundert Jahre gefeiert werden.

Wie stellst du dir eigentlich einen König vor? Bestimmt mit einem großen Schloß, einer Krone, vielen Dienern und Autos und einer prächtigen Kutsche.

Aber können wir uns so Jesus vorstellen? Sicher nicht. Und doch hat er einmal gesagt, als er vor seinem Richter Pilatus stand: »Ich bin ein König. Aber mein Reich ist nicht von dieser Welt.« Damit wollte er sagen: Mein Königreich ist ein ganz anderes. Überall da, wo jemand einen oder eine andere glücklich macht oder tröstet, liebhat oder für jemand einsteht oder hilft, da beginnt schon ein Stück von meinem Reich, ein Stück Himmel.

Davon hat uns ja schon das Fest Christi Himmelfahrt erzählt.

Die beiden letzten Festtage *Christkönig* und *Ewigkeitssonntag* können uns auch von der Hoffnung der Christen erzählen: daß am Ende der langen Zweiten Adventszeit dieses Reich dann ganz da ist.

Martin Luther hat es einmal so gesagt: »Die Welt wird ihr Werktagskleid ablegen und ein Sonntagskleid anziehen.«

Erinnerst du dich noch an die Jesajageschichte S. 28 und 29? Ähnlich wie er hatte ein anderer Mann mit Namen Johannes vor ungefähr 2000 Jahren auch einen Traum von einer neuen Welt. Er hat ihn in einem wunderschönen Gedicht wie ein prächtiges Bild aus Worten gemalt:

Eine Stadt sehe ich.
Sie glänzt wie aus reinem Gold.
Eine hohe Mauer, die mit bunten Edelsteinen geschmückt ist,
führt um sie herum.
Und da sind zwölf Tore aus kostbaren Perlen,
auf jedem steht ein Engel.
Die Stadt hat keinen Mond, keine Sonne und keine Sterne.
Sie braucht sie nicht,
denn Gottes Herrlichkeit macht sie strahlend hell.
Es gibt kein Dunkel mehr, und die Tore bleiben immer offen.
Die Menschen gehen durch das strahlende Licht und sind glücklich.
Die Stadt hat einen prächtigen Thron.
Von dort fließt Wasser, das alles lebendig macht.
Zwischen dem Fluß und den Straßen stehen wundersame Bäume,
über und übervoll mit den allerköstlichsten Früchten.
Es gibt keine Tränen mehr, keinen Kummer,
keine Krankheit, keinen Tod.
Gott selbst wohnt unter den Menschen.
Alle sind zu Hause bei ihm.

Wie du dich schnell orientieren kannst

Wenn du ein Gedicht suchst

Zum Schmökern

Alle nicht namentlich gekennzeichneten Texte stammen von Hermine König.

So kannst du beten

Alle nicht namentlich gekennzeichneten Gebete stammen von Hermine König. Weitere Gebete finden sich in: Hermine König, Was ich dir sagen will. Kinder beten. Kösel-Verlag, München 1992.

Wenn du Lust zum Singen hast

Vorschläge zum Basteln, Gestalten und Feiern

Quellenverzeichnis

Folgende Bücher waren mir bei der Erarbeitung hilfreich:

Rudolf G. Binding, Die Blümlein des heiligen Franziskus von Assisi. Insel Taschenbuch 48. Insel Verlag, Frankfurt 1973

Inge Carius, Gebildbrot – Brauchtum im Jahres- und Lebenslauf. Verlag Langewiesche Nachfolger H. Köster, Königstein/Ts. 1982

Kora Gädke-Timm, Pflanzenlegenden und -erzählungen. Verlag J.Ch. Mellinger, Stuttgart 1989

Hermann Garritzmann u.a., Durch das Jahr – durch das Leben. Hausbuch der christlichen Familie. Kösel-Verlag, München 1982 (Neuausgabe 1988)

Norbert Henrichs, Kult und Brauchtum im Kirchenjahr. Patmos Verlag, Düsseldorf 1967

Hermann Kirchhoff, Christliches Brauchtum im Jahreskreis. Kösel- Verlag, München 1990

Dietz Rüdiger Moser, Bräuche und Feste im christlichen Jahreslauf. Brauchformen der Gegenwart in kulturgeschichtlichen Zusammenhängen. Edition Kaleidoskop. Verlag Styria, Graz Wien Köln 1993

Franz Nießen, Botschaft des Brotes. Von Brauchtum und Heiligkeit des Brotes. Verlag Butzon & Bercker, Kevelaer 1985

Walter Nigg, Elisabeth von Thüringen. Die Mutter der Armen. Verlag Herder, Freiburg i.Br. 1979

Walter Nigg, Martin von Tours. Leben und Bedeutung des großen Heiligen. Verlag Herder, Freiburg i.Br. 1977

Sabine Pfeifer-Smolik, Tausend Wunder der Natur. Spaziergänge durch das Jahr. Naturbuch Verlag, Augsburg 1993

Gertrude und Thomas Sartory, Elisabeth von Thüringen. Befreiende Demut. Herderbücherei 980. Verlag Herder, Freiburg i.Br. 1983

Hanns M. Schindler, Heilige und Namenspatrone im Jahreslauf. Pattloch Verlag, Augsburg 1992

Sybil Gräfin Schönfeldt, Das große Ravensburger Buch der Feste und Bräuche. Durch das Jahr und den Lebenslauf. Otto Maier Verlag, Ravensburg 1980

13 Rechte beim Autor
15 Aus: Michael Ende, MOMO. © by K. Thienemanns Verlag, Stuttgart-Wien
20 Kalender. Aus: Weisheit für Anfänger. J. Hegener Verlag, Köln-Olten 1956
23 Rechte beim Autor
38 Aus: Josef Guggenmos, Ich will dir was verraten. © 1992 Beltz Verlag, Weinheim und Basel. Programm Beltz & Gelberg, Weinheim
39 Alle Knospen springen auf (Nr. 50010). T: Wilhelm Willms/M: Ludger Edelkötter. Aus: Weil du mich so magst/Wir sind Kinder dieser Erde (IMP 1036/1045). Alle Rechte im IMPULSE-Musikverlag, 48317 Drensteinfurt
69 Aus: Max Bolliger, Weißt du warum wir lachen und weinen? Verlag Ernst Kaufmann, Lahr
72 Aus: Marie-Luise Bernhard-von Luttitz, Bumfidel lacht sich krank (rotf 318). Copyright © 1975/1982 by Rowohlt Taschenbuch Verlag GmbH, Reinbek
77 Quelle unbekannt
90 Rechte bei Autorin
101 In Ihm sei's begonnen. Aus: Eduard Mörike, Gesammelte Werke, Bd. 1. C. Bertelsmann Verlag, Gütersloh
107 Die Sternsinger kommen. © Verlag Ernst Kaufmann, Lahr
109 Aus: Josef Guggenmos, Ich will dir was verraten. © 1992 Beltz Verlag, Weinheim und Basel. Programm Beltz & Gelberg, Weinheim
121 Rechte beim Autor
126 Rums dideldums. T: Karola Wilke/M: Wolfgang Stumme. Aus: Wolfgang Stumme, Der große Wagen. Möseler Verlag, Wolfenbüttel
133 Aus: Die Stadt der Kinder, hrsg. von Hans-Joachim Gelberg. Georg Bitter Verlag, Recklinghausen 1969
135 Aus: Ursula Wölfel, 28 Lachgeschichten. © by K. Thienemanns Verlag, Stuttgart-Wien
138 Zwei Eisblöcke. Quelle unbekannt – Die ersten Erdbeeren. Aus: Was die Zauberpfeife erzählt. Werner Dausien Verlag, Hanau 1965
144 Frühling. Aus: Ansätze. Arbeitspapiere für den Literaturunterricht in der Primarstufe und Sekundarstufe I und II, hrsg. vom Arbeitskreis Jugend und Buch Regierungsbezirk Arnsberg. Argus Verlag, Opladen 1974
149 Jesus zieht in Jerusalem ein. Text und Melodie: G. Neubert. Aus: 111 Kinderlieder zur Bibel. Christophorus-Verlag, Freiburg/Verlag Ernst Kaufmann, Lahr
150 Palmsonntagsmärchen. Rechte: Wolf Alverdes
156 Rechte beim Autor
165 Aus: Josef Guggenmos, Was denkt die Maus am Donnerstag. Georg Bitter Verlag, Recklinghausen 1967
179 Zur Osterzeit. Quelle unbekannt
181 Rechte bei Autorin
183 Aus: James Krüss, Der fliegende Teppich. © Verlag Friedrich Oetinger, Hamburg 1976
187 Willkommen Ostertag. Quelle unbekannt – Bertrams Tagebuch. Rechte bei Autorin
191 Osterhas. Quelle unbekannt
196 Maria Maienkönigin. Quelle unbekannt
205 Aus: Mascha Kaléko, Wie's auf dem Mond zugeht und andere Verse. Blanvalet Verlag, Berlin 1971. © Gisela Zoch-Westphal

207 Zum Muttertag. Rechte beim Autor

218 Rechte beim Autor

224 Gekürzte und bearbeitete Version aus: Willi Hoffsümmer, Kurzgeschichten 4. Matthias-Grünewald-Verlag 1991. Rechte bei Autorin (Originaltitel: Nur der Würdigste)

228 Ihr Leute. Aus: Asmus und die seinen. Briefe an die Familie. Eckart Verlag, Berlin 1940

233 Rechte beim Autor

236 Die Sonne und die Wolke. Aus: Gianni Rodari, Gutenachtgeschichten am Telefon. © by K. Thienemanns Verlag, Stuttgart-Wien

241 Originaltitel: Es streicht ein warmer Sommerwind

248 Die Kröte zum Beispiel. Aus: Kinderlust. K. Thienemanns Verlag, Stuttgart 1975

257 Aus: James Krüss, Der fliegende Teppich. © Verlag Friedrich Oetinger, Hamburg 1976

258 Aus: Georg Bydlinski (Hrsg.), Der Wünschelbaum. Herder Verlag, Wien 1992 (Originaltitel: Was ist eine Wiese?)

261 Originaltitel: Als wir noch in der Wiege lagen

263 Wann ist das Jahr erwachsen? Aus: James Krüss, Der fliegende Teppich. © Verlag Friedrich Oetinger, Hamburg 1976

267 Quelle unbekannt

278 Goldene Welt. © Südwest Verlag, München

281 Rechte bei Autorin

288 Von guten Mächten. T: Dietrich Bonhoeffer/M: Siegfried Fietz. © Chr. Kaiser/Gütersloher Verlagshaus, Gütersloh. M: © ABAKUS-Schallplatten & Ulmtal Musik-Verlag, 35753 Greifenstein

289 Aus: James Krüss, Der fliegende Teppich. © Verlag Friedrich Oetinger, Hamburg 1976 (Originaltitel: Für jeden Tag)

295 Rechte beim Autor

296 Erde, die uns dies gebracht. T: Christian Morgenstern/M: Walther Pudelko. Aus: Bruder Singer (BA 1250). © Bärenreiter-Verlag, Kassel

297 Der Pflaumenkern. Quelle unbekannt

300 Rechte bei Autorin

312 Rechte: Elisabeth Baumann

315 Aus: Paul Jakobi (Hrsg.), Damit das Glück Wurzeln schlägt. Matthias-Grünewald-Verlag, Mainz 1987

316 Allerheiligenstriezel. Quelle unbekannt

330 Ein Bettler saß im kalten Schnee. T: Jakob Holl/M: Adolf Lohmann. Aus: Martinslieder. Christophorus-Verlag, Freiburg

Die frei nacherzählten Legenden »Das Maiglöckchen« (S. 207), »Die ersten Pfingstrosen« (S. 231), »Der Frühlingsschneeball« (S. 231) gehen zurück auf die Sammlung »Pflanzenlegenden«, hrsg. von Kora Gädke-Timm, Verlag J.Ch. Mellinger, Stuttgart 1980.

Alle nicht namentlich gekennzeichneten Texte stammen von Hermine König.

Einige Quellenangaben sind trotz Bemühungen des Verlags nicht oder nur ungenau möglich. Der Verlag ist für weiterführende Hinweise dankbar.

KINDER BETEN

Mit diesem liebevoll gestalteten Gebetbuch werden Kinder aus ihrer Erfahrungswelt her mit Gott ›spürbar‹ in Kontakt gebracht, zu selbständigem Beten angeregt und in den Gebetsschatz der Kirche eingeführt.

Es ist in erster Linie gedacht für Kinder ab etwa 8 Jahren – gleichzeitig lädt es Erwachsene dazu ein, mit dem Kind zusammen Worte des Betens zu finden, die für Kinder und Erwachsene gleichermaßen überzeugend sind. Das Buch kann so eine Chance sein, mit dem Kind gemeinsam neue Tastversuche zu wagen.

Auf der Empfehlungsliste des katholischen Kinderbuchpreises 1993!

Hermine König
WAS ICH DIR SAGEN WILL
Kinder beten
144 S. Zahlr. Fotos/Abb. ISBN 3-466-36364-0